Kohlhammer
Taschenbücher
Biblische
Konfrontationen

Band 1015

Biblische Konfrontationen

Die Reihe »Biblische Konfrontationen« faßt im Blick auf zentrale Probleme gegenwärtigen Lebens und Handelns das biblische Zeugnis zusammen. Altes und Neues Testament, Vergangenheit und Gegenwart sowie unterschiedliche Auffassungen und Stellungnahmen in den biblischen Schriften selbst werden dabei einander gegenübergestellt.

O. Kaiser / E. Lohse
Tod und Leben (Bd 1001)

S. Herrmann
Zeit und Geschichte (Bd 1002)

E. Otto / T. Schramm
Fest und Freude (Bd 1003)

E. S. Gerstenberger / W. Schrage
Leiden (Bd 1004)

H.-J. Hermisson / E. Lohse
Glauben (Bd 1005)

O. H. Steck
Welt und Umwelt (Bd 1006)

A. H. J. Gunneweg /
W. Schmithals
Leistung (Bd 1007)

K. Seybold / U. B. Müller
Krankheit und Heilung (Bd 1008)

E. Würthwein / O. Merk
Verantwortung (Bd 1009)

H. Graf Reventlow / H. Balz
Gebet (Bd 1011)

A. H. J. Gunneweg /
W. Schmithals
Herrschaft (Bd 1012)

E. S. Gerstenberger / W. Schrage
Frau und Mann (Bd 1013)

W. H. Schmidt / J. Becker
Zukunft und Hoffnung (Bd 1014)

R. Smend / U. Luz
Gesetz (Bd 1015)

Rudolf Smend
Ulrich Luz

Gesetz

Verlag W. Kohlhammer
Stuttgart Berlin Köln Mainz

CIP-Kurztitelaufnahme der Deutschen Bibliothek

Smend, Rudolf:
Gesetz / Rudolf Smend; Ulrich Luz. –
Stuttgart; Berlin; Köln; Mainz: Kohlhammer, 1981.
  (Kohlhammer Taschenbücher; Bd. 1015: Biblische Konfrontationen)
  ISBN 3-17-002015-3
NE: Luz, Ulrich; GT

Alle Rechte vorbehalten
© 1981 Verlag W. Kohlhammer GmbH
Stuttgart Berlin Köln Mainz
Verlagsort: Stuttgart
Umschlag: hace
Gesamtherstellung:
W. Kohlhammer Druckerei GmbH + Co. Stuttgart
Printed in Germany

Inhalt

Vorwort 7

I. Das Alte Testament 9

1. »Das Gesetz und die Propheten« 9
2. Der Maßstab für das Gericht: die Forderung Gottes in der prophetischen Anklage 11
3. Das Gebot des rettenden Gottes: der Dekalog 15
4. Das Gesetzbuch des Mose: das Deuteronomium 20
5. Der Weg zur Heiligkeit: das priesterschriftliche Gesetz ... 29
6. Freude am Gesetz: die Gesetzespsalmen 34
7. Gesetz und Weisheit: Jesus Sirach 37
8. Das Gesetz im neuen Bund: Jeremia 31 41

II. Das Gesetz im Frühjudentum 45

III. Das Neue Testament 58

1. Jesu Gesetzesverständnis 58
   1.1 Vorbemerkungen 58
   1.2 Jesu grundsätzliches Ja zum Gesetz 59
   1.3 Jesu Desinteresse an der Halaka für das Volk Israel ... 61
   1.4 Die Liebe als Antwort auf das Gottesreich 64
   1.5 Die Liebe des Gottesreichs und das Alte Testament ... 67
   1.6 Die Neuheit von Jesu Gesetzesverständnis 70

2. Das christliche Ja zum Gesetz 75
   2.1 Das älteste Judenchristentum 75
   2.2 Das Gesetz bei Matthäus 79

3. Das differenzierte Nein zum Gesetz 86
   3.1 Der Stephanuskreis 86
   3.2 Paulus 89

   3.3 Der Hebräerbrief 112
   3.4 Die markinischen Überlieferungen 116
   3.5 Das Johannesevangelium 119

4. Die Zeit nach der Auseinandersetzung mit dem Judentum . 128
   4.1 Allgemeines 128
   4.2 Die nachpaulinischen Briefe 130
   4.3 Das lukanische Schrifttum 131
   4.4 Der Glaube als neues Gesetz 134

5. Rückblick auf das Neue Testament 137

Nachwort 140

Anmerkungen 145

Vorwort

Der vorliegende Band behandelt nicht einfach unter einem bestimmten Stichwort die Stellung des Alten und des Neuen Testaments zu einem wichtigen, durch dieses Stichwort bezeichneten Gegenwartsproblem. Zwar ist von »Gesetz« unter uns ständig die Rede. Wir meinen damit vielerlei und verhalten uns ganz verschieden dazu. Wir kennen oder vermuten, verehren oder beseufzen Gesetze der Natur, des Geschichtsverlaufs, des menschlichen Lebens und unter den zuletzt genannten so verschiedene Dinge wie das Gesetz, nach dem wir angetreten, und das Hochschulrahmengesetz von 1977. Im folgenden geht es, zumindest unmittelbar, primär um das alles nicht, sondern nur um einen ganz speziellen Begriff von Gesetz, den biblischen.

Er hat in der christlichen Theologie, namentlich in Verbindung oder Entgegensetzung zum Begriff des Evangeliums, wiederholt eine zentrale Rolle gespielt. Es sei nur Martin Luthers von ihm selbst öfters variierten Satz erinnert, die Unterscheidung von Gesetz und Evangelium sei eine hohe, ja die höchste Kunst in der Christenheit, sie mache den Theologen[1], und an den sehr anders klingenden Satz Karl Barths, das Gesetz sei die Form des Evangeliums[2]. Wir gehen auf die uferlose Diskussion aus fast zwei Jahrtausenden Theologiegeschichte im folgenden nicht ein, sondern beschränken uns auf die Bibel Alten und Neuen Testaments, auf die die Theologen sich bei ihren Aussagen über das Gesetz stets berufen und die sie sich wohl auch gegenseitig um die Ohren schlugen. Wie sie sind wir der Überzeugung, daß für eine Theologie des Gesetzes das aufmerksame Hören auf das Wort der Bibel eine große, ja ausschlaggebende Bedeutung hat.

Die Theologie hat in den beiden letzten Jahrhunderten gelernt, daß das Wort der Bibel aus sehr verschiedenen einzelnen Worten besteht, die es in ihrem Zusammenklang, aber auch ihrer Verschiedenheit zu hören gilt. Der größte Unterschied ist der zwischen dem Alten und dem Neuen Testament, auch was den Begriff des Gesetzes angeht. Etwas überspitzt läßt sich sagen, daß eine Theologie des Gesetzes sich erst im Neuen Testament findet. Aber sie hat ihr Motiv und ihr Material auf dem Wege über das zeitgenössische Judentum aus dem Alten Testament; der Nomos der griechischen ist überwiegend nichts anderes als die Tora der hebräischen Bibel. So erklärt sich, daß im folgenden die Darstellung des Sachverhalts im Neuen Testament (von U. Luz) die bei weitem ausführlichere ist, aber auch, daß ihr ein Abriß über das alttestamentliche Material (von R. Smend) und eine Orientierung über das sozusagen dazwischen liegende Frühjudentum (mitsamt S. 39−41 wiederum von U. Luz) notwendig vorausgehen.

I. Das Alte Testament

1. »Das Gesetz und die Propheten«

»So wisse nun, daß dies Buch ein Gesetzbuch ist, das da lehret, was man tun und lassen soll, und daneben anzeigt Exempel und Geschichten, wie solche Gesetze gehalten oder übertreten sind.« Diese Inhaltsangabe für das Alte Testament stammt von Martin Luther[3]. Sie hat den Vorzug großer Einfachheit, Eindeutigkeit und Einprägsamkeit. In der Sache ist ihr die alte Gliederung der hebräischen Bibel vorangegangen, die nach ihren Anfangsbuchstaben noch heute deren Titel (»$t^e nak$«) abgibt: $tôrāh$ (Gesetz), $n^e\underline{b}î'îm$ (Propheten), $k^e\underline{t}ûb̲îm$ (Schriften). Mit »Gesetz« sind die »fünf Bücher Mose«, der sog. Pentateuch (»Fünfbuch«) gemeint, mit »Propheten« nicht nur die Prophetenbücher im engeren Sinne von Jesaja bis Maleachi (die »hinteren Propheten«), sondern auch die vor ihnen stehenden erzählenden Bücher Josua, Richter, Samuel und Könige (die »vorderen Propheten«); der Name »Schriften« faßt alles Übrige zusammen[4]. Während die dritte Überschrift fast wie eine Verlegenheitsbezeichnung aussieht, sind die beiden ersten schon in sich höchst bedeutsam. Gesetz und Propheten: diese beiden Größen bestimmen das Alte Testament so fundamental, daß, wer vom Alten Testament reden will, formelhaft »das Gesetz und die Propheten« sagen kann. Zeugnisse dafür sind im Neuen Testament leicht zur Hand (vgl. Mt 7,12; 22,40; Luk 16,16; Joh 1,45; Röm 3,21; die erwähnte Dreiteilung scheint Luk 24,44 gemeint zu sein). Dabei liegt auf dem ersten Glied, dem Gesetz, ein sehr großes Gewicht. Ja, im Neuen Testament können Stellen aus dem zweiten oder dritten Teil des Alten Testaments, also aus »Propheten« und »Schriften«, als Stellen aus »dem Gesetz« angeführt werden (vgl. Joh 10,34; 15,25; 1 Kor 14,21) – doch wohl ein Zeichen dafür, daß sich unter diesem Begriff der Inhalt des ganzen Alten Testaments zusammenfassen ließ.

Das ist alles andere als selbstverständlich. Denn der zweite und der dritte Teil des Alten Testaments enthalten Gesetz zumindest nicht im engeren Sinn des Wortes, sondern Erzählung, Prophetie, weisheitliche und religiöse Dichtung. Und selbst im Blick auf den Pentateuch, der zweifellos viele Bestimmungen gesetzlicher Art enthält, erscheint die Überschrift »Gesetz«, gelinde gesagt, als eine starke Vereinfachung. Darf man die Erzählungen über den Anfang der Welt, über die Erzväter und über Mose, darf man die Segens-

sprüche des Jakob und des Mose (Gen 49; Dtn 33), darf man das Lied der Mirjam (Ex 15,21) Gesetz nennen? Zweifellos nicht – oder doch nur allenfalls in einem weiteren Sinn, etwa so, daß es sich hier eben um »Exempel und Geschichten« handle, die das Halten oder Übertreten von Gesetzen erzählen sollen.
Aber das befriedigt nicht, und so fügte denn schon Luther dem Satz, mit dem wir begannen, die Feststellung hinzu, es seien »auch im Alten Testament etliche Verheißungen und Gnadensprüche, damit die heiligen Väter und Propheten unter dem Gesetz im Glauben Christi, wie wir, erhalten sind«. Vom Glauben Christi im alttestamentlichen Israel wird freilich heute kaum noch jemand so reden können wie Luther, und ebensowenig wird man Luther noch auf der Hauptlinie seines Verständnisses des Alten Testaments folgen können, wonach »die andern Bücher der Propheten und Geschichten« eben doch »nichts anderes sind als Handhaber und Zeugen Moses und seines Amtes«, namentlich indem sie »durch des Gesetzes rechten Verstand die Leute in ihrer eigenen Untüchtigkeit behalten und auf Christum treiben, wie Mose tut«[5]. Mose und die Propheten haben von Christus nichts gewußt und bezeugen ihn auf eine viel indirektere Weise, als das Neue Testament und Luther es wahrhaben wollten. Mehr noch: Mose und die Propheten sind je für sich und im Verhältnis zueinander in der Sicht der heutigen Bibelwissenschaft längst nicht mehr die festen Größen, als die sie der Tradition erschienen. Um theologische Aussagen über sie machen zu können, dürfen wir das mühsame Geschäft der historischen Untersuchung nicht scheuen. Dabei läßt sich an Beobachtungen anknüpfen, die auch Luther schon gemacht hat. Er sah, daß im Pentateuch Mose die Gesetze »unordentlich untereinander wirft«, daß er sie nicht in sachlicher Ordnung vorträgt und einzelne Gesetze, auch einzelne Worte so oft wiederholt, »daß es gleich verdrossen macht zu lesen und zu hören«. Luther hatte dafür die hübsche und auch nicht ganz unrichtige Erklärung, im Leben sei es ja auch so, da herrsche auch keine feste Ordnung und Reihenfolge der Werke und der ihnen geltenden Gesetze, vielmehr regiere Gott »also alle Gesetze untereinander, wie die Sterne am Himmel und die Blumen auf dem Felde stehen, daß der Mensch muß alle Stunde zu jeglichem bereit sein und tun, welches ihm am ersten vor die Hand kommt«[6].
Der Wissenschaft genügt diese Erklärung nicht. Die genauere Untersuchung der Bestandteile des Pentateuchs hat immer deutlicher ergeben, daß wir hier eine Komposition aus einzelnen Schriften verschiedener Herkunft und Zeit vor uns haben. Der Pentateuch ist ein kompliziertes Traditionswerk, an dem viele Genera-

tionen gearbeitet haben und das wir in der Perspektive der verschiedenen Stadien der Geschichte Israels sehen müssen, in denen es entstanden ist. Das ist eine schwierige Aufgabe, bei deren Lösung die Meinungen oft weit auseinandergehen – kein Wunder, da uns alle direkten Nachrichten über Entstehungszeit und Verfasser der einzelnen Schriften fehlen (selbst die irrige Angabe, Mose habe den ganzen Pentateuch geschrieben, stammt erst aus nachalttestamentlicher Zeit) und da wir auch über den Verlauf der Geschichte des alten Israel nur ziemlich lückenhaft unterrichtet sind. Aber die Aufgabe bleibt, und ihre Lösung muß immer wieder neu versucht werden, natürlich in Anknüpfung an die bisherigen Versuche, von denen keiner ohne ein Korn Wahrheit ist.
Schon von vornherein läßt sich sagen, daß dabei die Bestimmung des Verhältnisses zwischen dem Gesetz und dem übrigen Alten Testament, speziell natürlich den Propheten, anders aussehen wird als in der Tradition. Wenn Mose und das Gesetz nicht einfach so, wie sie im Pentateuch erscheinen, am Anfang der israelitischen Geschichte stehen, dann wird sowohl ihre zeitliche als auch ihre sachliche Priorität vor den Propheten und dem übrigen Alten Testament zu einem Problem, das keine ganz einfache Gesamtlösung mehr erwarten läßt. Man muß versuchen, an einzelnen Stellen festen Boden unter die Füße zu bekommen und von dort aus, so gut es geht, ein Bild vom Ganzen zu gewinnen[7].

2. Der Maßstab für das Gericht: die Forderung Gottes in der prophetischen Anklage

Der erste Prophet, unter dessen Namen das Alte Testament ein Buch überliefert, war zugleich der radikalste – so radikal, daß er es ablehnte, ein Prophet genannt zu werden: Amos aus Tekoa im Südreich Juda. Er trat um die Mitte des 8. Jahrhunderts v. Chr. im Nordreich Israel auf und kündigte dessen mächtigem und erfolgreichem König Jerobeam II. den Tod durch das Schwert und dem ganzen Volk Israel das baldige Ende an. Das Reich hatte in der Tat danach nur noch wenige Jahrzehnte Bestand; es wurde in Etappen von den übermächtigen Assyrern erobert und ihrem Imperium einverleibt (722 v. Chr. Fall der Hauptstadt Samaria).
In diesen Ereignissen waltet für Amos kein unbegreifliches, geschweige denn ein ungerechtes Geschick, sondern der deutliche und erklärte Wille Jahwes, des Gottes Israels. Er zieht die Konsequenz aus dem Verhalten der Israeliten in Vergangenheit und Gegenwart. Sie begehen in einem fort Unrecht und Freveltaten, vor

allem die Reichen, die es sich wohlsein lassen, ja in Saus und
Braus leben und dabei den Ärmeren nicht nur vorenthalten, was
ihnen zukommt, sondern sie mit Methode und Gewalt unterdrücken. Dafür werden sie verurteilt, daraus folgt die Katastrophe, die Jahwe über Israel bringen wird.
Was ist der Maßstab für dieses Urteil, was ist die Norm, gegen
die sich Israel vergangen hat? Man erwartet: das Gesetz Jahwes,
also etwa die Zehn Gebote oder die im Bundesbuch (Ex
20,22−23,33) gesammelten Vorschriften. Aber das wird im Buch
Amos nicht gesagt, oder vielmehr nur an einer Stelle, die nichts
weiter ist als die Ausnahme, die die Regel bestätigt. Es handelt
sich um Am 2,4, wo im Rahmen der Sprüche gegen Israels
Nachbarvölker auch den Judäern, also den Bewohnern des Südreichs, das Gericht angekündigt wird, »weil sie das Gesetz (die
tôrāh) Jahwes verworfen und seine Gebote nicht gehalten haben«. Nun gibt es kaum einen Zweifel, daß der Spruch gegen
Juda eine spätere Zutat ist, die lange nach dem Untergang Israels
die Drohung des Amos für das übriggebliebene Südreich aktualisieren soll. Der Ergänzer ahmt die Form der übrigen Sprüche
nach, übersieht aber, daß, da Jahwe selbst der Sprechende ist,
nicht in 3. Person vom »Gesetz Jahwes« die Rede sein sollte,
und vor allem ersetzt er die konkreten Vorwürfe der übrigen
Sprüche durch die allgemeineren des Ungehorsams gegen das
Gesetz und des Götzendienstes, beides mit einem Vokabular, das
erst lange nach Amos üblich wurde.
Um so mehr fällt auf, daß Amos anders redet. Nicht als sei er
immer nur konkret und vermeide gänzlich die ethischen und
religiösen Allgemeinbegriffe. Nein, er spricht schon von Recht
und Gerechtigkeit (5,7.24; 6,12), vom »Geraden« (3,10), von gut
und böse (5,14f., Authentizität allerdings unsicher), von Vergehen (3,2) und Verbrechen (1,3 usw.; 3,14) − um nur einiges
herauszugreifen. Aber vergeblich sucht man nach einer Erwähnung gesetzlicher Vorschriften, die bei alledem den Maßstab gebildet hätten, geschweige des Gesetzes Jahwes oder eines Gesetzbuches des Mose. Natürlich gibt es einzelne Berührungen zwischen den Anklagen des Amos und den Vorschriften, die uns im
Pentateuch erhalten sind. Aber es fehlt jeder Anhaltspunkt dafür,
daß er seine Maßstäbe einfach von dort bezöge. Man kann über
deren wahre Herkunft, aus der Weisheit oder einem allgemeinen
Wissen von der Welt und ihrer rechten Ordnung, mancherlei
Vermutungen anstellen[8]. Wichtiger ist, daß Amos sich im Dienst
des Gottes Jahwe weiß, des Gottes von Recht und Gerechtigkeit,
der kompromißlos die Vergehen ahndet − an allen Völkern (Am

1f.), besonders aber an Israel, weil es das Volk ist, das sich darauf beruft, mit ihm in besonderer Beziehung zu stehen (3,2).
Bei Amos' jüngeren Zeitgenossen Hosea in Israel und Jesaja in Jerusalem, die seine Grundaussage teilen, liegt die uns hier interessierende Sache etwas, aber nicht viel, anders. Jahwes *tôrāh* kommt bei beiden vor, wiederum als Gegenstand der Nichtachtung des Volkes (Hos 4,6; 8,1; Jes 5,24; 30,9). Aber abgesehen davon, daß auch hier die Authentizität nicht immer sicher ist[9], meint das Wort, zumindest in seinem Gebrauch bei den Propheten selbst, nicht ein geschriebenes »mosaisches« Gesetz, sondern die Weisung Jahwes, wie sie je und je durch Priester (vgl Dtn 33,10; Jer 18,18; Hag 2,11–13) und Propheten erging[10]. So kann Jesaja ein einzelnes Wort Jahwes, das er mitzuteilen hat, als »Weisung *(tôrāh)* unseres Gottes« überschreiben (1,10), aber auch eine ganze Sammlung seiner Worte *tôrāh* nennen (8,16).
Bei Hosea (8,12) sagt Jahwe: »Schriebe ich ihm (Efraim = Israel) noch so viel meine Weisungen auf, sie würden wie die eines Fremden geachtet.«[11] Hier ist immerhin mit einiger Wahrscheinlichkeit das Vorhandensein von schriftlichen Bestimmungen, die auf Jahwe zurückgeführt wurden, für das 8. Jahrhundert v. Chr. bezeugt. Auch ohne diese Bezeugung besteht kein Anlaß zu bezweifeln, daß es dergleichen damals gegeben hat. Man hat mancherlei Vermutungen darüber angestellt, welcher Art des näheren die Bestimmungen gewesen sein könnten, die das Hoseawort im Auge hat. Darunter verdient hier die These Erwähnung, es handle sich um die Zehn Gebote, den sog. Dekalog, »da er ja das einzige Gesetzeskorpus ist, das Jahwe mit eigener Hand geschrieben hat«[12]. Daß Hosea den Dekalog gekannt habe, wird auch mit anderen Argumenten begründet. An die Präambel »Ich bin Jahwe, dein Gott, der ich dich aus dem Land Ägypten, aus dem Sklavenhaus herausgeführt habe« erinnert das »Ich bin Jahwe, dein Gott, vom Land Ägypten her« in Hos 12,10; 13,4 (hier mit einer Fortsetzung im Sinne des 1. Gebots), und die Reihe »Verfluchen, Lügen, Morden, Stehlen, Ehebrechen« in Hos 4,2 ähnelt der Verbotsreihe im Dekalog. Für einen Beweis reicht das aber nicht aus. Die Version, nach der Jahwe selbst auf dem Sinai die Tafeln beschriftet hat (Ex 24,12; 31,18 u.ö.), ist so gut wie sicher viel jünger als Hosea[13], die Dekalog-Präambel sieht eher wie eine spätere Ausführung der hoseanischen Jahwe-Ägypten-Formel aus, und für sein kurzes Sündenregister brauchte Hosea nicht das Vorbild des Dekalogs, mit dem es ja ohnehin in Auswahl und Reihenfolge nicht übereinstimmt (vgl. auch Jer 7,9). Immerhin, die Anklänge bestehen, und das ist für die positive Bestimmung

des Verhältnisses zwischen den Propheten und dem Gesetz nicht gleichgültig.
Zunächst aber muß das Negative festgehalten werden. Die älteren Propheten sind zumindest nicht in dem Sinn die Nachfolger des Mose, daß sie ihrer Anklage gegen die Israeliten oder auch ihren Mahnungen ein Gesetzbuch des Mose oder das Gesetz Jahwes oder überhaupt ein Gesetz oder gesetzliche Bestimmungen als solche zugrunde legten. ». . . ihr Credo steht in keinem Buche. Es ist eine Barbarei, einer solchen Erscheinung mit dem Gesetz die Physiognomie zu verderben.« So schrieb einst J. Wellhausen[14]. Mag dieses Urteil, was sein ästhetisches Motiv angeht, nicht jedermanns Geschmack sein, der Sache nach bleibt es, obwohl oft und mit Leidenschaft angefochten, in Geltung[15].
Doch das ist nur die eine Seite der Sache. Es läßt sich nicht leugnen, daß zwischen dem, was die im Pentateuch überlieferten Vorschriften fordern, und dem, was die Propheten bei ihren Landsleuten vermissen, vielfältige Übereinstimmung besteht. Das hat seinen tiefen Sinn. Der Gott, in dessen Namen die Propheten auftreten, ist der Gott von Recht und Gerechtigkeit. Und er ist das nicht nur theoretisch. Indem Israel das Unrecht tut, macht es sich diesem Gott, mit dem es unlöslich verbunden zu sein glaubt, zum Feind, der mit grausamen Mitteln gegen sein treuloses Volk einschreitet und ihm bald ein schreckliches Ende bereiten will. In dieser Situation ist die göttliche Forderung für Israel nicht dasselbe wie in normalen Zeiten. Es ist mehr als fraglich, ob ihre Erfüllung jetzt noch die Katastrophe abwenden könnte. Auf diese Möglichkeit legen die genannten Propheten, sofern sie überhaupt bei ihnen anklingt, kein großes Gewicht. Vielmehr schlagen sie dem Volk die unerfüllte Forderung um die Ohren, um damit das nahe Gericht zu begründen. Will man sie Gesetzesprediger nennen, dann in dem Sinne, daß sie die Sünde des Volkes aufdecken[16]. Aber dabei muß man sich vor Augen halten: mit dem Gesetz als solchem konfrontieren sie das Volk nicht. Ihr entscheidender Orientierungspunkt ist das Handeln Jahwes, seine Heilstat an Israel in der Vergangenheit (Am 3,2), die beschlossene Vernichtung in der nahen Zukunft (Jes 28,22)[17].
Trotzdem sind diese Propheten »die Begründer der Religion des Gesetzes« gewesen[18]. Aus dem Zusammenbruch Israels rettete sich der judäische Süden. Zwar verlor auch er im Jahre 587 durch die Zerstörung Jerusalems und das babylonische Exil seine staatliche Existenz, aber davor und mehr noch danach suchten die Kreise, die sich von der prophetischen Verkündigung hatten beeindrucken lassen, den Schaden zu beseitigen, der zur Katastrophe geführt

hatte. An die Stelle des göttlichen Nein zu Israels Verhalten und dann auch zu seiner Existenz sollte wieder das Ja treten. Das erforderte, daß Israel – das übriggebliebene Israel – sich endlich so verhielt, wie Jahwe es von ihm erwartete. Dem diente das Gesetz, dafür wurde es von den Generationen nach der großen Krise Israels, natürlich unter Verwendung von mancherlei überkommenem rechtlichem und verwandtem Material, allmählich ausgearbeitet. Die Funktion, die es bei den älteren Propheten gehabt hätte, wenn sie es schon gekannt hätten, nämlich die des Aufweises der Schuld Israels, verlor es nicht. Aber wichtiger war seine positive Aufgabe, Israel anzuleiten, für alle Zukunft das Volk Jahwes zu sein.

Die kritische alttestamentliche Wissenschaft des 19. Jahrhunderts hat ihre wichtigste Arbeitshypothese in der kurzen Formel aussprechen können, die Propheten seien älter als das Gesetz, und die Psalmen jünger als beide[19]. Wie wir gesehen haben, enthält diese Formel, was das Verhältnis von Gesetz und Propheten angeht, zumindest ein wichtiges Wahrheitsmoment. Unsere nächste Aufgabe ist nun, einige Ausprägungen des Gesetzes unter theologischem Gesichtspunkt zu befragen.

3. Das Gebot des rettenden Gottes: der Dekalog

Wohl jedem, der an das alttestamentliche Gesetz denkt, steht dabei zuerst der Dekalog vor Augen. Die Wirkung dieser kurzen Reihe von Vorschriften im Judentum, in den christlichen Kirchen und darüber hinaus in der abendländischen Kultur ist unermeßlich gewesen. Schon im Alten Testament nimmt der Dekalog einen besonderen Rang ein. Jahwe soll »diese Worte« bei der grundlegenden Offenbarung am Sinai selbst gesprochen und sie, davon war schon die Rede, selbst aufgeschrieben haben, nämlich auf die beiden Tafeln, die später in der »Bundeslade« im Jerusalemer Tempel gelegen haben sollen (Dtn 10,1ff.; 1 Kön 8,9). Der Dekalog ist innerhalb des Alten Testaments mit geringen Variationen zweimal überliefert, in der Sinaiperikope (Ex 20,2–17) und dann, sozusagen als Zitat an hervorgehobener Stelle in der großen Abschiedsrede des Mose vor dem Einzug Israels in das gelobte Land (Dtn 5,6–21).

Daß der Dekalog eine solche Bedeutung gewinnen konnte, überrascht nicht, wenn man einen Blick auf seinen Inhalt wirft. Er gibt eine Gesamtregel für das rechte Verhalten des Israeliten gegen Gott und den Mitmenschen. Diese Gesamtregel ist auf der einen Seite noch kein in äußerster Abstraktion und Verkürzung formulierter Lehrsatz wie das neutestamentliche Doppelgebot der Liebe. Sie ist auf der anderen Seite nicht mehr eine vollständige, oder auf Vollständigkeit tendierende, Aufzählung der Einzelfälle des geforderten oder untersagten Verhaltens. Eine solche Aufzählung müßte ein Vielfaches der hiesigen zehn Sätze umfassen, und das jeweils für viele Lebensbereiche. Der Dekalog wählt die wichtigsten Bereiche der Beziehung zu Gott und dem Mitmenschen aus und gibt für jeden eine oder höchstens zwei prägnant formulierte Anweisungen von hoher Allgemeingültigkeit und vielseitiger Anwendbarkeit[20]. Dabei ist offenkundig – auch die Zehnzahl und möglicherweise eine Gruppierung der Gebote zu sich ergänzenden Paaren sprechen dafür[21] – auf die Totalität des menschlichen Lebens gezielt. Der Dekalog geht aufs Ganze.

Die Zehnzahl bewirkt zudem, daß sich jedes Kind die Gebote an seinen Fingern abzählen kann. Auch die Prägnanz der Formulierung – einige der Verbote bestehen im Hebräischen nur aus zwei ganz kurzen Wörtern – paßt gut zu pädagogischer Absicht. Der Stilform, aber auch der Sache nach kann man sich derartige Sätze auch weitab von der feierlichen Szene am Sinai vorstellen. In der Tat sprechen manche Beobachtungen dafür, daß sie von Hause aus eher etwa in die Belehrung im Rahmen der Großfamilie gehört haben und daß man sich als den Sprechenden nicht gleich die Gottheit, sondern zunächst das Familienhaupt oder eine andere Autoritätsperson vorstellen muß[22].

In seiner jetzigen Gestalt allerdings beansprucht der Dekalog, Rede Gottes zu sein. Nicht nur der erzählende Rahmen in Ex 20 und Dtn 5 will es so, sondern noch eindrucksvoller der Wortlaut der beiden ersten Gebote und zumal der Präambel »Ich bin Jahwe...«, die dem Ganzen vorangestellt ist.

Die beiden ersten Gebote betreffen unmittelbar das Verhältnis zu Gott. Das erste verbietet in der ersten Person Jahwes, »andere Götter neben mir«, genauer »mir gegenüber«[23] oder drastischer »mir ins Angesicht«[24] zu haben. Das zweite verbietet die Anfertigung von Gottesbildern, wobei eine mehrgliedrige Erweiterung die Totalität des Verbots einschärft. An beide Gebote zusammen schließt sich zunächst, über das zweite Gebot hinweg auf das erste zurückgreifend, eine Wiederholung des Verbots des Dienstes der fremden Götter an (»Du sollst nicht vor ihnen niederfallen und ihnen nicht dienen«)[25], und dann als volltönender Abschluß die Aussage Gottes über sein Verhalten gegenüber den Menschen: »Denn ich bin Jahwe, dein Gott, ein eifersüchtiger Gott, der die Schuld der Väter heimsucht an den Söhnen bis ins dritte und vierte

Glied bei denen, die mich hassen, und der Huld erweist Tausenden bei denen, die mich lieben und meine Gebote halten.« Hier sind Formeln verwendet, die sich auch sonst finden und die jedesmal einen sehr prinzipiellen Charakter haben (vgl. Ex 34,7.14; Dtn 4,24; 6,15; Jos 24,19).

Aufzählende Erweiterungen wie das Bilderverbot haben im Dekalog auch das Sabbatgebot und das abschließende Verbot des »Begehrens« erfahren, Begründungssätze wie die zitierte Selbstaussage Gottes nach den beiden ersten Geboten stehen auch nach dem Verbot des Mißbrauchs des Gottesnamens und den Geboten von Sabbatheiligung und Elternehrung. Dabei fällt auf, daß die Begründung des Sabbatgebots in den beiden alttestamentlichen Fassungen des Dekalogs eine verschiedene ist: in Ex 20,11 wird auf die Schöpfung, in Dtn 5,15 – anknüpfend an die Nennung des Sklaven und der Sklavin am Ende der vorangehenden Aufzählung – auf die Befreiung aus dem Zustand der Sklaverei durch die Herausführung aus Ägypten hingewiesen. Derartige Begründungssätze[26] enthält nicht nur der Dekalog. Sie begegnen in verschiedener Häufung in allen gesetzlichen Bestandteilen des Pentateuchs, deren Gesetzescharakter in ihrem Licht einigermaßen aufgelockert erscheint. Offenbar haben wir hier weithin nicht so sehr Rechtssätze an sich, in ihrer strengen Form, als vielmehr Paränese, also predigtartig argumentierende und ermahnende Rede vor uns, die sich an überkommene Rechtssätze anschließt, sie zitiert und kommentiert. Daß diese paränetischen Elemente sekundär und, zunächst wenigstens, variabel sind, lehrt schon das Beispiel der doppelten Begründung des Sabbatgebots.

Man hat oft versucht, durch Streichung der sicher oder wahrscheinlich sekundären Sätze und Satzteile, dazu etwa auch noch durch stilistische Vereinheitlichung des übrigbleibenden Restes (Umformulierung der beiden Gebote in Verbote) einen »Urdekalog« zu rekonstruieren, der sich möglicherweise sogar auf Mose zurückführen ließe. Viel Zutrauen verdienen diese Versuche nicht. Sie kranken schon daran, daß sie von vornherein mit einem notwendig hohen Alter des Dekalogs rechnen. Dafür aber gibt es keinerlei zwingende Argumente. So fest das Bild des Mose mit den Gesetzestafeln in unserer Vorstellung sitzt – in der alten Sinaierzählung ist der Dekalog, ja überhaupt die Gesetzgebung nur locker verankert[27]. Was die Zeugnisse in anderen Bereichen angeht, so wurde auf die Unsicherheit des wichtigsten, des Hoseabuches, schon hingewiesen. Und es gibt auch Gründe, die positiv dafür sprechen, daß der Dekalog in ein verhältnismäßig spätes Stadium gehört. Er macht eher den Eindruck einer reifen, bis ins letzte durchdachten

Zusammenfassung der Verhaltensweisen, aus denen das Leben Israels bzw. des einzelnen Israeliten vor Jahwe und mit dem Nächsten bestehen soll, als den eines frühen Ausgangspunktes der Rechtsentwicklung – so sehr natürlich die jetzige Voranstellung vor die übrige Gesetzgebung ihm, mit Recht, die Rolle einer Basis und eines Schlüssels für alles Folgende geben will. Auch der Verzicht auf strenge Gleichmäßigkeit der Form zugunsten des möglichst vielseitigen und umfassenden Inhalts spricht für eine relativ späte Entstehung[28]. Ein der Form, aber auch dem Inhalt nach gänzlich für sich allein stehendes Gebilde ist er ja nicht, vielmehr steht er in einer Tradition von Satzreihen, die negativ das gemeinsam haben, daß sie nicht dem Stil des normalen »kasuistischen« Rechts Israels und seiner altorientalischen Nachbarn (»Wenn . . ., dann . . .«) folgen, während sie unter sich auch wieder so verschieden sind, daß ihre gemeinsame Beziehung als »apodiktisches Recht« (A. Alt) viel Widerspruch gefunden hat. Die Zahl der Sätze war in solchen Reihen offenbar nicht gleichgültig, und mehrfach lassen sich auch abgesehen vom klassischen Dekalog Reihen mit zehn (bzw. zwölf) Sätzen, also weitere »Dekaloge« (bzw. Dodekaloge) finden oder mit einiger Wahrscheinlichkeit rekonstruieren. Die bekanntesten Beispiele sind die Satzreihe in Ex 34,14 – 26, die man als den »kultischen« dem klassischen als dem »ethischen« Dekalog gegenübergestellt hat[29], und die Reihe von Regeln für das Verhalten gegen den Nächsten in Ex 19,13 – 18.

Auch in dem Wichtigsten, der Beziehung der Vorschriften auf den Willen Jahwes, steht der Dekalog unter den Satzreihen nicht allein, wie man sich leicht anhand der beiden eben genannten Beispiele überzeugen kann. Aber auch hier ist seine Aussage besonders überlegt und gewichtig. Wir haben uns, nachdem von den Begründungssätzen für einzelne Gebote schon die Rede war, noch der Präambel zuzuwenden, die dem Ganzen das Gesicht gibt.

»Ich bin Jahwe.« Nicht anders als die genannten Begründungssätze ist das eine Formel, die öfters, ja häufig vorkommt; sie begegnete uns schon bei Hosea, in den Regeln von Lev 19,13 – 18 steht sie gleich dreimal, und weitere Belege sind, vor allem in bestimmten literarischen Bereichen (Ezechiel, Heiligkeitsgesetz, Priesterschrift), schnell beizubringen. Aber wenn irgendein Satz keine Allerweltsformel sein kann, dann dieser[30]. Jemand stellt sich vor, aber das ist kein gewöhnlicher Jemand, sondern die Gottheit selbst. Hinter dem Satz steht also der Vorgang der Offenbarung. Jahwe nennt sich selbst beim Namen, macht sich bekannt und anredbar, anrufbar. Zum Namen tritt sogleich die Ergänzung hinzu, die die Beziehung zu dem angeredeten Menschen, zu Israel ausdrückt:

»dein Gott«. Damit ist aber auch die unbedingte und ausschließliche Zuständigkeit gegeben, die das erste Gebot sichern will: neben diesem seinem Gott hat Israel keine anderen Götter zu haben. Wegen dieses Zusammenhangs ist man fast geneigt, den Satz an dieser Stelle zu übersetzen: »Ich, Jahwe, bin dein Gott«. Aber der Satz motiviert ja nicht nur das erste Gebot, sondern ist Präambel zum ganzen Dekalog und will bei den einzelnen Geboten ähnlich mitgehört und mitgelesen sein wie das etwa in die Gebotsreihe in Lev 19,13–18 eingestreute bloße »Ich bin Jahwe«, bei dem die Übersetzung nicht zweifelhaft sein kann. Mögen die einzelnen Gebote herstammen, wo immer sie wollen, und mag die erste Person des Gottes Israels in keinem von ihnen nach dem ersten mehr begegnen – die Präambel macht sie vom ersten bis zum letzten zu Jahwegeboten, stellt sie unter die höchste Autorität, bezieht sie auf die wichtigste Wirklichkeit. Die Befolgung der Gebote ist Gehorsam gegen Jahwe, Leben nach seinem Willen, Betätigung der Gemeinschaft, die er hergestellt hat[31]. Folgerichtig ist der Dekalog an prominentester Stelle in die alte Sinaiperikope eingerückt worden, die die grundlegende Offenbarung Jahwes an sein Volk schildert, und folgerichtig scheint er im Gottesdienst eine Rolle gespielt zu haben (vgl. Ps 81).

Nun läßt die Dekalogpräambel es nicht dabei, die Beziehung zwischen Jahwe und Israel durch die Wendung »dein Gott« auszudrücken. Vielmehr fügt sie noch den Relativsatz hinzu: »der ich dich aus dem Land Ägypten, aus dem Sklavenhaus, herausgeführt habe«. Dieser Satz formuliert auf eine im Deuteronomium übliche Weise (vgl. Dtn 6,12; 8,14; 13,11 usw.) das Urbekenntnis Israels. Die Herausführung aus Ägypten war die grundlegende Heilstat, durch die Jahwe Israel zu einem in Freiheit existierenden Volk und zugleich für alle Zeiten zu seinem, Jahwes Volk, gemacht hatte. Indem Israel sich diesen Vorgang, und geschehe es nur formelhaft, vergegenwärtigt, beschreibt es aufs kürzeste den Grund und das Wesen seiner Existenz. Und indem Jahwe diesen Vorgang in seine eigene Selbstdefinition hineinnimmt, erklärt er verbindlich, wer er für Israel nicht nur gewesen ist, sondern noch ist und weiter sein wird: der helfende und rettende, Existenz in Freiheit schenkende Gott. Erst einige Sätze weiter, in der Erläuterung zu den beiden ersten Geboten, definiert er sich als den eifersüchtigen, Vergeltung übenden Gott. Auch das gilt von ihm, aber es kommt nach jenem Ersten, Grundlegenden. Dieser Gott fordert nicht, ohne zuvor gegeben – und sehr viel gegeben – zu haben. Sein Gebot ergeht an die, die er gerettet hat, die ihm ihre Existenz als Volk in Freiheit verdanken. Es bedeutet die Grundordnung dieser Existenz. Indem

Israel nach dieser Grundordnung lebt, ist es, was es ist: Israel, das Volk Jahwes.

4. Das Gesetzbuch des Mose: das Deuteronomium

Im 18. Regierungsjahr des judäischen Königs Joschija (622 v. Chr.) sandte der Oberpriester des Jerusalemer Tempels, Hilkija, dem König ein »Gesetzbuch«, das er nach seiner eigenen Angabe im Tempel gefunden hatte. Joschija ließ sich das Buch vorlesen und erschrak über das, was er da hörte, so sehr, daß er seine Kleider zerriß: den Worten dieses Buches hatten die Väter nicht gehorcht – wie groß mußte jetzt der Zorn Jahwes sein! Und er verpflichtete das Volk von Juda und Jerusalem in feierlicher Zeremonie, sich künftig so zu verhalten, wie das Buch es vorschrieb. Darauf schritt er zu einer Reihe von Maßnahmen, die die Religionsübung tief veränderten. Nicht nur daß er den Tempel vom Dienst fremder Götter und anderem Mißbrauch reinigte, er beseitigte auch alle Heiligtümer außerhalb der Hauptstadt, fortan durfte nur noch in Jerusalem geopfert werden. Schließlich ließ er ein Pascha nach der Vorschrift des gefundenen Buches feiern, wie es seit den Tagen der Richter nicht gefeiert worden war.

Der eben stark verkürzt wiedergegebene Bericht in 2 Kön 22f. gehört zu den umstrittensten Texten des Alten Testaments. Sein Wortlaut ist teilweise erheblich jünger als die Zeit des Königs Joschija, und so muß man fragen, wieweit die Darstellung der Wirklichkeit entspricht. Manche Exegeten beziehen in ihre Zweifel sogar den Vorgang ein, der den Ausgangspunkt des Berichts bildet, die Auffindung jenes Buches. Es handle sich dabei um den Versuch, das Buch, das in Wahrheit erst im Exil entstanden sei, als älter auszugeben und mit der Autorität des Joschija zu versehen[32]. Kein Streit herrscht dagegen über die Frage, in welche Partien des Pentateuchs das Buch eingegangen ist, das der Erzähler unter Joschija gefunden sein läßt. Eine Reihe von Umständen weist eindeutig auf das 5. Buch Mose, das Deuteronomium, in dem vor allem die Zentralisation des Opferkults an einem einzigen Heiligtum, wie Joschija sie durchführte, geboten ist (Dtn 12). Als josianisches Gesetzbuch – historisch oder zumindest im Sinne des Erzählers im Königsbuch – kommt natürlich nicht das Deuteronomium in seiner jetzigen Gestalt in Betracht, aber auch nicht einfach sein gesetzlicher Kern (Kap. 12–26), etwa noch mit dessen paränetischem Rahmen (Kap. 4–11; 29f.), sondern ein nicht mehr mit Sicherheit zu rekonstruierender Grundbestand dieses großen kom-

pliziert zusammengesetzten und in mehreren Stadien gewachsenen Mittelstückes.
Die Einsicht, daß man das josianische Gesetzbuch im Deuteronomium zu suchen hat, ist sehr alt; sie findet sich schon bei einigen Kirchenvätern. Am Beginn der modernen alttestamentlichen Wissenschaft wurde sie durch die nicht weniger wichtige Einsicht ergänzt, daß das Deuteronomium (bzw. sein Grundbestand) nicht nur im 18. Jahr des Joschija ans Licht getreten und daraufhin wirksam geworden, sondern daß es auch nicht lange vorher entstanden sei[33]. Es ist, wie zahlreiche Beobachtungen an Sprache und Inhalt zeigen, eine verhältnismäßig späte, an das Ende der Königszeit (und in vielem erst in die Zeit des babylonischen Exils) gehörige Zusammenfassung und Neuinterpretation von altisraelitischem Recht.
Daß man das Deuteronomium wenigstens ungefähr datieren kann, gibt die Möglichkeit, durch sprachliche und sachliche Vergleiche eben mit dem Deuteronomium auch die übrigen Bestandteile der Gesetzesliteratur zeitlich einigermaßen einzuordnen. Eine ältere Stufe in der Rechtsentwicklung, gemessen am Deuteronomium, repräsentiert das theologisch ungleich weniger ergiebige Bundesbuch (Ex 20,22 – 23,33), eine jüngere – nicht überall dem Material, wohl aber der Konzeption und der schriftlichen Fixierung nach – die Priesterschrift, von der noch zu handeln sein wird. Um ein einfaches Nacheinander handelt es sich allerdings nicht, schon weil diese Werke nicht in einem Zuge entstanden sind, sondern vielerlei alten Stoff enthalten und auch nach der ersten schriftlichen Gestaltung noch manche, teilweise umfangreiche Erweiterungen erfahren haben, so daß ihre Geschichte nebeneinander hergelaufen ist. Unter dem Gesichtspunkt der Rechtsentwicklung interessiert uns das alles hier nicht[34], sondern nur unter dem der Gesetzestheologie. Und da nimmt das Deuteronomium zweifellos die Schlüsselstellung ein.
Das Wort *tôrāh* meint in diesem Buch nur im Ausnahmefall (Dtn 17,11) gemäß normalem altem Sprachgebrauch die (richterlich-)priesterliche Einzelweisung. Fast alle Belege zielen auf die Gesamtheit des im Deuteronomium Gebotenen – so sehr, daß nicht nur die überkommenen Typen rechtlicher Sätze, von deren Aufzählung das Deuteronomium wimmelt (vgl. 4,44f.; 30,10), sondern gelegentlich sogar die erzählenden Partien am Anfang und das Moselied am Ende des Buches unter dem Begriff *tôrāh* subsumiert werden können (1,5; 32,46). *tôrāh* ist nahezu Selbstbezeichnung des Deuteronomiums[35]. Die *tôrāh*, die Mose den Israeliten gibt oder »vorlegt« (4,8.44), die er auch aufschreibt, in einem Buch oder

als »dieses Gesetzbuch« (28,58; 30,10; 31,9.24), das den Israeliten vorgelesen werden kann (31,11), das neben der Bundeslade liegen (31,26) und von dem der König eine Abschrift nehmen soll (17,18), damit er die darin enthaltenen Worte beachtet und nach ihnen handelt (17,19), wie es dem ganzen Volk eingeschärft wird (28,58; 29,28; 31,12) – diese *tôrāh* bedeutet für die Verfasser der jeweiligen Paränesen immer sozusagen das Deuteronomium in der Gestalt, in der es ihnen vorlag. Dabei ist die Bezeichnung nicht einfach nur eine technische. In ihr spricht sich eine »theologische Einheitsschau« aus, der ein »beachtliches Abstraktionsvermögen« in einem »deutlichen theoretischen Abstand« von den im Deuteronomium vorausgesetzten und verarbeiteten älteren Traditionen zugrunde liegt[36]. Die Wiedergabe von *tôrāh* durch »Gesetz« bleibt angesichts dessen unbefriedigend. »Weisung« (in einem umfassenden Sinn) trifft einen wichtigen Aspekt besser, mehr noch »Willensoffenbarung« – Gottes nämlich (so v. Rad).

Dem entspricht, daß der Begriff im Bereich des Deuteronomiums in nächste Berührung mit dem so wichtigen und so schwierigen Begriff der *beʳrît* tritt, den wir herkömmlich mit »Bund« wiedergeben, in dem aber der Gedanke an die göttliche Selbstverpflichtung, Zusage und Willenskundgabe im Vordergrund steht[37]. Das unter König Joschija gefundene Buch kann ebenso »Buch der *beʳrît*« heißen (2 Kön 23,3) wie »Buch der *tôrāh*« (22,8.11), »Bundesbuch« wie »Gesetzbuch« – »Bund« und »Gesetz« dabei im angegebenen Sinn (auch im ganzen weiteren Fortgang unserer Untersuchung!) als behelfsmäßige Übersetzungen zu nehmen. Die auch sonst zu beobachtende Austauschbarkeit der Begriffe zeigt, daß sie an Schärfe eingebüßt haben und daß der Übersetzer sich mit der exakten Wiedergabe im Einzelfall keine fruchtlose Mühe geben sollte. Die deuteronomischen Theologen reden gern, und eigentlich als erste innerhalb des Alten Testaments in großer Breite, in derartigen Chiffren; aber der Inhalt ihrer Botschaft ergibt sich deutlicher aus dem Studium ihrer Ausführungen als aus der Analyse der von ihnen verwendeten Begriffe.

Die deuteronomische Theologie läßt sich, wenigstens in ihrer ausgeführten Gestalt, in der Tat gut als Bundes- und als Gesetzestheologie beschreiben. Jahwe der Gott Israels, Israel das Volk Jahwes – so lautet der doppelte Zentralsatz dieser Theologie, die sog. Bundesformel[38]. Ein trivialer oder gleichgültiger Satz ist das beileibe nicht, nachdem die Propheten seinen Inhalt gerade radikal in Frage gestellt haben (vgl. Hos 1,9). Die Bundestheologie versucht die von Amos und seinen Nachfolgern ausgerufene Krise zu bewältigen[39]. Sie beschreibt, wie Israel das Volk Jahwes geworden und gewesen ist, wie es die große göttliche Gnade und Gabe, die das war, immer wieder zu verscherzen drohte, wie es aber sein Sein als das Volk Jahwes trotzdem weiter bewähren und behalten kann. Damit ist die Bundestheologie schon beinahe Gesetzestheologie; faktisch lassen sich beide im Deuteronomium kaum sauber voneinander trennen. Man kann sich das leicht an einem Text klarmachen, der einen der Hauptbelege für die Bundestheologie bildet, Dtn 26,16–19. Mose sagt zu Israel: »16 An diesem Tage gebietet Jahwe dein Gott dir, diese Gebote und die Satzungen auszuführen, und du sollst sie beachten und ausführen mit deinem ganzen Herzen und mit deiner ganzen Seele. 17 Jahwe hast du heute proklamiert, dir zum Gott zu sein, und in seinen Wegen zu gehen, seine Gebote, seine Anweisungen und seine Satzungen zu beachten und auf seine Stimme zu hören. 18 Und Jahwe hat dich heute proklamiert, ihm zum Eigentumsvolk zu sein, wie er dir gesagt hat, und alle seine Anweisungen zu beachten, 19 und dich zu erhöhen über alle Völker, die er gemacht hat, zum Lob und zum Ruhm und zur Zierde, und daß du seiest ein heiliges Volk für Jahwe deinen Gott, wie er gesagt hat.«

Auch der Ungeübte sieht auf den ersten Blick Unstimmigkeiten, die sich nur aus nachträglicher Veränderung des ursprünglichen Textes erklären lassen. Am auffälligsten ist der Subjektwechsel bei den Infinitiven in v. 17. Man hat versucht, durch Umstellungen einen glatten Zusammenhang herzustellen[40], ohne durchschlagenden Erfolg. Wahrscheinlich hat der Text durch mehrere Hinzufügungen seine jetzige Gestalt gewonnen. Sein Rückgrat bilden die – oben absichtlich unelegant übersetzten – kurzen Anfangssätze von v. 17 und v. 18, in denen Jahwe und Israel feierlich ihre Zusammengehörigkeit als Gott und Volk erklären. Das ist der Wortlaut der »Bundesformel«, das ist Bundestheologie. Beide Male wird aber sogleich in die Erklärung der Gesetzesgehorsam einbezogen, und der einleitende Vers 16 stellt das Ganze unter diesen Gesichtspunkt. Doch wie um eine dadurch gefährdete Ausgewogenheit wiederherzustellen, weist abschließend v. 19 (zu Anfang wieder mit einem Subjektwechsel gegenüber dem Schluß von v. 18) noch einmal volltönend darauf hin, wozu Jahwe sein Volk Israel gemacht hat. Man hat nicht den Eindruck, als seien das bundes- und das gesetzestheologische Element hier in ein klares logisches Verhältnis zueinander gesetzt. Deutlich ist nur, wie sehr den Autoren, namentlich den Ergänzern, an ihrer engen Zusammengehörigkeit gelegen ist. Unter keinen Umständen soll das eine ohne das andere sein.

Diese Verquickung begegnet im Deuteronomium fast auf jeder

Seite. Gleichermaßen dringend und wortreich wird von Gottes Handeln an Israel und von dem Handeln, das Gott von Israel fordert, gesprochen. Und dabei gibt es auch eine Grundvorstellung davon, welche Bedingungs- und Abhängigkeitsverhältnisse zwischen beiden bestehen sollen. Daß Israel Jahwes Volk ist, von ihm erwählt, aus Ägypten herausgeführt und demnächst ins westjordanische Kulturland gebracht – diese grundlegenden Gegebenheiten sind, wie das Deuteronomium immer wieder betont, göttliche Gabe, nicht verursacht oder verdient durch Israels gute Eigenschaften oder seinen Gehorsam. Wenn etwas dergleichen, dann ist allenfalls die Gottlosigkeit der feindlichen Völker im Spiel, aber nicht Israels Gerechtigkeit, mit der es ja nicht zum Besten steht (9,4 – 6). Das immer wieder genannte Hauptmotiv – es begegnete uns in 26,16 – 19 gleich zweimal, v. 18 und 19 – ist das von Jahwe selbst gesprochene Wort, die Zusage, die er einst den Vätern gegeben hat. Seine Treue zu Israel ist Treue zu sich selbst. So steht, wie in der Präambel des Dekalogs, fast immer Gottes freie, durch keine menschliche Leistung begründete und bedingte Tat am Anfang.

Aber wie im Dekalog folgt dann das Gebot. Die göttlichen Gaben gibt es für deuteronomisches und überhaupt für alttestamentliches Denken nicht ohne Aufgaben für den Menschen, es gibt den Indikativ nicht ohne den Imperativ. Und der Imperativ hat großen, nicht selten tödlichen Ernst. König Joschija erschrak fürchterlich, als ihm das Gesetzbuch vorgelesen wurde. Dabei mag vor allem an das große Segen- und Fluchkapitel Dtn 28 gedacht sein, in dem der Fluch bei weitem überwiegt und im Blick auf die schlimmen Erfahrungen, die Israel in der Exilszeit machte, noch immer mehr ausgestaltet wurde. Jahwe vergilt im Guten wie im Bösen – vor allem unter dem Eindruck des Zweiten haben jene Generationen gestanden. Das Unglück, in dem sie lebten, war die Auswirkung des Zornes Jahwes »gegen dieses Land, den ganzen Fluch über es zu bringen, der in diesem Buch geschrieben steht« (Dtn 29,26). In dieser Gesetzestheologie »ist kaum mehr Freude«[41].

Doch das gilt nicht für das ganze Deuteronomium. Es kennt, ja gebietet sehr entschieden auch die Freude am göttlichen Segen, bei der kultischen Feier (12,7.12.18 usw.). Und es kennt auch das Gesetz als eine große Möglichkeit zum Guten. Der Einfachheit halber können wir noch einmal von den im deuteronomischen Stil formulierten paränetischen Stücken im Dekalog ausgehen. In der Begründung der beiden ersten Gebote steht der Heimsuchung der Sünden an den Söhnen bis ins dritte und vierte Glied doch wohl als etwas noch weiter Reichendes die göttliche Huld an den »Tausenden« gegenüber, »bei denen, die mich lieben und meine Gebote halten«. Und die Ehrung der Eltern wird geboten, »damit deine Tage lang seien und damit es dir wohlergehe in dem Land, das Jahwe dein Gott dir geben wird«. Es bleibt hier unzweideutig dabei, daß Gott dem Menschen die wichtigste Existenzbedingung frei und ungeschuldet schenkt. Aber sein Wohlergehen auf dieser Grundlage hat Israel weitgehend selbst in der Hand. Oder ist das Wort »weitgehend« im Sinne dieser deuteronomischen Theologen schon eine zu starke Einschränkung? Sie meinen doch offenbar: durch Ungehorsam kann Israel alles verlieren, durch Gehorsam alles gewinnen oder behalten – oder auch wiedergewinnen: im Anschluß an das große Segen- und Fluchkapitel Dtn 29 wird in Dtn 30,1 – 10 denen, die vom Fluch betroffen ins Exil gehen mußten, für den Fall der Umkehr und des neuen Gehorsams die Heimkehr verheißen, gefolgt von reichem Segen im Land.

Das selbe Kapitel formuliert den Grundgedanken, der hinter diesem Typus der Gesetzespredigt steht, als Abschluß der ganzen Rede des Mose einfach und eindrucksvoll, wenngleich, wie der Wechsel zwischen der Anrede im Singular und im Plural zeigt, literarisch wiederum nicht einheitlich (Dtn 30,15 – 20):

»Siehe, ich lege dir heute vor das Leben und das Glück und den Tod und das Unglück. Wenn du auf die Anweisungen Jahwes deines Gottes hörst[42], die ich dir heute gebiete, Jahwe deinen Gott zu lieben, in seinen Wegen zu gehen und seine Anweisungen, seine Gebote und seine Satzungen zu beachten, dann wirst du leben und zahlreich sein und Jahwe dein Gott wird dich segnen in dem Land, in das du gehst, es in Besitz zu nehmen. Aber wenn sich dein Herz wendet und du nicht hörst und dich verführen lässest und vor anderen Göttern niederfällst und ihnen dienst, dann verkünde ich euch heute, daß ihr zugrundegehen werdet; ihr werdet nicht lange leben in dem Land, in das du über den Jordan gehst, es in Besitz zu nehmen. Ich rufe gegen euch heute den Himmel und die Erde als Zeugen an: das Leben und den Tod habe ich dir vorgelegt, den Segen und den Fluch. Wähle das Leben, damit du lebst, du und dein Same, indem du Jahwe deinen Gott liebst, auf seine Stimme hörst und fest bei ihm bleibst. Denn das ist dein Leben und die Länge deiner Tage, die du in dem Land wohnst, das Jahwe deinen Vätern Abraham, Isaak und Jakob zu geben geschworen hat.«

F. Baumgärtel hat von dem »großartigen Versuch des Deuteronomiums« gesprochen, »auf dem gesetzlichen Wege das Volk Gottes zu schaffen«[43]. Dagegen hat G. v. Rad Protest eingelegt[44], im Sinne der im Deuteronomium herrschenden Grundvorstellung gewiß zu Recht. Nach ihr ist ja Israel bereits durch die göttliche Vorgabe das

Volk Jahwes und braucht nicht mehr von Menschen dazu gemacht zu werden, könnte das auch gar nicht.
Trotzdem steckt in Baumgärtels Charakteristik Richtiges. Dem aufmerksamen Leser des Deuteronomiums kann nicht entgehen, daß jene Grundvorstellung keineswegs völlig rein durchgehalten wird. Schon in Dtn 26,16—19 werden, wie wir sahen, Israels Gehorsam und sein Sein als das Volk Jahwes in kein klares logisches Verhältnis gebracht. Bleibt das dort noch in der Schwebe, so heißt es etwa in Dtn 29,9 eindeutig: »Jahwe wird dich erheben zu einem ihm heiligen Volk, wie er dir geschworen hat, wenn (weil?) du die Anweisungen Jahwes deines Gottes beachtest und in seinen Wegen gehst«. Offenkundig herrscht in dieser Sache unter den deuteronomischen Theologen keine völlige Übereinstimmung. Und das überrascht angesichts der Kompliziertheit des Problems und angesichts der Lage, in der sich das Rest-Israel damals befand, durchaus nicht.
Daß Israel das Volk Jahwes sei, war seit der Verkündigung der Propheten und den Katastrophen des 8. Jahrhunderts nicht mehr gar so sicher, und vielleicht war es auch davor nie so sicher gewesen, wie uns das Alte Testament suggeriert. Es bestand schon Anlaß, Israel wieder oder auch in vielem ganz neu zu dem zu machen, was der Ausdruck »Volk Jahwes« bedeutete und erforderte. Man beachte, daß Dtn 29,9 im Blick auf eine Zukunft formuliert ist — auf die des exilischen Israel gewiß nicht weniger als die des mosaischen.
Daß überhaupt etwas, nein viel zu »machen« – und natürlich auch zu verderben – war, stand für die deuteronomischen Theologen, gleichgültig wie sie dieses Machen auf die von Gott gelegte Grundlage bezogen, außer Frage. Einigen unter ihnen schien es sogar ganz leicht und selbstverständlich zu sein – wiederum findet sich das schönste Zeugnis in Dtn 30, wo (v. 11—14) die Vorstellung abgewehrt wird, das göttliche Gebot sei unzugänglich und schwer zu begreifen. Nein: »sehr nah ist dir das Wort, in deinem Mund und in deinem Herzen, es zu tun« (v. 14).
Man mag in den drei Teilen des schönen Schlußkapitels der Moserede, Dtn 30 – in 31,1 wird ausdrücklich ein Ende festgestellt – eine abschließende Zusammenfassung der deuteronomischen Gesetzestheologie sehen. Aber auch und gerade, wenn das so ist, stellt sich die Frage: konnte dieses Kapitel der erlebten Wirklichkeit Israels, ja konnte es auch nur dem ganzen Deuteronomium gerecht werden?[45] Manche mochten sich mit den Lösungen, die dieses Kapitel bot, zufriedengeben, sie möglicherweise noch geradliniger herausarbeiten. Anderen mußten sie als zu einfach und zu harmlos

erscheinen. So blieb nicht alle Gesetzestheologie an dieser Stelle stehen.
Bevor wir uns anderen Versuchen zur Lösung des Problems zuwenden, muß noch ein wichtiges und folgenreiches Charakteristikum des Deuteronomiums zur Sprache kommen: seine Historisierung als Gesetz des Mose und seine Einfügung in die übrige Geschichte. Es gibt sich als Hauptinhalt einer langen Rede, die Mose am Ende der langen Wüstenwanderung vor dem Einzug ins Westjordanland an die Israeliten gehalten hat. Eigentlich aber, so meint es das einleitende Kapitel 5, gehört es sogar in die große Szene am Sinai (Horeb) hinein. Nachdem Jahwe dort den Dekalog verkündet hatte – den Dtn 5 vollständig zitiert –, bat das Volk aus Furcht vor der göttlichen Erscheinung, Mose möchte doch allein hören, was Jahwe weiter zu sagen habe, und solle es dann dem Volk übermitteln. Dieses Weitere wäre dann das deuteronomische Gesetz gewesen, das Mose vom Sinai bis ins Ostjordanland »in petto« behalten hätte.
Die Rückprojektion in die Ursituation der Existenz Israels unterstreicht wirkungsvoll die Erinnerung an die Herausführung aus Ägypten, wie sie in der Präambel des Dekalogs und dann immer wieder im Deuteronomium begegnet. Das Gebot, die große Sammlung von Geboten, ist eben sogleich nach der grundlegenden Heilstat feierlich verkündet worden, Indikativ und Imperativ stehen in einem klaren Nacheinander, aber doch auch in einem unlöslichen Miteinander am Anfang der Geschichte Israels und sind so dieser ganzen Geschichte verpflichtend gegenwärtig.
Die nachexilische Geschichtsschreibung hat diese verpflichtende Gegenwart des durch Mose gegebenen Gesetzes je länger desto mehr in die vorexilische Geschichte Israels eingetragen. Es handelt sich um die späteren Stadien der sog. deuteronomischen Geschichtsschreibung, die uns in den Büchern Josua bis Könige, und um die darauf beruhende sog. chronistische Geschichtsschreibung, die uns in den Büchern der Chronik (und Esra/Nehemia) vorliegt.
Der Vorgang läßt sich sogleich in der ersten Perikope des Buches Josua (Jos 1,1–9) beobachten[46]. Nach dem Tode des Mose verheißt Jahwe dessen Nachfolger Josua seinen Beistand. Er wird mit ihm sein, wie er mit Mose war, und ihn das gelobte Land erobern lassen. »Sei stark und fest; denn du wirst diesem Volk das Land zum Besitz geben, das ihnen zu geben ich ihren Vätern geschworen habe« (v. 6). Die jetzige Fortsetzung wiederholt mit leichter Veränderung den Anfang dieses Satzes: »Nur: sei stark und fest« – und gibt diesem Stark- und Festsein dann einen überraschenden Inhalt: »... indem du darauf achtest, so zu handeln, wie mein Knecht

Mose dir geboten hat; weiche davon nicht ab nach rechts oder links, damit du Erfolg hast, wohin du auch gehen magst« (v. 7 im ursprünglichen Text). Hier schreibt zweifellos ein späterer Schriftsteller. Er liefert eine Interpretation des ihm vorgegebenen »Sei stark und fest!«, die über die Situation des Josua weit hinausführt: nicht mehr nur für die Eroberung des Westjordanlandes, sondern für das ganze Leben (»wohin du auch gehen magst«) wird eine Anweisung gegeben, die ganz allgemein Gelingen bringen, zum »Erfolg« führen soll. Das »Sei stark und fest!« bedeutet dabei nicht mehr, wie im vorgegebenen Text v. 6, den Mut im Kriege, sondern den Gehorsam gegen die Anweisungen des Mose. Natürlich ist dabei an das Deuteronomium gedacht. Ein weiterer Bearbeiter der Stelle hat das ausdrücklich in den Satz eingetragen, indem er aus »so zu handeln, wie mein Knecht Mose dir geboten hat« machte: »gemäß dem ganzen Gesetz zu handeln, das mein Knecht Mose dir geboten hat«[47]. Und um vollends durch Wiederholung alles ganz unmißverständlich zu machen und zudem noch einen Rat für den Umgang mit dem Gesetz zu geben, wurde ein weiterer Satz hinzugefügt: »Dieses Gesetzbuch soll nicht von deinem Munde weichen; du sollst Tag und Nacht darüber sinnen, um darauf zu achten, daß du gemäß allem handelst, was darin geschrieben ist; denn dann wirst du deine Wege glücklich gehen, und dann wirst du Erfolg haben« (v. 8). Der Bearbeiter, der das geschrieben hat, möchte damit den ursprünglichen Text auf seine Weise interpretieren, nicht aber außer Kraft setzen. Er bringt ihn daher noch einmal in einer neuen Variation, in der das gesetzliche Element wieder zurücktritt (v. 9)[48].

Die Stelle ist sehr lehrreich. Wir sehen an ihr, wie das theologische Denken und die Überlieferung im Gefolge des Deuteronomiums fortschreitend »vergesetzlicht« werden. Schon der »Grundtext« in v. 6 ist deuteronomistisch, wie sein Vokabular zweifelsfrei zeigt. Auch daß er die Gewährung der Gabe des Landes nicht auf menschliche Leistung zurückführt, sondern allein als Erfüllung der göttlichen Verheißung an die Väter sieht, stimmt mit der Grundlinie der deuteronomischen Theologie überein. Spätere Gesetzestheologen mochten sich damit nicht begnügen. Sie banden den Erfolg des Josua, den sie über die Situation der Landnahme hinaus allgemeingültiger formulierten, an den Gehorsam gegen das mosaische Gesetz. Dabei gingen sie schließlich so weit, dem Volks- und Heerführer Josua die Pflicht des Schriftgelehrten aufzuerlegen, der Tag und Nacht mit dem Gesetzbuch beschäftigt ist.

In dieser oder ähnlicher Weise wurden nicht nur die Bücher überarbeitet, die im Alten Testament auf das Deuteronomium folgen, sondern auch die vorangehenden. Dabei konnte es unterlaufen, daß sogar dem ersten Patriarchen, Abraham, der Gehorsam gegen das Gesetz zugeschrieben wurde – das Gesetz, das es zu seiner Zeit doch noch gar nicht gab: Jahwe erneuert Isaak gegenüber die einst dem Abraham – in den alten Texten ohne Bedingung – gegebene Verheißung, die er erfüllen will, »weil Abraham auf meine Stimme gehört und meinen Auftrag, meine Anweisungen, meine Satzungen und meine Weisungen beachtet hat« (Gen 26,5). Vor allem ist die vorpriesterschriftliche Sinaiperikope in Ex 19–24; 32–34 ein deuteronomistisches Werk. Natürlich liegt älteres Material zugrunde, aber es wurde aufgrund der deuteronomischen Bundes- und Gesetzestheologie in mehreren Anläufen überarbeitet und auf einen vielfachen Umfang gebracht. Seitdem ist der Sinai nicht nur der Ort der grundlegenden Offenbarung Jahwes an Israel, sondern auch der der vollständigen Gesetzgebung. Ein merkwürdiges und eindrückliches Zeugnis dafür bildet das ganze deuteronomische Gesetz, indem es, wie wir sahen, nach der Theorie von Dtn 5 dem Mose schon am Sinai mitgeteilt worden sein soll.

5. Der Weg zur Heiligkeit: das priesterschriftliche Gesetz

Das Alte Testament berichtet noch einmal einen Vorgang, der sich der Auffindung des Gesetzbuches unter König Joschija vergleichen läßt. Der Perserkönig Artaxerxes sandte in seinem 7. Jahr – d. h. 458 v. Chr., wenn Artaxerxes I., 398 v. Chr., wenn Artaxerxes II. gemeint ist – den judäischen Exulanten Esra, einen Priester, mit dem Titel »Schreiber des Gesetzes des Himmelgottes« nach Jerusalem. Er sollte dort verschiedene Mißstände beseitigen und vor allem dem »Gesetzbuch des Mose« Geltung verschaffen. Dies tat Esra, indem er das Buch dem Volk am Laubhüttenfest durch die Leviten vorlesen und erklären ließ und dann vor allem die Auflösung der Ehen von Juden mit Nichtjüdinnen veranlaßte (Esr 7f.; Neh 8; Esr 9f.).

Der Vorgang ist historisch ähnlich schwierig zu beurteilen wie die josianische Reform; sicherlich besteht zwischen beiden auch ein Abhängigkeitsverhältnis, vollends was die Berichte angeht. Beide Male handelt es sich um einen Akt der Staatsgewalt, im ersten Fall der einheimischen, im zweiten Fall, wo es diese nicht mehr gibt, der des Weltreichs, zu dem die Gemeinde in und um Jerusalem nunmehr gehört. Beide Male wird ein Gesetz bekanntgemacht, das bis dahin offensichtlich unbekannt gewesen ist. Nach der Analogie der josianischen Reform und des Deuteronomiums liegt es nicht nur

nahe, sondern ist es geboten, anhand des Pentateuchs nach jenem »Gesetz des Himmelsgottes« oder »Gesetzbuch des Mose« zu fragen, das Esra im königlich persischen Auftrag einführte.
Die Antwort kann nicht eindeutig gegeben werden. Sie hängt aufs engste mit dem zusammen, was wir von der Geschichte des Pentateuchs in jener Zeit sagen können. Wahrscheinlich lag damals die Priesterschrift, die dann der Redaktion des gesamten Pentateuchs als Grundlage diente, einigermaßen abgeschlossen vor. Dagegen läßt sich nicht sicher sagen, ob diese Gesamtredaktion bereits stattgefunden hatte. Da sich von den Maßnahmen Esras (und Nehemias, der ihm folgte) nicht nur zur Priesterschrift, sondern auch zum Deuteronomium Verbindungslinien ziehen lassen, hat die Annahme, ihm habe bereits eine Grundform des die Priesterschrift einschließenden Gesamtpentateuchs vorgelegen, mehr für sich als die, es sei nur die Priesterschrift gewesen. Bei der Lückenhaftigkeit unseres Wissens lassen sich auch noch andere Kombinationen vertreten.
So oder so ist die Priesterschrift in der Zeit der persischen Herrschaft entstanden und wirksam geworden. Man kann ihre Wirkung kaum überschätzen. Sie beruht zu einem guten Teil darauf, daß die Priesterschrift das Gesicht des Pentateuchs in starkem Maße bestimmt. Das gilt nicht zuletzt von der Sinaiperikope, die in ihrer Endgestalt ganz überwiegend aus der Priesterschrift stammt. Wenn die alttestamentliche Wissenschaft des 19. Jahrhunderts um »das Gesetz« stritt, dann meinte sie vor allem die »Gesetzgebung der mittleren Bücher des Pentateuchs« – und damit faktisch die Priesterschrift.
Dabei ist die Priesterschrift keineswegs nur Gesetz, und mit dem in ihr, was Gesetz ist, hat es seine besondere Bewandtnis. Zunächst wird, in einer sehr selbständigen Erneuerung der älteren jahwistisch-elohistisch-deuteronomistischen Tradition, *erzählt:* von der Entstehung der Welt, der Menschheit, Israels. Dabei bilden göttliche Reden die Höhepunkte, vor allem die beiden $b^e r\hat{\imath}t$-Erklärungen an Noach, d. h. die Menschheit (Gen 9,1–17), und an Abraham, d. h. Israel (Gen 17), jede von beiden mit einem von Gott gesetzten Zeichen, dem kosmischen des Regenbogens und dem menschlich-israelitischen der Beschneidung. Aber das alles ist nur die Vorbereitung der Hauptsache, der Offenbarung am Sinai, die in der Erscheinung der »Herrlichkeit« Jahwes und den ersten Opfern gipfelt. Von nun an ist Jahwe in Israels Mitte gegenwärtig.
In diesem Zusammenhang ergehen an Mose und durch ihn an Israel göttliche Vorschriften in großer Zahl, die der göttlichen Gegenwart bei seiner Gemeinde den Rahmen schaffen und sie dann weiter

regeln sollen. Die wichtigsten betreffen das Heiligtum und die Priester (Ex 25—31), die Opfer (Lev 1—7), die kultische Reinheit (Lev 11—15), den großen Versöhnungstag (Lev 16), die Ordnung, in der Israel um das Heiligtum herum wohnt (Num 1—3). Größtenteils handelt es sich dabei um eine Rückprojektion des Jerusalemer Kultus der ersten nachexilischen Periode in die zumindest seit dem Deuteronomium normative mosaische Zeit. Durch diese Rückprojektion wurde der gegenwärtige – teilweise vielleicht auch ein angestrebter – Brauch legitimiert. Um an dieser Legitimation teilzuhaben, wurde bis zum Abschluß des Pentateuchs noch vielerlei eingefügt und nachgetragen, so daß gerade die kultischen Vorschriften vielfach geschichtet sind. Um Mißverständnissen vorzubeugen: die literarische Fixierung in der nachexilischen Zeit braucht nicht zu bedeuten, daß das damals Fixierte nicht älteren Ursprungs wäre. In den Grundzügen und in vielen Einzelheiten lebt darin gewiß der alte vorexilische Jerusalemer Brauch weiter.

Die Notwendigkeit und die Eigenart der literarischen Fixierung zeigen allerdings eindrucksvoll, daß es mit diesem Weiterleben Probleme gab. Das Alte konnte nur auf diese Weise in die gänzlich andere neue Zeit gerettet werden, und es wird dabei sehr anders geworden sein. »Die Organisation, die Fassung und Abschließung des Judentums war die nächste und dringendste Aufgabe der Zeit. Ihr diente der Tempel und das Priestertum, ihr diente die Disziplin, durch welche die Laien zusammengehalten und abgesondert wurden, ihr diente überhaupt die Heiligung des Äußerlichen.«[49] Die oft geradezu grotesk anmutende Detailliertheit und Starrheit der priesterschriftlichen Anweisungen stand gewiß im Gegensatz zu einer erheblich größeren Vielfalt und Freiheit des älteren Brauchs. Aber auch ihr schärfster Kritiker unter den Gelehrten, J. Wellhausen, hat zugestanden, daß die israelitische Religion damals dieser »Verschalung« bedurfte, »um nicht der Welt verloren zu gehn«[50].

Vergleicht man die vorhin aufgeführten priesterschriftlichen Sinaibestimmungen mit denen, die in der jahwistisch-elohistisch-deuteronomistischen Sinaiperikope mitsamt ihrem deuteronomischen Anhang ergingen, dann fällt ihre Konzentration, ja Beschränkung auf Kultus und Ritus auf. Großenteils geht das, was hier geboten wird, überhaupt nur die Priester und allenfalls die Leviten an; und wo das Volk betroffen ist, da handelt es sich um seine kultische Reinheit und dergleichen. Anweisungen für die Vielfalt des Lebens werden nicht gegeben. So ist der Begriff des Gesetzes, der bei Bundesbuch und Deuteronomium angesichts ihres uneinheitlichen, sammlungsartigen Charakters auch schon seine Probleme hat, hier zumindest nicht in gleicher Weise anwendbar wie dort.

Dazu kommt eine Beobachtung, die den Exegeten manches Kopfzerbrechen bereitet hat. Die Priesterschrift eliminiert aus der Sinaiperikope mit einer einzigen, nachher zu nennenden Ausnahme den Begriff der $b^e rît$, der in der jahwistisch-elohistisch-deuteronomistischen Darstellung gerade hier von großer Wichtigkeit war und den die Priesterschrift selbst in früherem Zusammenhang, bei den göttlichen Erklärungen an Noach und Abraham, mit Nachdruck verwendet hat. Nach einer scharfsinnigen Vermutung[51] soll damit die vorangehende Zusage an Abraham besonders akzentuiert und als für die Gegenwart gültig hingestellt werden. Israel steht nach wie vor im Abrahambund, der ein reiner Gnadenbund ist, auf unbedingter, durch kein menschliches Versagen gefährdeter Verheißung beruhend. Am Sinaibund mit seiner umfassenden Rechtsproklamation und dem Fluch gegen die Übertreter war Israel gescheitert. Einer Wiederholung dieses Scheiterns beugt die Priesterschrift vor, indem sie die Sinaiperikope zur reinen Stiftung des Gottesdienstes umgestaltet, die die Verheißung an Abraham erfüllt. Die Wirklichkeit der Sünde Israels wird damit nicht geleugnet; ihrer Beseitigung gilt recht eigentlich der gesamte Kultus, in dessen Mittelpunkt die Sühne steht[52].

Man wird also sagen dürfen, daß auch hinter der »olympischen Gravität«, die die Priesterschrift überall bewahrt[53], die Erfahrung der großen Krise steht, die die Propheten ausgerufen hatten und deren Überwindung die Arbeit der deuteronomischen Theologen galt. Die Priesterschrift traut dabei dem Gesetz offenbar weniger positive Möglichkeiten zu als das Deuteronomium. Es ist kaum ein Zufall, daß sich im Buch Ezechiel, das viele Berührungen mit der Priesterschrift aufweist – in der großen Zukunftsvision Ez 40–48 auch mit der priesterschriftlichen Kultusordnung –, die negativste Aussage des ganzen Alten Testaments über Gottes Gebot an die Israeliten findet: wegen ihres Ungehorsams hat ihnen Gott sogar »Gebote gegeben, die nicht gut waren, und Satzungen, durch die sie nicht leben konnten« (Ez 20,25). Der Satz ist dem Targum, der späteren paraphrasierenden Übersetzung ins Aramäische, so anstößig gewesen, daß es die Israeliten zu seinem Subjekt machte: sie gaben sich selbst diese nicht guten Gebote und Satzungen, nicht Gott tat es.

Die priesterschriftliche Gesetzestheologie hat aber auch andere Aspekte. Sie ist ebensowenig eine Einheit wie die deuteronomische. Hier wie dort gab es eine Schule, in der über das schwere Problem, das keine glatten Lösungen erlaubte, verschieden gedacht und geschrieben wurde.

Zunächst: ganz ohne Imperativ ist auch der Indikativ der großen

Erklärungen an Noach und Abraham nicht. An Noach, einen »gerechten und frommen Mann«, der »mit Gott wandelte« (Gen 6,9), ergehen Vorschriften über Fleischesnahrung, Menschentötung und das Leben auf Erden (9,1–7). Und bevor dem Abraham die göttliche $b^e rît$ eröffnet wird, erhält er den Befehl: »Wandle vor mir und sei fromm« (Gen 17,1). Wesentlicher Inhalt der $b^e rît$ ist dann, daß Abraham das Beschneidungsgebot ausführt (17,9–14).
Weiter: auf dem Sinai wird den Israeliten als eine »ewige $b^e rît$« und ein »ewiges Zeichen« (vgl. Ez 20,12) in Erinnerung an Gottes Ruhe nach der Schöpfung (Gen 2,2f.) der Sabbat als Ruhetag geboten und seine Übertretung durch Arbeit mit der Todesstrafe bedroht (Ex 31,12–17); in die ursprüngliche Priesterschrift gehört dieser Passus aber schwerlich schon hinein.
Schließlich und vor allem muß auf einen Komplex innerhalb der Endgestalt der Priesterschrift hingewiesen werden, dessen wichtigstes Motiv in der eben genannten Sabbatperikope schon erklingt. Dort heißt es: ». . . damit ihr erkennt, daß ich Jahwe bin, der auch heiligt« (Ex 31,13). Dieses Motiv spielt eine besondere Rolle in einem vermutlich von Hause aus selbständigen Komplex von rechtlichen Bestimmungen, der nachträglich in die Priesterschrift eingefügt wurde, dem sog. Heiligkeitsgesetz (Lev 17–26). Hier ist die thematische Weite da, die den eigentlichen priesterschriftlichen Sinaibestimmungen fehlt; es sei nur an das Gebot der Nächstenliebe (Lev 19,18) erinnert, in dem gemeinsam mit dem deuteronomischen Gebot der Gottesliebe (Dtn 6,5) nach Mt 22,40 »das ganze Gesetz und die Propheten hängen«.
»Ihr sollt heilig sein, denn ich bin heilig, Jahwe, euer Gott« (Lev 19,2). Das ist der in der Fortsetzung mehrfach variierte Zentralsatz des Heiligkeitsgesetzes. Heilig sind die Israeliten – und müssen sie sein – in der Beziehung zu dem heiligen Gott, der sie geheiligt hat, wobei gewiß auch an ihre Aussonderung aus den übrigen Völkern (vgl. Lev 20,24.26) zu denken ist. In ihrer Heiligkeit entsprechen sie der Heiligkeit Gottes. Nicht nur er heiligt sie, sondern auch sie selbst heiligen sich (vgl. Lev 11,44f.; 20,7). Unter diesen Gesichtspunkt rückt nicht nur ihr kultisches, sondern auch ihr ethisches Handeln, das damit natürlich ein großes Gewicht bekommt. Mit einem anderen Begriff als dem der Heiligkeit gesagt: Jahwes Gebote und Satzungen sollen gehalten werden, »weil der Mensch, der sie tut, durch sie lebt« (Lev 18,5, vgl. das schon zitierte Gegenbeispiel Ez 20,25).
Es verwundert nicht, daß das Heiligkeitsgesetz wie das Deuteronomium mit einer ausführlichen Ankündigung von Segen für den Fall des Gehorsams und von Fluch für den Fall des Ungehorsams

schließt (Lev 26). Anscheinend sind diesem Kapitel einige Sätze eingefügt, die den Zusammenhang mit der unbedingten Verheißung der Priesterschrift herstellen sollen (v. 9.11—13, vgl. auch v. 42ff.)[54]. Die Spannung, in der auch die priesterschriftliche Bundes- und Gesetzestheologie steht, wird dadurch aber nicht verwischt, sondern eher noch deutlicher gemacht.

6. Freude am Gesetz: die Gesetzespsalmen

Einen Einblick in die nachexilische Gesetzesfrömmigkeit geben einige Gedichte im Psalter, die man Gesetzespsalmen zu nennen pflegt, nämlich Ps 1; 19,8—15 (»19B«); 119. Wir können hier die Aufnahme und die Weiterbildung der deuteronomischen Gesetzestheologie studieren. Die Wirkung dieser Gedichte läßt sich kaum überschätzen. Sie geben ja nicht nur den Glauben und das Denken ihrer Dichter wieder, sondern nach ihrer Anleitung sind unzählige Fromme mit dem Gesetz umgegangen.

Ps 1 ist mit Bedacht dem Psalter vorangestellt, als eine Art Schlüssel zur ganzen Sammlung. Er zeichnet schematisch zwei entgegengesetzte Lebenshaltungen und ihren Ertrag: auf der einen Seite der Fromme und Gesetzestreue, dem alles gelingt, auf der anderen Seite der Gottlose, dessen Weg sich verliert.

Ps 19B hat zwei Teile: zunächst ein Hymnus auf das Gesetz (v. 8—11), danach die persönliche Betrachtung eines Gesetzestreuen, in Form eines Gebets (v. 12—15).

Ps 119, der bei weitem längste Psalm überhaupt, besteht, nach den Buchstaben des hebräischen Alphabets, aus 22 Strophen, jede zu 8 Versen, deren jeder jeweils mit dem gleichen Buchstaben anfängt. Dafür fehlt eine klare inhaltliche Gliederung. Der Psalm preist in immer neuen Wendungen die Herrlichkeit des Gesetzes und seine Bedeutung für den Frommen.

Der Grundton dieser Dichtungen ist die Freude[55]. Sie klingt immer wieder durch, und wiederholt ist ausdrücklich von ihr die Rede (vgl. Ps 119,16.24.70.77.92 usw.). Das Gesetz ist ganz und gar gut, positiv, erfreulich, glückbringend, es stärkt, baut auf, hilft zum Leben. Christliche Exegeten neigen dazu, sich die jüdische Gesetzesfrömmigkeit mühsam und lustlos, als das ständige Tragen einer schweren Last vorzustellen. Der Wortlaut unserer Psalmen zeigt, daß sehr viele Fromme keineswegs so empfanden.

Wo es einmal etwas anders klingt, ändert sich doch das Gesamtbild nicht wesentlich. In Ps 119 ist von der Angst vor dem göttlichen Gericht die Rede, und in Ps 19,13f. taucht der Gedanke an die

Verfehlungen auch des frommen Beters auf. Aber dabei handelt es sich um Sünden, die er nicht beabsichtigt hat oder die ihm nicht bewußt geworden sind; davon soll Gott ihn freisprechen. An der Möglichkeit eines so gut wie ganz gesetzestreuen und also gelingenden Lebens wird nicht gezweifelt.

Ein Ausleger von Ps 119 hat gespottet: »Wenn doch der Verf. auch nur etwas von den gerühmten Eigenschaften seines Thorastudiums mitgeteilt oder uns etwa die Wonne begreiflich gemacht hätte, die ihn z. B. bei der Erforschung der Speisegebote erfüllt!«[56] Mag ein solches Urteil dem modernen protestantischen (liberalen!) Theologen mit ästhetischem Sinn naheliegen, an der Intention unserer Psalmen ist damit doch vorbeigesprochen. Wir brauchen uns hier nicht damit zu beschäftigen, worin für sie im einzelnen die Schönheit und Einzigartigkeit des Gesetzes bestanden haben mag; bei allem Wortreichtum sagen sie darüber merkwürdigerweise nicht viel Greifbares. Wichtiger ist, was religiös-theologisch dahinter steht.

Diesen Frommen ist im Gesetz Gott gegenwärtig, indem er ihnen dort seinen Willen kundgetan hat, den sie nun tun können, um damit Heil und Leben zu erlangen und zu behalten. Das Gesetz ist ihr Heilsweg, und zwar ihr sicherer Heilsweg. Denn in ihm ist alles geregelt, nichts bleibt offen, man weiß, was man zu tun hat und was daraus folgt – ein angesichts der vielfachen Unsicherheit, in der die Menschen des Altertums lebten, unschätzbarer Umstand. »Wer so ... von dem Gesetz reden kann, für den ist das Gesetz als verständlicher Ausdruck des ein für allemal geltenden Gotteswillens der sichere Kompaß der Lebensführung, aber zugleich auch ein starkes Band des Vertrauens zu Gottes Walten über seinem Leben.«[57]

Man darf hier keine falschen Alternativen konstruieren. Gottes Gegenwart und sein Handeln im Kultus, aber auch in der Geschichte werden von dieser Gesetzesfrömmigkeit nicht aus-, sondern eingeschlossen. Wir sahen schon früher, daß der Sinn von *tôrāh* sich mit unserem statischen Gesetzesbegriff nicht einfach deckt. Zudem ist das Gotteswort, von dem Ps 119 handelt, durchaus nicht nur das gesetzliche (vgl. z. B. v. 147). Und das Gesetz selbst betrifft ja großenteils den Kultus, und es ist durchsetzt von Hinweisen auf die Geschichte, ja, wie wir gesehen haben, in Deuteronomium und Priesterschrift bereits Bestandteil von Darstellungen der Geschichte. Und auch damit wird man vorsichtig sein müssen, das Gewicht hier vom Handeln Gottes auf das Handeln des Menschen verlagert zu sehen. Das Gesetz gilt ja als die große dem menschlichen Tun vorausgehende Gabe Gottes; und das bleibt sie. Den mancherlei

Ausdrücken, die – doch auch die Vielfalt und Lebendigkeit andeutend, in der diesen Frommen das Gesetz entgegentrat – in Ps 19B und Ps 119 mit *tôrāh* abwechseln, wird in Ps 19B stets der Genetiv »Jahwes«, in Ps 119 das Pronominalsuffix »dein(e)« beigefügt. Wenn vom Gesetz geredet, das Gesetz gepriesen wird, dann immer unter Nennung dessen, der es gegeben hat und der nach wie vor sein Herr ist. Insofern trifft das Wort vom Gesetz als einer »absoluten Größe« in dieser Zeit den Sachverhalt nicht[58].

Trotzdem läßt sich eine Akzentverschiebung beobachten, die doch nicht gänzlich belanglos zu sein braucht. Der Gegenstand des Hymnus in Ps 19B ist nun einmal das Gesetz. Oder Ps 1 verarbeitet eine Reminiszenz an Jer 17,5 – 8, den Doppelspruch über den Mann, der sich auf Menschen, und den, der sich auf Jahwe verläßt, und beider Geschick. Uns interessiert hier nicht, daß die Nachahmung, literarhistorisch beurteilt, epigonenhaft ist[59], sondern daß sie, wo ihr Vorbild von Jahwe sprach, von seinem Gesetz redet. Gegenüber der deuteronomisch-deuteronomistischen Gesetzestheologie, von der diese Psalmen herkommen und an die sie oft auch im Wortlaut die frappantesten Anklänge aufweisen, fällt als eine Einzelheit das gänzliche Fehlen des Begriffes *b^erît* auf. Nun braucht auf die Vokabel nicht allzuviel anzukommen. Aber ihrem Fehlen korrespondiert doch auch die Tatsache, daß der Inhalt der Bundesformel »Jahwe der Gott Israels, Israel das Volk Jahwes«, die eigentliche Mitte des Alten Testaments also[60], in diesen Psalmen zwar keineswegs geleugnet wird, aber durch die Spezialisierung auf das Verhältnis des einzelnen Israeliten zum Gesetz Jahwes zumindest einen besonderen Akzent gesetzt bekommt[61].

Wohl nicht nur dem protestantischen Leser fällt an diesem Normaltypus der alttestamentlichen Gesetzesfrömmigkeit immer wieder eine eigentümliche Problemlosigkeit auf. Wie klein erscheint doch die Verlegenheit, die den Beter in Ps 19,13f. beim Gedanken an seine unbeabsichtigten und unbewußten Verfehlungen befällt, gemessen an den großen Aporien, in die der kommen kann, der das saubere Schema von Ps 1 mit eigener oder fremder Wirklichkeit zusammenbringen will! »Glücklich der Mann«, so möchte man mit den Anfängen von Ps 1 und Ps 119 sagen, der an diesen Psalmen sein Genüge zu finden vermag! Das Buch Ijob zeigt, wenngleich nicht in ausdrücklicher Zuspitzung auf das Gesetz im engeren Sinne, daß das damalige Israel auch anderes als das zu denken genötigt war, was in diesen Psalmen steht.

7. Gesetz und Weisheit: Jesus Sirach

Der Hinweis auf Ijob ist nicht beliebig. Die Aporie der Weisheit, die der Gegenstand jenes Buches ist, läßt sich auf das Gesetz übertragen, weil Weisheit und Gesetz auch positiv zwei Größen sind, die, angefangen mit dem Begriff *tôrāh*, manches gemeinsam haben, in Beziehung zueinander stehen und sogar in engste Verbindung miteinander gebracht werden konnten. Obwohl dieses letzte erst an der Schwelle zur nachalttestamentlichen Zeit geschah, ist es angebracht, den Sachverhalt in aller Kürze schon in unsere alttestamentliche Betrachtung einzubeziehen.

Unter den bisher genannten Texten ist bei Ps 1 die Nähe von Weisheit und Gesetz am deutlichsten. Man pflegt diesen Psalm sowohl einen Weisheits-, als auch einen Gesetzespsalm zu nennen. Die Weisheit, eine international verbreitete Weise des Denkens und Lebens, untersucht die Erscheinungen der Welt auf eine ihnen zugrundeliegende, in ihnen waltende Ordnung hin. Aufgabe des Menschen ist es, wenn sein Leben gelingen soll, sich dieser Ordnung gemäß zu verhalten. So ermahnt die Weisheit ihn zum rechten Handeln unter Hinweis darauf, daß es ihm dann wohlergehen wird im Unterschied zu den Übeltätern, die sich Unglück und den Untergang zuziehen. Es bedarf keiner näheren Hinweise, wie nah Ps 1 diesem Denken steht. Er führt es in einer krassen Alternative »nomistisch«, d. h. auf das Gesetz zugespitzt, durch.

Das liegt durchaus in der Verlängerung der deuteronomisch-deuteronomistischen Linie. Wie sehr Ps 1 dorthin gehört, zeigt die Anlehnung der über das Bild vom Baum hinausgehenden Sätze in v. 2f. an die jüngere nomistische Ergänzung zur Gottesrede an Josua in Jos 1,8. Bereits in den *tôrāh*-Begriff des Deuteronomiums dürfte mindestens ebensoviel Weisheitliches wie Priesterliches eingeflossen sein[62]. Eine ausdrückliche begriffliche Verbindung stellt ein ziemlich junger Text her, der die Gesetzesparänese mit dem Satz begründet: »Das (der Gesetzesgehorsam) ist eure Weisheit und eure Einsicht in den Augen der Völker: wenn sie alle diese Gebote hören, dann werden sie sagen: was für ein weises und einsichtiges Volk ist doch dieses große Volk!« (Dtn 4,6; vgl. auch Ps 19,8; 37,30f.; 119,98).

In anderen Traditionsbereichen wird das Gesetz in den Zusammenhang einer Lehre gestellt, die die ganze Welt zum Inhalt hat. Vielleicht ist es doch kein Zufall, daß Ps 19,8–15 sich an den Schöpfungshymnus Ps 19,2–7 anschließt. Vollends in dem großen Ordnungsgefüge, das die Priesterschrift beschreibt, dürften von der Schöpfung an als das geheime Ziel die Ordnungen ins Auge gefaßt sein, die dann am Sinai offenbart werden[63].

Es ist schließlich auch zu Gleichsetzungen von Weisheit und Gesetz gekommen. Ein etwas entlegener Beleg dafür ist zunächst der aramäisch geschriebene Erlaß des Königs an Esra, dessen Mission in Jerusalem betreffend. Dort wird der Ausdruck »das Gesetz deines Gottes, das in deiner Hand ist« (Esr 7,14) einmal variiert in »die Weisheit deines Gottes, die in deiner Hand ist« (v. 25). Möglicherweise gehört das in eine Ergänzung von anderer Hand[64]; aber auch dann soll die »Weisheit« von v. 25 dasselbe sein wie das »Gesetz« von v. 14.

Vor allem aber ist hier das Buch Jesus Sirach (ben Sira) zu nennen, das, obwohl von Hause aus hebräisch, leider unter die Apokryphen zum Alten Testament geraten ist. Es ist eine individuellere Arbeit als die älteren Weisheitsbücher und überhaupt die meisten Bücher des Alten Testaments; wir kennen ja auch den Namen des Verfassers und können seine Zeit erschließen: um 190 v. Chr. Gleichwohl hat er mit seiner Einbeziehung des Gesetzes in die Weisheitslehre etwas getan, wozu die Zeit reif war und was sonst wohl ein anderer auf ähnliche Weise getan hätte.

Sirach legt seinen Lesern immer wieder das Gesetz ans Herz (9,15 LXX; 10,19; 32,14—33,3 usw.)[65]. Seine Erfüllung gehört zur Weisheit (19,20), führt zu ihr hin, wird mit ihr belohnt (1,26; 6,37; 15,1). Es wird wohl damit zusammenhängen, daß die Weisheit als ein schweres Joch beschrieben werden kann (6,24f.; 51,26)[66]. Bezeichnenderweise wird dieser Gedanke aber auch wieder ins Positive gewendet: das Joch gereicht zum Ruhm, die Weisheit bietet Erquickung (6,28—31; 51,7), indem ja nichts süßer ist, als des Herrn Gebote zu halten (23,27)[67]. Längst vor Sirach war die Gottesfurcht der Anfang der Weisheit genannt worden (Spr 1,7; 9,10), und damit war schon wesentlich der Gehorsam gegen den göttlichen Willen gemeint gewesen. Sirach denkt ebenso. Wenn in seine häufige Rede vom Zusammenhang zwischen Weisheit und Gottesfurcht das Gesetz einfließt (vgl. nur die Trias in 15,1 und 19,20), dann interpretiert er damit den Begriff der Gottesfurcht auf eine seiner Zeit und Umgebung angemessene Weise. Dazu stimmt durchaus, daß sein Interesse dem Prinzipiellen gilt, nicht den einzelnen Aspekten und Geboten des Gesetzes. Sirach ist Weiser, nicht Gesetzestheologe[68].

Er spricht den Grundgedanken auch auf spekulativere Art aus. Schon vor ihm haben Weisheitslehrer die Weisheit als eine Person eingeführt, die bei der Schöpfung der Welt anwesend war und darum deren Ordnungsprinzip darstellt (vgl. besonders Spr

8,22 – 31). Sirach übernimmt diese Vorstellung, auf deren ursprünglichen, etwa mythologischen, Hintergrund, den er ohnehin kaum gekannt hat, hier wenig ankommt. Die Weisheit singt bei ihm ein großes Preislied auf sich selber, auf ihre Rolle bei der Schöpfung und dann für Israel (Sir 24). Und in diesem Zusammenhang heißt es auf einmal: »Dies alles ist das Bundesbuch des höchsten Gottes, das Gesetz, das uns Mose gebot als Erbteil für die Gemeinden Jakobs« (v. 23, vgl. auch 17,11 – 14). Mit dieser Interpretation der kosmischen Weisheit als mosaischen Gesetzes geschieht ein Doppeltes. Das Gesetz bekommt eine universale, alle Bereiche einschließende Dimension, Legitimation und Würde, die Weisheit und also die Ordnung der Welt wird im Gesetz Israels manifest, so daß man sie dort anschauen und begreifen, nach ihr leben kann[69].

Diese Identifikation von Gesetz und Weisheit, auf die eine lange alttestamentliche Entwicklung hinzielte und die in Sir 24 ihren klarsten begrifflichen Ausdruck fand, ist von großer Bedeutung für das gesamte Judentum der folgenden Jahrhunderte. Grundlegend sind insbesondere zwei Dimensionen:

a) Sir 24 hatte deutlich die Identifikation der Tora mit der himmlischen, präexistenten Gestalt der göttlichen Weisheit ausgesprochen. Diese Identifikation machte es möglich, die Tora fortan in ihrer *universalen Dimension* als *die* Offenbarung Gottes schlechthin zu verstehen. Was A. Nissen, einer der besten heutigen christlichen Kenner des Judentums, als Grundsatz des gesamten Judentums darstellt: »Die Offenbarung Gottes aber, Gott selbst in seiner Erkennbarkeit: das ist die Tora«[70], ist in der Tat wenigstens seit den Tagen Sirachs immer deutlicher sein Grundsatz gewesen: Die Weisheit-Tora

»ist das Buch der Gebote Gottes,
das Gesetz, das in Ewigkeit besteht« (Bar 4,1).

Als präexistente ist sie bereits Schöpfungsordnung: Die Tora, die Gott seinen Lieblingen, Israel, gegeben hat, ist das kostbare Gerät, »durch das die Welt erschaffen worden« (Abot 3,14). Nach verbreiteter jüdischer Aussage ist die Tora der Bauplan, nach dem die Welt gebildet wurde:

»Durch die Weisheit hat der Name den Himmel und die Erde geschaffen und vollendet« (Tg. Jerusch II zu Gen 1,1).

Die volle Integration der Schöpfungsordnungen in die *Tora* wurde so möglich. Für das Diasporajudentum folgte aus der Identifikation der Tora mit der präexistenten Weisheit der Gedanke, daß die Tora letztlich mit dem Weltgesetz und der Vernunft identisch sei. Darum hat Mose in der Tora die Weltschöpfung an den Anfang gestellt: Der göttliche Vater ist zugleich Schöpfer der Welt und

Gesetzgeber; wer nach dem Mosegesetz lebt, lebt »in Übereinstimmung mit der Natur« und dem »Gesetze des Alls« (Philo Vita Mose 2,48). In rabbinischen Texten lesen wir, daß der Herr selbst im Himmel die Tora, die Grundlage der Weltordnung und auch seines eigenen Handelns, studiert (bʿAZ 3b): So wird das Gesetz zu einer Größe, der selbst Gott sich einordnet.

b) Ebenso wichtig ist, daß durch die Annäherung und Identifikation von Weisheit und Tora die Möglichkeit gegeben war, die gesamte weisheitliche Überlieferung im Rahmen der Tora fruchtbar zu machen. Der Inhalt der frühen alttestamentlichen Gesetzeskorpora war weithin in strengem Sinn das *Recht* des Volkes. In nachbiblischer Zeit wurden die Schriftgelehrten die hauptsächlichen Überlieferer der weisheitlichen Traditionen. Zahlreiche rabbinische Spruchsammlungen, unter denen der Mischnatraktat Abot der wichtigste ist, bezeugen dies[71]. Auch die weisheitliche Überlieferung und Paränese wurden nun, im weitesten Sinn, zur Tora. Der Sprachgebrauch der alttestamentlichen Weisheitsschriften, wo *tôrāh* in einem profanen Sinn (z. B. als Weisung eines Weisen oder des Vaters) vorkommt, erleichtert diese Entwicklung; der Sprachgebrauch bereits der neutestamentlichen Zeit, wo »Gesetz« auch in einem weiten Sinn das Alte Testament als Ganzes meinen kann[72], bezeugt sie indirekt; die Identifikation von Weisheit und Tora ermöglichte sie. Theologisch ist das von großer Bedeutung: Es wird so möglich, das das Volk betreffende Recht und die den Einzelnen betreffende, über das Recht hinausgehende Paränese unter dem Stichwort *tôrāh* zusammenzudenken. Durchsetzbares, judiziables Recht des Volkes und den Einzelnen herausfordernder, paränetischer Wille Gottes gehören zusammen. Zwischen Halaka, d. h. verbindlichem Recht, und Haggada, wozu auch die Paränese gehört, besteht kein Gegensatz, sondern eine positive Zuordnung. Für das Recht bedeutet diese Ausweitung des Begriffs *tôrāh,* daß jenseits des Rechts nicht Beliebigkeit anfängt. Für die Paränese bedeutet ihre direkte Interpretation als Gottes Wille – letztlich ist das gemeint, wenn die Paränese *tôrāh* ist – eine gesteigerte Intensität und Verbindlichkeit. So kann ein Rabbine symbolträchtig vom Pentateuch, an dessen Anfang beschrieben ist, wie Gott dem Menschen Kleider macht (Gen 3,21) und an dessen Ende Gott Mose begräbt (Dtn 34,6), sagen:

> »Die Tora enthält an ihrem Anfang und an ihrem Ende Liebeswerke« (bSota 14a).

Wenn jüdische Torafrömmigkeit immer wieder zu tiefen Äußerungen ganzheitlichen ethischen Engagements führte, so hat die seit Sirach sichtbare Verschmelzung von Recht und weisheitlicher Überlieferung dafür den Grund gelegt.

8. Das Gesetz im neuen Bund: Jeremia 31

Der Text, von dem jetzt noch die Rede sein muß, ist älter als Jesus Sirach, aber er blickt weit über diesen hinaus in die Zukunft: »siehe, Tage werden kommen, spricht Jahwe« (Jer 31,31).
Das Buch Jeremia hat eine komplizierte, wahrscheinlich nie mehr genau rekonstruierbare Geschichte gehabt. Wie lange an ihm noch geschrieben wurde, lehren zahllose kleine Unstimmigkeiten und Unausgeglichenheiten, die sich nicht auf einen oder wenige Nenner bringen lassen, und lehrt noch die in hellenistischer Zeit entstandene griechische Übersetzung, die in vielem vom hebräischen Text abweicht. Das meiste aus dem nachjeremianischen Stoff des Buches pflegt man deuteronomistisch zu nennen, weil es viele Anklänge an Stil und Gedankenwelt des Deuteronomiums aufweist. Hier spricht eine Schule, die mit der an Gesetz und Geschichte arbeitenden deuteronomistischen Schule wohl nicht einfach identisch ist, aber sich doch zumindest in vielem mit ihr überschneidet. Ihre Besonderheit ergibt sich vor allem aus dem prophetischen Erbe, das sie verwaltet.
Dieses Erbe war seit den älteren vorexilischen Propheten, von denen oben die Rede war[73], sehr angewachsen. Die Propheten hatten fortgefahren, die letzten Stadien der Geschichte des Reiches Juda kritisch zu begleiten, und hatten nach dem Zusammenbruch von 587 ihre Hauptaufgabe dahin gestellt bekommen, Exulanten und Daheimgebliebene durch Trost und Verheißung aufzurichten und bei der Restauration vor falschen Wegen zu warnen. Spätere Geschichtstheologie hat die Propheten dann geradezu als ein Kollektiv von Gesetzespredigern gesehen: sie riefen zur Umkehr und zum Gehorsam gegen das Gesetz, das Jahwe den Vätern geboten hatte – aber das Volk gehorchte nicht (2. Kön 17,13 – 15[74]). Dem entspricht die nachträgliche Eintragung des Gesetzesbegriffes in ältere Prophetenworte, wie wir sie schon bei Amos fanden[75]. So entstand, natürlich auf dem Hintergrund einer immer weitergehenden Ausformung des »mosaischen« Gesetzes, jenes Bild von »Gesetz und Propheten«, das alle spätere Tradition bestimmt hat.
Das Bild enthält keineswegs nur helle Farben. Das Volk war gegen das Gesetz ungehorsam, so heißt es immer wieder, und das kann sich bis zu der Aussage steigern, daß zur Verwerfung des Gesetzes noch die Tötung seiner Prediger, der Propheten, hinzukam (Neh

9,26[76]). Eine Funktion des Gesetzes war und blieb ja auch, die Sünde des Volkes aufzudecken[77]. Die Verfehlung konnte noch auf ganz andere Weise mit dem Gesetz zusammenhängen: es ließ sich im eigenen Interesse, zum eigenen Ruhm mißbrauchen und verfälschen. So brüsten sich Zeitgenossen des Jeremia damit, daß sie weise sind und Jahwes Gesetz besitzen. Aber Jeremia entgegnet ihnen: »Zur Lüge hat (es) der Griffel der Lügenschreiber gemacht« (Jer 8,8). Man wird mit der Vermutung vorsichtig sein müssen, hier werde geradezu gegen das Deuteronomium polemisiert. Aber daß das Gesetz sich mißbrauchen läßt wie der durch die josianische Reform zu neuer Ehre gekommene Tempel (vgl. Jer 7,4), das ist doch unmißverständlich gesagt, und vielleicht liegt in dem Satz auch ein Urteil über mancherlei Umgang mit dem Gesetz in der deuteronomistischen Schule und anderwärts beschlossen. Und schließlich steht gegen die deuteronomische Aussage, daß das Gesetz nicht zu schwer ist[78], gewiß nicht in unmittelbarer Konfrontation, aber doch als ein Korrektiv aufgrund von Erfahrung und Einsicht das Wort des Jeremia von den Menschen, die ebensowenig Gutes tun können, wie ein Mohr seine Haut oder ein Panther seine Flecken wechseln kann (Jer 13,23)[79].

Auf diesem Hintergrund ist die berühmte Verheißung des »neuen Bundes« in Jer 31,31−34 zu lesen. Ihr Gedankengang ist etwas schwierig, was sich daraus erklären dürfte, daß hier mehr als eine Hand geschrieben hat – bei einem Text von solcher Tragweite nicht verwunderlich[80]. Der uns interessierende Satz über das Gesetz steht im zweiten Teil der Erläuterung dessen, was die »neue $b^e r\hat{\imath}t$«, also die neue Verheißung und Zusage, der neue Bund ist, den Jahwe nach v. 31 dereinst mit Israel schließen wird.

Diese Erläuterung ist zunächst (v. 32) negativ: nicht wie der bisherige Bund, den die Väter gebrochen haben. Das ist eine innerhalb des Alten Testaments ziemlich radikale Aussage. Sie wiederholt in bundestheologischer Terminologie das »Nicht mein Volk« der prophetischen Gerichtspredigt (Hos 1,9). Israel ist, nachdem Jahwe es zu seinem Volk gemacht und ihm im Gesetz den weiteren Weg gewiesen hatte, ungehorsam gewesen und so den Weg des Abfalls gegangen. Damit hat es die Zusagen des Bundes verwirkt und die Flüche auf sich gezogen, die für den Fall der Nichterfüllung des Gesetzes vorgesehen waren. Seine Gottesbeziehung ist am Ende, und damit auch seine von ihr kaum lösbare Existenz als Volk. Jahwe ist sein Gott nur noch als der richtende Herr[81].

Aber er wird diesem Zustand ein Ende machen. Das wird ganz allein sein Werk sein, Israel ist dazu nicht in der Lage. Der Inhalt des »neuen Bundes« wird in vier einzelnen Ankündigungen be-

schrieben. Die beiden letzten schließen sich in ihrer Formulierung nicht an die uns schon bekannte Bundes- und Gesetzestheologie an: die Verheißung allgemeiner, nicht einmal mehr der Belehrung bedürftiger Gotteserkenntnis, deren Fehlen aufgrund mangelnder Belehrung einst Hosea beklagt hatte (vgl. Hos 4,6; 5,4f. usw.), und die Ankündigung der Sündenvergebung, mit der durchgestrichen werden wird, was das Verhältnis zwischen Gott und Volk zerstört hatte (v. 34). Davor steht (v. 33b) die Bundesformel: »Ich werde ihr Gott sein, und sie werden mein Volk sein«. Was für das Deuteronomium der Inhalt des mosaischen Bundes war, wird hier in die verheißene Zukunft projiziert: dann wird es unverbrüchlich so sein.
Oder droht auch dann wieder Gefahr? Das will unser Text unter allen Umständen ausschließen. Als Mittel dazu käme, so könnte man meinen, die Eliminierung des Gesetzes in Betracht, an dessen Nichteinhaltung durch Israel der alte Bund ja gescheitert war. Aber das ist nicht nur deuteronomisch, sondern überhaupt alttestamentlich undenkbar; auch die Priesterschrift hat, wie wir sehen, ein etwa in diese Richtung gehendes Konzept nicht voll durchgeführt. Es gibt Jahwes Zuwendung an Israel nicht ohne seine Forderungen, dem Bund nicht ohne das Gesetz. Und so wird es das Gesetz auch im »neuen Bund« geben.
Aber doch auf eine neue Weise: »Ich lege mein Gesetz in ihr Inneres und schreibe es in ihr Herz« (v. 33a). Das Gesetz wird nicht mehr nur als die Forderung von außen, geschrieben auf Tafeln oder in ein Buch, an den Menschen herantreten, sondern ihm völlig zu eigen, Teil seiner selbst sein. Er wird ganz selbstverständlich tun, was es gebietet. Noch radikaler spricht das Buch Ezechiel in einem Passus, der mit dem unseren eng verwandt ist (vgl. auch die Bundesformel Ez 36,28b), geradezu von einer Auswechslung des Herzens und von der Gabe des göttlichen Geistes »in euer Inneres – und *ich werde machen*, daß ihr in meinen Geboten geht und meine Satzungen beachtet und ausführt« (Ez 36,26f.).
Man kann Vermutungen darüber anstellen, ob in jenem verheißenen Zustand das Gesetz nicht nur in neuer Weise appliziert und unverbrüchlich gehalten werden, sondern ob es dann auch einen neuen Inhalt bekommen soll[82]. Das Interesse unserer Texte liegt hier aber nicht. Ihr Thema ist die Heilsgewißheit[83]. Israel wird am Gesetz, richtiger an seinem Versagen gegenüber den Forderungen des Gesetzes nicht mehr scheitern.
Wann ist jener verheißene Zustand? Die Texte der Bücher Jeremia und Ezechiel wollen, wann immer sie geschrieben wurden, als Verheißungen für die nachexilische Zeit gelesen werden. In diese

Zeit gehören zweifellos Psalmstellen wie Ps 37,31, wo es von einem Frommen heißt, er trage das Gesetz seines Gottes in seinem Herzen, oder Ps 40,9, wo der Beter sagt: »Deinen Willen, mein Gott, zu tun habe ich Lust, und dein Gesetz ist tief in meinem Innern.« Es gibt die These, daß die beiden Psalmisten »auf die prophetische Verheißung Jer 31,31ff. mit einem aktuellen Erfüllungsbekenntnis antworten«[84]. Man könnte auch noch weiter fragen, ob vielleicht die Verheißung ihrerseits nachträglich von solchen konstruiert worden wäre, die sich dieses Verhältnisses zu Gott und seinem Gesetz teilhaftig wußten oder meinten. Wahrscheinlich ist das aber keineswegs. »Tage kommen«, »nach diesen Tagen« – das ist Verheißung und wird nicht so schnell Gegenwart, wenigstens in Verhältnissen, die nicht durch einen göttlichen Eingriff neu geworden sind.

II. Das Gesetz im Frühjudentum

Das Judentum ist in neutestamentlicher Zeit noch keine homogene, in sich geschlossene Größe. Erst nach der Zerstörung Jerusalems durch die Römer im Jahre 70 haben sich die Pharisäer, die im jüdischen Krieg den Hauptteil der Friedenspartei gebildet haben, als dominierende Gruppe durchsetzen können. Ihr Verständnis des jüdischen Glaubens wurde damit zum »normativen«. Vor dem Jahre 70 stehen sich verschiedene Strömungen und Gruppen gegenüber. Josephus spricht von drei »Philosophenschulen«[85], den Sadduzäern, den Pharisäern und den Essenern. Diese drei Gruppen waren klar abgegrenzt, z.T. ordensähnlich organisiert und hatten eine eigene Theologie. Ihren Ursprung haben sie alle in der bewegten Zeit der Makkabäerkämpfe des 2. vorchristlichen Jahrhunderts. Neben diesen drei Gruppen lassen sich zwei weitere Grundtypen jüdischen Glaubensverständnisses deutlich profilieren: Die apokalyptische Bewegung ist ein, stark an prophetische Traditionen anknüpfender Unterstrom der Frömmigkeit, geprägt von Weltpessimismus und eschatologischer Zukunftshoffnung, in Distanz, wenn nicht gar Opposition zur religiösen Führung des Judentums. Sie ist nicht klar abgrenzbar und zerfiel wohl in mehrere Traditionsströme; in der Gegenwart ist sie am ehesten dem Pietismus vergleichbar. Das Diasporajudentum hat einen eigenen Typ religiöser Literatur hervorgebracht, der z.T. stark durch die Auseinandersetzung mit der hellenistischen Umwelt und durch Mission und Apologetik geprägt war. Auch er repräsentiert einen eigenen Typ jüdischer Frömmigkeit, obwohl er wohl nicht für das ganze Diasporajudentum repräsentativ ist, sondern vor allem für seine gebildete Oberschicht.

Trotz der Vielfalt der Gruppen und Strömungen ergibt eine Durchsicht der Aussagen über das Gesetz, daß *das Gemeinsame über das Unterschiedliche dominiert*. Es steht am Ende der Abfassung der alttestamentlichen Schriften eine Art *Grundkonsens über das Gesetz*. Dieser Grundkonsens aller jüdischer Gruppen ergibt sich m.E. geradlinig aus der im Alten Testament beobachteten Entwicklung. *Die alttestamentliche Entwicklung läuft m.E. im ganzen folgerichtig auf das Judentum zu; dieses nimmt das Alte Testament in seinem Zentrum auf.* Der oft behauptete Bruch zwischen dem Alten Testament und dem Judentum ist wohl überwiegend ein Produkt christlichen Vorverständnisses.

Im Einzelnen läßt sich die Übereinstimmung alttestamentlicher

Grundaussagen mit dem Grundkonsens aller jüdischer Gruppen an folgenden Punkten festmachen:
1. Das Gesetz ist die *Grundlage für die Existenz des Volkes Israel*. Es ist und bleibt Bundesgesetz und Signum der Erwählung Israels:
»Mit ewiger Liebe hast du das Volk Israel, dein Volk, geliebt. Die Tora und die Gebote, die Satzungen und die Rechte hast du uns gelehrt. Deshalb, Herr, bei unserm Liegen und bei unserm Aufstehen sinnen wir nach über deine Satzungen und freuen uns über die Worte deiner Tora«[86].

Die ersten beiden Sätze könnten direkt dem Deuteronomium entstammen. Die Verbindung zwischen Toragehorsam und Volks die in den individualisierenden Aussagen etwa des Beters von Ps 119 eher zurücktrat, gewann durch die Makkabäerkriege wieder an Bedeutung: Es war der Kampf für die Tora gewesen, die Israel wieder zu einer politisch selbständigen Existenz als Volk geführt hatte. Das Interesse am Kultgesetz, das nicht nur bei den Jerusalemer Priestern, sondern auch bei den Pharisäern, den in der Separation lebenden Essenern und im hellenistischen Judentum sehr groß war – ein Erbe der Priesterschrift! – bedeutete dabei keineswegs eine Spiritualisierung oder gar Verflüchtigung der Bindung des Gesetzes an das Volk, sondern eher seine Konkretisierung: Gerade das Kultgesetz ist das Proprium Israels, das es von den Heiden unterscheidet und den wahren Glauben vor heidnischem Synkretismus schützt. Vom Reinheitsgesetz etwa kann der Verfasser des Aristeasbriefes sagen, daß Mose durch es Israel »mit einem undurchdringlichen Gehege und mit ehernen Mauern (umgab), damit wir mit keinem der andern Völker irgend eine Gemeinschaft pflegten« (139).

2. Die Verbindung zwischen Gesetz und Erwählung des Volkes half dazu, daß das Gesetz im gesamten Judentum und in Übereinstimmung mit dem Alten Testament *nicht als Last, sondern als Gnade und Geschenk Gottes verstanden* wurde. Im Blick auf das Volk kann ein Beter formulieren:
»(Du hast) aus allen Völkern, deren so viel ist, das *eine* Volk dir erworben, und das Gesetz, das du unter allen ausgesucht, hast du dem Volk, das du begehrt hast, verliehen« (4 Esra 5,27).

Gesetz und Verheißungen treten nicht, wie bei Paulus, auseinander, sondern gehören überall zusammen, wie dies schon das Deuteronomium dokumentiert: Das Gesetz ist eine Hochzeitsverschreibung, die die Braut in der langen Zeit, wo ihr königlicher Bräutigam abwesend ist, tröstet[87]. Anthropologisch gilt das Gesetz für die Rabbinen als Heilmittel gegen den sonst übermächtigen bösen

Trieb[88]. Wie schon für das Deuteronomium, so ist es für die gesamte jüdische Überlieferung charakteristisch, daß sich dabei eine eindeutige Voranstellung von göttlicher Gnade oder von göttlichem Gebot nicht findet. Beides gehört zusammen, denn Erlösung und menschliche Antwort lassen sich nicht trennen: »Wer sich zum Joch der Gebote bekennt, der bekennt sich zum Auszug aus Ägypten.« Der von Gott Erlöste steht unter seiner Herrschaft und ist zum Gehorsam erlöst: »Unter dieser Bedingung habe ich euch aus Ägyptenland heraufgeführt, daß ihr das Joch der Gebote auf euch nehmt« (SifLev 11,45 = 224a). Das scheinbar unausgeglichene Nebeneinander von Gottes Gnadenhandeln und Gottes Befehlen, das für das Alte Testament und die jüdische Überlieferung charakteristisch zu sein scheint, hat den Sinn, einzuschärfen, daß die von Gott Begnadigten seine Knechte sind, zum Gehorsam verpflichtet.

Von hier aus wird deutlich, in wie hohem Maße der paulinische Gedanke der Werkgerechtigkeit vom jüdischen Gesetzesverständnis her ein Fremdkörper war. Daß der Mensch mit Hilfe des Gesetzes seine *eigene* Gerechtigkeit aufrichtet (Röm 9,30ff.) – welch unmöglicher Gedanke für den, der sich beim Joch der Gebote zugleich an den von Gott gewirkten Auszug aus Ägypten erinnert! Gesetzesgehorsam steht im Rahmen des Bundesgedankens. Er ist von Gott geschenkte menschliche Partnerschaft mit dem seinen Partner beanspruchenden Gott. So versteht sich der Gott Gehorsame im Judentum nicht als autonomes Subjekt, sondern von vornherein als Gottes Knecht: »Seid wie Knechte, die dem Herrn dienen, ohne die Absicht, Lohn zu empfangen, und es sei Gottesfurcht über euch« (Abot 1,3, Antigonus von Socho). Die allein von der Erfahrung des Heils in Christus her verständliche paulinische These, daß Gesetzesgehorsam eigene Gerechtigkeit bedeute, setzt seine Isolierung von dem Israel tragenden Bund Gottes mit seinem Volk voraus, der durch neues Heil überholt ist.

3. Der alttestamentlichen Entwicklung im Toraverständnis entspricht das *umfassende Verständnis des Begriffs tôrāh* im Judentum. Ein Blick auf die alttestamentliche Entwicklungsgeschichte zeigte die kontinuierliche Ausweitung des Begriffs: Erstmals im Deuteronomium wurde *tôrāh* zu einem umfassenden Ausdruck für das Ganze der durch Mose am Sinai gegebenen göttlichen Willenskundgabe. In der Priesterschrift spielt der Begriff *tôrāh* zwar in der Gesamtkonzeption keine prägende Rolle, wohl aber wird der Sache nach durch den Rückgriff auf Schöpfungsordnung die Sinaigesetzgebung ausgeweitet und in den Horizont des göttlichen Schöpfungshandelns und des Noach- und Abrahambundes gestellt. Die

Gesetzespsalmen präludieren bereits den spätern jüdischen Gebrauch von *tôrāh* als Inbegriff göttlicher Offenbarung. Durch die Identifikation von Tora und präexistenter Weisheit wurde die Möglichkeit geschaffen, Gesetz in umfassendem Sinne als Schöpfungsordnung zu verstehen. Dieser Gedanke ist auch in manchen apokalyptischen Schriften wichtig[89], etwa wenn in den Jubiläen dem Mose in erster Linie »die Geschichte der Einteilung der Tage des Gesetzes und des Zeugnisses nach den Ereignissen der Jahre, gemäß ihrer Einteilung in Jahrwochen und Jubiläen in allen Jahren der Welt« (Prooemium) offenbart wird. Philo kann darauf hinweisen, daß der Gesetzgeber Mose mit Absicht mit der Weltschöpfung einsetzte, weil die Gesetze »das ähnlichste Abbild der Verfassung des Weltalls« sind und weil die Spezialgesetze »mit dem Gedanken der ewigen Natur übereinstimmen« (Vita Mos 2,51f.). Im Sinne dieser fortschreitenden Ausweitung und Vergrundsätzlichung des Wortes *tôrāh* hat wohl auch die viel kritisierte[90] Septuagintaübersetzung von *tôrāh* mit dem griechischen Wort *nomos* ein gewisses Recht, auch wenn sie dem viel begrenzteren Sprachgebrauch der frühen alttestamentlichen Schriften, der natürlich auch in späterer Zeit fortwirkt, nicht gerecht wird. Das rabbinische Judentum zeigt dann einen sehr fazettenreichen Sprachgebrauch von *torah* in den die gesamte frühere Begriffsgeschichte eingegangen ist: *Torah* kann neben dem Gesetzesstudium und der Einzelweisung auch den Pentateuch, die gesamte Bibel und die umfassende, göttliche Willensordnung, das präexistente Gesetz meinen. Eine erst dem rabbinischen Judentum eigene, nochmalige Ausweitung des Begriffs bringt dann der Ausdruck *tôrāh-schä-bĕ-ᶜal-päh* (mündliches Gesetz)[91]: Seine Voraussetzung ist der Abschluß des alttestamentlichen Kanons und das dadurch entstehende Problem des Weitergehens der göttlichen Offenbarung. Sein Anliegen im rabbinischen Sprachgebrauch ist es, die mündliche Überlieferung als *tôrāh* zu interpretieren, d.h. mit der gleichen Dignität und Autorität zu versehen, wie die kanonischen schriftlichen Teile der Mosetora: Für das jüdische Verständnis der Tora als umfassender göttlicher Willensoffenbarung ist es bezeichnend, daß es der Begriff *tôrāh* ist, der mündlicher Halaka die Dignität göttlicher Offenbarung verleiht.

4. Schon im Alten Testament bahnt sich auch die konsequente *Vorordnung der Tora innerhalb des Ganzen* der Überlieferung an. Da die vorexilischen Propheten im ganzen dem Gesetz zeitlich vorzuordnen sind, bleibt allerdings die Frage letztlich offen, inwiefern das Gesetz nicht doch – in einem ganz andern Sinn als Paulus dies Röm 5,20f. und Gal 3,17 meinte – »zwischenhineingekom-

men« ist. Auch wenn die frühe prophetische Kritik an Israel sich auf eine Willenskundgabe Gottes beruft, so ist doch ihre gesetzliche und paränetische Entfaltung im Deuteronomium jünger als sie. So muß die Frage offen bleiben, inwiefern die in den spätern Schichten des Alten Testaments immer deutlicher sich abzeichnende Vorordnung der Tora inneralttestamentlich eine legitime Entwicklung ist.

Deutlich wird diese Vorordnung seit dem Deuteronomium. Der Kanonisierungsprozeß des Alten Testaments setzt mit dem Pentateuch ein. Deutlich ausgesprochen wird sie am Ende des prophetischen Teils des Kanons, wo Mal 3,22

»Seid eingedenk des Gesetzes Moses, meines Knechts, dem ich am Horeb für ganz Israel Satzungen und Rechte aufgetragen habe«

nicht nur die weitgehende deuteronomistische Bearbeitung des Prophetenkanons in Erinnerung ruft, sondern zugleich die Prophetenbücher in symbolträchtiger Weise in den ganzen alttestamentlichen Kanon einordnet. Ein Zeugnis für diese Vorordnung geben je auf ihre Weise die Samaritaner, die bei der Kanonisierung des Pentateuchs stehen blieben, und die Sadduzäer, die die besondere Dignität der kanonischen Tora gegenüber spätern Gesetzen verteidigten. Ein weiteres Zeugnis ist die ganz auf die Dominanz der Tora ausgerichtete synagogale Leseordnung. Aufschlußreich ist auch, daß Philo, obwohl er den Propheten Jeremia für den eigentlichen Hierophanten hält, in seinen Schriften fast ausschließlich die Tora traktiert. Deutlich wird die Vorordnung der Tora auch im rabbinischen Kanonsverständnis: Im Unterschied zu den Propheten ist die Tora von Gott (Sanh 10,1). Die Propheten sind Israel nur um seiner Sünde willen gegeben worden: »Hätte Israel nicht gesündigt, so wären ihm nur die fünf Teile der Tora gegeben worden und das Buch Josua« (bNed 22b). Von verschiedenen alttestamentlichen Büchern ist uns überliefert, daß ihre Kanonizität mit Hilfe der Autorität der Tora verteidigt wurde[92]. So heißt es auch: »Propheten und Schriften werden aufhören, aber die fünf Bücher der Tora werden nicht aufhören« (jMeg 70d, 60).

5. Der Vorordnung der Tora vor den Propheten und der Einordnung der Tora in die Geschichte des Volkes Israel entspricht schließlich, daß *die Sinaioffenbarung zum entscheidenden Grunddatum und Mose zur entscheidenden Offenbarergestalt Israels wird*. Dadurch wird ein entscheidender Grundansatz des Deuteronomiums, nämlich die »Historisierung« der Tora als Mosetora vom Sinai, in wirkungsmächtiger Weise bestätigt. Vermutlich ist bereits die Bezeichnung »Buch Mose«, die wir in der Septuaginta (1 Esra

5,48; 7,6ff.) und im Neuen Testament (Mk 12,26) finden, ein Zeugnis für die Überzeugung, daß Mose der Verfasser des ganzen Pentateuchs ist, die auch von Philo, Josephus und den Rabbinen geteilt wurde[93]. In ihrer Weise sind das Jubiläenbuch und die Tempelrolle aus Qumran Zeugnisse für die Historisierung der Offenbarung und die Dominanz des Mose: In beiden Fällen handelt es sich um autoritative Tora, die teilweise vom Pentateuch abweicht. In beiden Fällen ist Mose Offenbarungsmittler und der Sinai Offenbarungssituation. Im Jubiläenbuch gibt Ex 24,12–18, in der Tempelrolle Ex 34 die Offenbarungssituation ab. In beiden Fällen handelt es sich um Tora, bisher zum Teil unbekannte, vielleicht revidierte Tora, die aber Tora durch Mose vom Sinai sein muß. Derselbe Grundsatz galt in der pharisäischen Überlieferung hinsichtlich der mündlichen Tora: Die mündliche Tora, und zwar ganz unabhängig davon, ob sie exegetisch aus der schriftlichen Tora begründet oder durch eine Traditionskette auf Mose zurückgeführt wurde, ist Tora vom Sinai: »Die Tora, ihre Halakot, ihre Einzelbestimmungen und ihre Erklärungen sind durch Mose vom Sinai gegeben worden« (SifDtn 11,22 § 48 [84b]). Sogar in der Apokalyptik zeigt sich diese Tendenz. Zeugnis dafür ist nicht nur die »Himmelfahrt des Mose«, sondern auch das 4. Esrabuch: Die Offenbarung an Esra, die er mit den fünf Männern in vierzig Tagen aufschreibt, ist nur die Wiederherstellung der bei der Tempelzerstörung vernichteten Mosetora (4 Esra 14); hier findet sich auch der Gedanke, daß Gott Mose auf dem Sinai die Endzeitereignisse offenbart und ihm befohlen habe, diese Offenbarungen geheimzuhalten (14,5f.) – ein Versuch, sogar die apokalyptischen Offenbarungen zu »mosaisieren«.

In allen bisher aufgezählten zentralen Punkten des jüdischen Gesetzesverständnisses bestätigte sich die *zentrale Bedeutung des Deuteronomiums innerhalb der alttestamentlichen Tradition*. Das Deuteronomium ist nicht nur dasjenige alttestamentliche Buch, das schon inneralttestamentlich die größte Wirkungsgeschichte, nämlich im deuteronomistischen Geschichtswerk und in den Bearbeitungen vieler Prophetenbücher, hatte. Das Deuteronomium scheint vielmehr auch dasjenige Buch des Alten Testamentes zu sein, das die wesentlichsten Bausteine zu dem, was später jüdischer Grundkonsens war, lieferte. Die bisher aufgezählten Momente jüdischen Gesetzesverständnisses entsprechen allesamt zentralen Aussagen des Deuteronomiums, bzw. führen Entwicklungen weiter, wo durch das Deuteronomium entscheidende Weichen gestellt worden sind. Betrachtet man das Alte Testament mit jüdischen Augen, so kann vielleicht das Deuteronomium als sein zentralstes Buch gelten[94]. Die umfangreiche deuteronomistische Bearbeitung ganz großer Teile des Alten Testamentes zeigt aber, daß sich diese Mitte bereits im Alten Testament selbst in deutlicher Weise auszuwirken beginnt. Eine Interpretation des Alten Testaments vom Deuteronomium her ist somit alles andere als eine periphere Interpretation.

Weniger deutlich sind die folgenden beiden Punkte, die ich auch zum jüdischen Grundkonsens hinsichtlich des Gesetzes rechnen würde, mit dem Deuteronomium verbunden, obwohl auch sie mit ihm übereinstimmen. In gewisser Weise stehen sie in Spannung zueinander: Obwohl sie beide fast durchwegs zu beobachten sind, lassen sie sich nicht leicht zusammendenken.

6. Grundsätzlich gilt, daß *alle Gebote der Tora zu halten sind*. Aus dem Alten Testament ist eine Fülle von Einzelgeboten und Vorschriften überliefert, die nebeneinander stehen und nicht systematisiert sind. Systematische Ansätze zur Unterscheidung von wichtigen und unwichtigen Geboten gibt es kaum; nur für die Fälle von Kollisionen von Gebotserfüllungen gibt es gesetzliche Regelungen. Den Grund dafür deutet das 4. Makkabäerbuch an: Unreines zu essen ist keine kleine Sünde, steht in diesem stark hellenisierten Buch zu lesen, »denn kleine und große Gesetzesübertretungen sind gleich ernst; wird doch in beiden Fällen mit gleichem Übermut gegen das Gesetz gefrevelt« (5,20f.). Noch deutlicher sagt eine rabbinische Stelle, was gemeint ist: »Wer sagt: die ganze Tora nehme ich auf mich außer diesem einen Wort, von dem gilt (Num 15,31): ›Denn das Wort des Herrn hat er verachtet‹« (SifNum 15,31 § 112 (121)[95]. Darum ist jüdische Grundüberzeugung, daß das A und O des Toragehorsams die Gottesfurcht sei[96]. Aus dieser Grundüberzeugung folgt der Ernst, mit dem Toragehorsam eingeschärft wird. Aus dieser Grundüberzeugung folgt aber auch etwas, was nicht erst modernen Betrachtern, sondern auch schon zeitgenössischen Juden als Heteronomie im jüdischen Gesetzesverständnis erscheint. Schon Johanan ben Sakkai hatte sich offensichtlich mit solchen Problemen auseinanderzusetzen: »Nicht das Tote verunreinigt und nicht das Waser macht rein; aber es ist eine Bestimmung des Königs aller Könige« (Pesiq 40 b). Die Anfechtung, daß manche Vorschriften nicht einsichtig sind, wird theonom bewältigt: Nicht um Reinheit oder Unreinheit, nicht um Subtilitäten und Quisquilien, nicht um Vernunft oder Unvernunft geht es letztlich, sondern um den Gehorsam gegenüber dem einen Gott, der Israel erwählt hat. Die Gründe der Tora sind deshalb in der Gegenwart oft undurchsichtig; erst der Messias wird darüber Auskunft geben[97]. Für die Gegenwart gilt: »Du denkst vielleicht,

dies (sc. das Essen von Schweinefleisch, das Mischgewebe, der fortzuschickende Bock etc.) sei etwas Sinnloses, so heißt es: Ich bin der Herr. Ich, der Herr, habe es zur Satzung gemacht, und dir steht es nicht zu, darüber nachzudenken« (bJoma 67b).
Nur das hellenistische Diasporaschrifttum macht ernsthafte Versuche, die Vernunft mit der Tora zu versöhnen. In diesen Kontext gehört die allegorische Auslegung des Kultgesetzes, von der noch zu sprechen sein wird.
Daß einmal in Zukunft das ganze oder jetzt schon ein Teil des Gesetzes aufgehoben werden könnte, ist von da her ein unmöglicher Gedanke[98]. Gerade in bezug auf das Kultgesetz, das in den christlichen Gemeinden schon früh aufgegeben wurde, herrscht im Judentum Konsens, daß es wörtlich befolgt werden müsse. Sogar Philo, der die Kultgesetze mit vielen seiner Zeitgenossen im Sinne der zeitgenössischen Homererklärung durchwegs allegorisch auf Tugenden oder sittliche Grundprinzipien deutet, um so den »philosophischen« Charakter der Mosetora zu erläutern, hält fest, daß neben der allegorischen Deutung die wörtliche stehen müsse. Wörtliche und allegorische Deutung des Gesetzes verhalten sich zueinander, wie Körper und Seele eines Menschen. Wer meint, sich von der wörtlichen Deutung und vor allem von der wörtlichen Befolgung der Gebote dispensieren zu können – und hier scheint Philo gegen bestimmte Leute in seiner Umgebung zu polemisieren –, der verhält sich, als wäre er »in der Einsamkeit für sich« und als wüßte er »nichts von Stadt, Dorf, Haus, überhaupt von menschlicher Gesellschaft«. Das heißt: Wer auf die wörtliche Befolgung gerade auch des Kultgesetzes verzichtet, trennt sich von der Gemeinschaft des Volkes Israel (Migr Abr 89–93, Zitate 90). Das Gesetz ist nie ad libitum des Einzelnen gestellt. Daß man dabei in concreto auch flexibel war, einzelne Gebote verschärfte, der Situation anpaßte, neu schuf oder sogar aufhob, spricht nur bedingt gegen den Grundsatz von der Gültigkeit aller Toragebote. Die *Mose*tora ist ja eine lebendige Größe; die mündliche Sinaitora muß von den Gelehrten zu allererst entdeckt werden und ist zwischen ihnen ja auch strittig; die Offenbarung der *Mose*tora geht, wie etwa die Essener und ihre Tempelrolle zeigen, jenseits des Kanons weiter. Im einzelnen bleiben hier natürlich Spannungen, wie der Streit zwischen den verschiedenen Schulen gerade an diesem Punkt zeigt. Sucht man nach einer Leitlinie, um die Spannungen zu lösen, so kann man sagen: Die Tora kann man neuen Situationen anpassen, verschärfen, präzisieren. Sistieren oder aufheben kann man Tora nur, wenn entweder die Verhältnisse ihre Durchführung nicht mehr möglich oder nötig machten[99], oder dann, wenn ihre Durch-

führung Grundsätze der Tora selbst verletzte, d. h. im Namen des in der Tora selbst offenbarten Willens Gottes[100]. Ein Seitenblick auf Jesus zeigt, daß von da her seine Aufhebungen einzelner alttestamentlicher Gebote, etwa der Scheidungsregelung, die letztlich die Unantastbarkeit des Gotteswillens, der Ehe und des göttlichen Namens, gerade herausstellten, ihn nicht außerhalb des jüdischen Grundkonsens von der Unantastbarkeit göttlicher Gebote stellten.
7. Der gewissen Neigung zur Heteronomie im jüdischen Gesetzesverständnis widerspricht die *Forderung eines ganzheitlichen Gehorsams* des Menschen gerade nicht. Gerade der Hinweis auf die Gottesfurcht als Zentrum alles Gesetzesgehorsams, der schon im Deuteronomium der Einbindung der Gesetze in den Glauben an den einen Gott (Dtn 6–11; 26,16ff.) entspricht, macht deutlich, worin das Bindeglied zwischen dem ganzheitlichen Gehorsam und dem »nicht fragenden« Ernstnehmen jeder einzelnen Toravorschrift bestehen könnte. Wir sahen schon, daß die enge Zuordnung von Recht und Paränese eine Begrenzung des Geltungsbereichs der Tora auf judiziable Fälle ausschließt. In anderer Weise sucht die christlicherseits so viel zitierte und wahrscheinlich in ihrem Grundansatz oft mißverstandene Kasuistik den Anspruch der Tora auf das ganze Leben des Menschen ernst zu nehmen: Die pharisäische Kasuistik steht im Dienste der lebendigen Applikation der Tora auf das *Ganze* des menschlichen Lebens (während die sadduzäische Hochhaltung der schriftlichen Tora sie »mehr und mehr aus dem täglichen Leben herausdrängt«[101]). Mit dem ganzheitlichen Verständnis des Gehorsams hängt auch eine gewisse Konzentration auf das Liebesgebot als höchstes Gebot zusammen; dieser Schwerpunkt menschlichen Gehorsams gegenüber Gott liegt gerade nicht im Bereich des Rechtes, sondern im Bereich des persönlichen Ethos[102]. Allerdings führt im gesamten Judentum dieser Ansatz zur Konzentration nie dahin, daß andere Gebote dem Liebesgebot *prinzipiell* untergeordnet oder von ihm her sogar aufgehoben wurden. Vielmehr bleibt das Liebesgebot immer neben den übrigen Geboten stehen, auch wenn es in besonders zentraler Weise Gottesdienst ist:

»Jetzt aber beschwöre ich euch mit einem großen Schwure... bei dem gelobten... Namen, der Himmel und Erde und alles zusammen gemacht hat: daß ihr ihn fürchtet und ihm dienet, und daß ein jeglicher seinen Bruder liebe in Barmherzigkeit und Gerechtigkeit« (Jub 36,8f.).

8. Der Ausweitung, Präexistenz und Ewigkeit der Tora und der Bindung der Offenbarung an den Sinai und an Mose entspricht, daß auf der Suche nach der *Vorstellung einer messianischen oder*

eschatologischen Tora im Judentum der Befund im ganzen negativ ist[103]. Im großen und ganzen scheint es so zu sein, daß es die Vorstellung von einer Aufhebung der Tora in der messianischen Zeit nicht und Vorstellungen von ihrer Änderung nur am Rande des rabbinischen Judentums gibt. Manche Vorschriften sind in der messianischen Zeit nicht mehr nötig; belegt ist auch die Vorstellung, daß in der messianischen Zeit das Ritualgesetz wegfallen wird (Midr Ps 146,4 zu Ps 146,7). Diese Gesetze waren nur gegeben »um zu sehen, wer seine Gebote annimmt und wer sie nicht annimmt«; in Zukunft werden aber die Gründe der Tora offenbart werden und grundlose Gesetze nicht mehr existieren. Diese Vorstellung ist aber sehr peripher; im ganzen sind die Rabbinen bei Reflexionen über die Gründe der Tora zurückhaltend gewesen. Dominierend ist dagegen die Vorstellung, daß in der messianischen Zeit die Tora vollständig ausgelegt und verstanden werden kann. Dieser negative Befund ist wichtig. Er zeigt für das Judentum, was sich schon vom Alten Testament her ergab: Es gibt wahrscheinlich keine Anknüpfungsmöglichkeit von Jesu Proklamation des eschatologischen Gotteswillens oder der paulinischen Rede vom »Gesetz Christi« an eine jüdische oder alttestamentliche Vorstellung von einer neuen, eschatologischen Tora, die der Sinaitora gegenüberstünde[104].

Wir sind davon ausgegangen, daß im Toraverständnis der verschiedenen jüdischen Gruppen in neutestamentlicher Zeit das Gemeinsame größer ist als das Trennende. Die wichtigsten Differenzen zwischen den Gruppen betreffen die Aktualisierung des Gesetzes. Dabei geht es nicht nur um unterschiedliche gesetzliche Einzelregelungen (Halakot), sondern auch um Unterschiede in der Bewertung der über die kanonische Tora hinausgehenden Aktualisierung. Von den *Sadduzäern* heißt es, daß sie die mündliche Tradition abgelehnt und sich auf die biblische Tora beschränkt hätten (Josephus, Ant 13,297). Die Information ist schwerlich richtig: Ohne eine eigene Tradition ließ sich der Tempelkult, die eigentliche Domäne der Sadduzäer, gar nicht durchführen. Die Sadduzäer müssen eine eigene Tradition gehabt haben; wenn die Information über die Abschaffung des »Gesetzbuchs« (Fastenrolle 4) sich auf die Entmachtung der Sadduzäer im jüdischen Krieg bezieht, besaßen sie sogar eine schriftlich kodifizierte Tradition. Sie besaß aber offenbar keine göttliche Dignität. Die Eigentümlichkeit der *Pharisäer* scheint gewesen zu sein, daß sie neben der Mosetora lange nur eine mündliche Tora kannten, diese allerdings als Tora bezeichneten und mittels einer Traditionskette vom Sinai herleiteten. Die Steintafeln – die zehn Gebote –, die Tora – die Schrift –, und das Gebot – die Mischna – sind nach einer späten Auslegung von Ex 24,12 Mose am Sinai übergeben worden (bBer 5a). Demgegenüber kannten die *Essener* eine Halaka, die wahrscheinlich auf den Lehrer der Gerechtigkeit zurückgeht und schriftlich niedergelegt wurde. Sie kann, wie die Tempelrolle zeigt, mit höchster Autorität verkündet werden und der Tora gleichgestellt sein, aber nicht, indem sie mit Hilfe einer Traditionskette auf Mose zurückgeführt wird, sondern indem sie neben den Bibeltext gestellt und fiktiv von Gott selbst Mose auf dem Sinai offenbart wird. Gott spricht in der Tempelrolle zu Mose in Ichform und offenbart ihm teils schon bekannte biblische Texte, teils neue Gesetze. Dieses Verfahren ist für einen an skrupulösen Umgang mit biblischen kanonischen Texten gewöhnten Christen schockierend und auch für einen von pharisäischer exegetischer Praxis geprägten Juden sehr fremd. Das autoritative »Ich aber sage euch« Jesu in den matthäischen Antithesen, das eigenes Wort an die Seite der Tora stellt, ja ihr vorordnet, scheint eine Analogie zu sein. Die Analogie trügt aber: In den Antithesen der Bergpredigt geht es um ein antithetisches Gegenüber zur Tora, in der Tempelrolle um ihre Akzentuierung und Ergänzung. In den Antithesen stellt Jesus sein eigenes Ich der Tora gegenüber; in der Tempelrolle bedient sich der Schreiber der Autorität des Mose, um seine Halakot auf die Ebene der alttestamentlichen Tora zu heben. Die nächsten Analogien zur Tempelrolle liegen nicht im Neuen Testament, sondern im Alten: Abgesehen von dem eng verwandten Buch der Jubiläen ist vor allem an das Deuteronomium selbst zu erinnern, auch eine fiktive Moseoffenbarung im Ich-Stil der Gottesrede, nur mit noch viel größerer Freiheit gegenüber der Tradition als die Tempelrolle.

Demgegenüber scheinen die gebildeten Vertreter des *Diasporajudentums* ihre Eigentümlichkeit nicht so sehr in einer bestimmten Halaka, als in einer bestimmten Auslegungsweise zu haben: Ähnlich wie andere klassische Texte, vor allem Homer, wurde die Tora allegorisch ausgelegt, wobei die ethische Allegorie besonders blühte. Die Übernahme der allegorischen Methode entsprach der Tendenz zur Betonung des Sittlichen und zur Rationalisierung in der hellenistischen Diaspora. Etwa bei Philo entspricht das Gesetz letztlich der Vernunft und der Natur.

Für das Neue Testament von großem Belang ist die besondere Perspektive, in der das Gesetz im *apokalyptischen* Denken steht. Zwar kann man nicht von einem besondern apokalyptischen Gesetzesverständnis sprechen. Der Versuch, neben einem mehr an Einzelvorschriften orientierten rabbinischen ein besonderes apokalyptisches Gesetzesverständnis, das das Gesetz als Unterpfand des Heils im alten Äon versteht, zu konstruieren[105], ist auf der ganzen

Linie gescheitert. Wir finden in den apokalyptischen Schriften nicht ein besonderes Gesetzesverständnis, wohl aber eine besondere Perspektive, in der das Gesetz steht. Geht es in der Diaspora um den hoffnungsvollen Versuch, das mit der Vernunft übereinstimmende Gesetz als Basis einer Weltordnung auszulegen, geht es im Pharisäismus um die Aufgabe, das Leben des Volkes in Übereinstimmung mit Gottes Willen zu ordnen, so ist die Perspektive in den meisten apokalyptischen Schriften eine andere: Zu deutlich haben die Gesetzesfrommen ihre Isolierung und die Fremdheit des Gesetzes in der bösen alten Welt erfahren. Die Gegenwart ist schreckliche Zeit vor dem Ende, in der das Böse triumphiert: »Die Gerechten sind zu ihren Vätern versammelt, die Propheten haben sich schlafen gelegt ... und Zion ist uns entrissen worden; und nichts haben wir außer dem Allmächtigen und seinem Gesetz« (syrBar 85,3). Die große Hoffnung ist hier nicht das Gesetz, sondern Gottes neues Heil nach dem Gericht für die, die das Gesetz halten. In einigen Schriften, bei weitem nicht in allen, wird von da her die heilsgeschichtliche Bedeutung des Gesetzes indirekt oder direkt relativiert, denn in diesem von der Sünde gekennzeichneten alten Äon vermag es jenseits des Kreises der Gesetzesfrommen nichts auszurichten. Auffällig ist z. B., daß die Tiervision des äthiopischen Henochbuchs, die eine ausführliche Mosegeschichte enthält (äth Hen 89, 16—37), vom Gesetz sozusagen schweigt. Am pessimistischsten formuliert der Verfasser des vierten Esrabuchs: Gott offenbarte sich zwar am Sinai und gab das Gesetz, »aber du nahmst das böse Herz nicht von ihnen, daß dein Gesetz in ihnen Frucht trüge ... Das Gesetz war zwar im Herzen des Volks, aber zusammen mit dem schlimmen Keime« (3,20f.). Das Gesetz ist also eine gute, aber wirkungslose Gabe Gottes – eine Perspektive, die der Deuteengel immer wieder zu korrigieren versucht.

Es ist eine vereinzelte, isolierte Stimme im Judentum, die hier zu hören ist. Sie erinnert an Stellen wie Jer 31,31ff. oder Ez 35,26ff. Auch hier wird die Sünde des Menschen so total und seine Situation so hoffnungslos gesehen, daß die Kraft des Gesetzes demgegenüber versagt und nur die Hoffnung auf ein neues Heilshandeln Gottes bleibt. Ebenso wie jene alttestamentlichen Stellen selbst in den prophetischen Schriften vereinzelt blieben, ebenso gilt dies von 4. Esra im Rahmen der Apokalyptik. Ebenso wie aber die prophetische Gerichtspredigt den Mutterboden für die Überzeugung abgibt, daß Gottes Gesetz nur in einem neuen, von Gott neu geschaffenen Menschen wirksam werden könne, so auch der apokalyptische Weltpessimismus für die Überzeugung des 4. Esra, daß in diesem Äon das Gesetz angesichts der Sünde des Menschen auf verlorenem Posten steht. Von hier aus ist es nur noch ein kleiner Schritt zu Paulus, der ebenfalls von der Kraftlosigkeit des Gesetzes spricht (Röm 8,3). Bei Paulus aber dienen solche Aussagen, die als jüdische Grenzaussagen möglich sind, nur als Folie für die positive Aussage vom Geschenk eines neuen Heils jenseits des Gesetzes in Jesus Christus. Eine ähnlich große Sensibilität für die Schwere der Sünde wie beim vierten Esra ist bei Paulus in ein neues Heilsverständnis integriert worden.

Dennoch kann man aber nicht sagen, daß solche vereinzelten alttestamentlichen und jüdischen Aussagen, die angesichts der Schwere der Sünde das Heil nicht mehr direkt vom Gesetz, sondern nur von einem neuen, auch das Gesetz auf eine neue Basis stellenden Handeln Gottes erwarten, generell der Anknüpfungspunkt für die neutestamentliche Umwertung des Gesetzes von Christus her gewesen seien. Daß die Wirklichkeit komplizierter ist, zeigt die Tatsache, daß wir bei Jesus ein ähnlich verschärftes Sündenverständnis als Folie für die neue Liebe Gottes vergeblich suchen.

III. Das Neue Testament

1. Jesu Gesetzesverständnis

1.1 Vorbemerkungen

Jesu Gesetzesverständnis ist schon im Urchristentum höchst kontrovers gewesen. Entsprechend gehen auch in der modernen Forschung die Meinungen auseinander. Es ist verständlich, daß die Gesetzesfrage vor allem im jüdisch-christlichen Dialog eine Rolle spielte. Martin Buber hat in seinem großartigen Buch über die beiden Glaubensweisen bekannt, Jesus »von Jugend auf als (s)einen großen Bruder empfunden« zu haben[106]. Nach seinem Verständnis ist zwar Jesu Gesetzesverständnis nicht einfach dem pharisäischen zuzuordnen, ihm aber doch verwandt. Wie dem pharisäischen Judentum, so gehe es auch Jesus um die rechte Richtung des Menschenherzens auf Gott hin, die das Gesetz ihm schenkt. D. Flusser[107] sieht Jesus als prinzipiell gesetzestreu: Er sei ein frommer Jude, nicht einer bestimmten Gruppe oder Partei zuzurechnen, sondern im gruppenungebundenen, offenen Judentum verwurzelt. Am nächsten stehe er von allen jüdischen Gruppen den Pharisäern. Die Gegenposition vertritt am extremsten Ethelbert Stauffer. Nach ihm ist Jesus »der Botschafter einer unjuristischen Moral, die grundsätzlich frei ist von jeder Bindung an die mosaische Tora und den jüdischen Toragehorsam«. In Jesu Tischgemeinschaften mit unreinen Sündern, in seinen Sabbatheilungen, in seiner Kritik an der Reinheitstora sieht er grundsätzliche Demonstrationen gegen Moses. Jesus sei der »Avangardist einer neuen Zeit«[108]. Er wolle von der Herrschaft des alttestamentlichen Kanons durch sein souveränes Wort und Beispiel freimachen und so *Menschen* schaffen. Stauffers Position ist extrem, aber in ihren Grundzügen keineswegs ungewöhnlich. Auch z. B. Herbert Braun kann angesichts von Mk 3,4 (Ist es erlaubt, am Sabbat Gutes zu tun ...) ausrufen: »Schneidender kann die *Antithese* gegen jüdisches Denken kaum vorangetrieben werden[109].«

Jesu Gesetzesverständnis ist also kontrovers. Die christliche Normalposition scheint in dieser Kontroverse im ganzen eher nach der Seite von Stauffer als nach der Seite von Flusser hin sich zu bewegen. Das ist auch keineswegs verwunderlich, denn zur Debatte steht bei dieser Frage nicht mehr und nicht weniger als das heidenchristliche Recht, sich überhaupt auf Jesus zu berufen. Seit M. Buber Jesus als seinen Bruder erkannt und demgegenüber Paulus und Johannes als die ersten großen Vertreter der griechischen Glaubensweise, der pistis, beschrieben hat, ist die alte Frage, ob nicht eher Paulus als Jesus der eigentliche »Gründer« des nichtjüdischen Christentums sei, erneut aufgebrochen. In der Zeit nach Bultmann, wo die Notwendigkeit des Zusammenhangs zwischen Jesus und christlichem Kerygma deutlicher in unser Blickfeld gekommen ist, gewinnt sie an Gewicht. Was bedeutet die Tatsache, daß gläubige Juden Jesus als ihren Bruder betrachten können? Kann es geteilte Bruderschaft zwischen der Kirche und Israel geben?

1.2 Jesu grundsätzliches Ja zum Gesetz

Jesu hat das Gesetz wohl nur in konkreten Einzelfällen übertreten. Maßstab seines Verhaltens scheint die Liebe zu den Disqualifizierten, Armen und Leidenden gewesen zu sein, denen er das Gottesreich vornehmlich zusprach und denen seine eigene, es keimhaft verwirklichende Liebe galt.
Deutlich wird das bei der *Sabbat*problematik. Flusser hat jedenfalls darin recht, daß die eindeutigen Sabbatübertretungen Jesu weit weniger zahlreich gewesen sind, als dies gewöhnlich angenommen wird. Heilungen, die keine körperliche medizinische Arbeit einschließen, also etwa Wunderheilungen durch ein Wort, sind nach der Mischna am Sabbat nicht verboten, und sei es nur, weil es diesen Fall kaum gab und er deshalb keiner gesetzlichen Regelung bedurfte[110]. Die Existenz der Streitgespräche zeigt allerdings, daß es an diesem Punkt zu Auseinandersetzungen zwischen der Gemeinde und den Pharisäern gekommen ist und daß nicht alle Pharisäer und Schriftgelehrten so liberal dachten, wie heute z.B. Flusser. Jesu Sabbatheilungen sind wohl als Provokationen der Ultrafrommen, aber nicht eo ipso als ungesetzlich zu beurteilen. Die einzige eindeutige Sabbatübertretung wenigstens der Jünger ist die Geschichte vom Ährenraufen am Sabbat, deren ursprünglichster Skopus m.E. in Mk 2,27 liegt und die auf eine Begebenheit im Leben Jesu zurückgehen dürfte. Sie zeigte, daß Jesus einen sachlich jüdischen Grundsatz, nämlich daß der Sabbat zum Wohl des Menschen geschaffen wurde[111], anders interpretierte als damals üblich, nämlich gerade nicht kasuistisch-gesetzlich in Richtung auf einen verbindlichen Katalog von Situationen, in denen Lebensgefahr den Sabbat bricht, sondern so, daß *grundsätzlich* das Sabbatge-

bot von der Liebe her interpretiert wurde. Ähnlich ist es auch beim Zehntengebot, das Jesus nicht ablehnte, aber zugunsten von Recht, Barmherzigkeit und Treue zurückstellte (Mt 23,23).
Viel deutlicher ist Jesu Zurückhaltung gegenüber der *Reinheitstora*, die er selbst vielfach übertreten hat. Er tat dies immer im Dienste der Deklassierten und Leidenden. So hat er bei seinen Heilungen Aussätzige berührt (Mk 1,41, vgl. Mk 5,25ff.), er hat mit unreinen Huren verkehrt (Lk 7,36ff.) und sich bei seinen Tischgemeinschaften mit Zöllnern und Sündern um Übertretungen des Reinheitsgesetzes offensichtlich nicht gekümmert. Seine Sorglosigkeit in Sachen Reinheitstora zeigt sich u. a. auch in seinen Anweisungen bei der Jüngeraussendung: Die Weisung, dort zu Gaste zu sein, wo man eben aufgenommen werden würde (Lk 10,5–7), impliziert, daß die Sorge um rituelle Reinheit dabei keine Rolle spielen durfte. Fraglich ist nur, ob Jesus die Reinheitstora von Fall zu Fall aus Gründen, die in seiner Gottesreichverkündigung und insbesondere der Liebe zu suchen sind, durchbrochen hat, oder ob er sie grundsätzlich ablehnte.
Grundsätzlich formuliert ist Mk 7,15:
> »Es gibt nichts, was von außerhalb des Menschen in ihn hineinkommt, was ihn verunreinigen kann, sondern was aus dem Menschen herauskommt, das ist es, was ihn verunreinigt.«

Die Frage ist einerseits, ob dieses Wort auf Jesus zurückgeht, andererseits, ob es wirklich grundsätzlich gemeint ist. Die erste Frage ist wahrscheinlich zu bejahen[112], die zweite dagegen nicht sicher. Zwar spricht der Wortlaut dafür, daß Jesus das Reinheitsgebot hier grundsätzlich in Frage stellt, und auch die paulinische Aufnahme des Logions führt in diese Richtung:
> »Ich bin im Herrn Jesus überzeugt, daß nichts durch sich selbst unrein ist« (Röm 14,14).

Die im Unterschied zu andern Gruppen des Urchristentums deutlich antinomistische Tendenzen zeigende markinische Überlieferung hat den grundsätzlichen Charakter des Wortes unterstrichen[113]. Aber das Wort ist in dieser grundsätzlichen Deutung in der gesamten Jesusüberlieferung einmalig. In der Q-Tradition gibt es ein paralleles Logion, das auch das schon jüdisch bekannte Gegenüber von äußerer und innerer Reinheit antithetisch aufnimmt:
> »Ihr Pharisäer reinigt daß Äußere eines Topfs und einer Schüssel, euer Inneres aber ist voll von Raub und Schlechtigkeit. Reinigt zuerst das Innere des Bechers, damit auch das Äußere rein wird« (Mt 23,25f.)[114].

Auch dieses Logion stellt hinsichtlich seines ursprünglichsten

Wortlauts und seiner Deutung viele Probleme. Immerhin zeigt vermutlich das Wörtchen »zuerst«, daß es hier nicht darum geht, daß innere Reinheit die äußere aufhebt, sondern, daß sie grundlegend ist und gegenüber nur ritueller Reinheit den Vorrang hat. Entscheidend ist dem Text ein ganzheitliches Verständnis der Reinheit. Außerdem stellen sich wirkungsgeschichtliche Fragen: Ich kann mir die langen und schmerzhaften Kämpfe um die Tischgemeinschaft zwischen Juden- und Heidenchristen und die doch sehr verschiedenen urchristlichen Positionen gegenüber dem Ritualgesetz nicht denken, wenn bereits Jesus dieses Problem grundsätzlich und eindeutig gelöst hätte. Die Corneliusgeschichte, insbesondere die Petrusvision von Apg 10, deutet an, daß die grundsätzliche Freiheit vom Reinheitsgesetz erst nachösterlich erreicht worden ist.
Ein schlüssiges Ergebnis ist nicht möglich. Es ist m.E. denkbar, daß Mk 7,15 ursprünglich als rhetorisch zugespitzter Satz formuliert war, der nicht einfach eine prinzipielle Abschaffung des Reinheitsgesetzes implizierte[115]. Denkbar ist aber ebenso, daß Jesus sich zum Reinheitsgesetz verschieden geäußert hat, einmal – in Mk 7,15 – grundsätzlich negativ, das andere Mal – in Mt 23,25f. – nicht. Beide Lösungsvorschläge machen die komplexe kirchengeschichtliche Entwicklung verständlich.
Am deutlichsten scheint Jesu Aufhebung des Gesetzes bei der *Scheidungs-* und bei der *Eid*frage. In beiden Fällen stellt sich Jesus im Gegensatz zu Regelungen, die bereits im Alten Testament gegeben sind. Beide Fälle aber haben ihre Parallele in den Qumranschriften, bei der Scheidung vielleicht eine volle, bei der Eidesfrage mindestens eine partielle. Die Qumranschriften verlangen Monogamie und vielleicht Scheidungsverbot und setzen sich damit in Widerspruch zum alttestamentlichen Gesetz wie Jesus auch[116]. Der Eid ist in Qumran jedenfalls im privaten Bereich verboten.
Daß Jesus gesetzliche Vorschriften abänderte, ist also vom Judentum her gesehen, nichts Besonders, zumal nicht, wenn dies, wie sicher im Fall der Scheidung, wiederum alttestamentlichen Grundaussagen entspricht.

1.3 Jesu Desinteresse an der Halaka für das Volk Israel

Jesus hat m.E. nie eine Halaka formuliert[117]. Das braucht an sich nicht auffällig zu sein. Man muß sich nur daran erinnern, daß Jesus ja nicht geschulter Rabbine war, sondern Handwerker und daß das Formulieren von Halakot gar nicht seines Amtes war. Und es gibt auch Rabbinen, von denen uns keine Halakot überliefert sind,

sondern nur weisheitlich formulierte Paränese, z. B. von dem als
Wundertäter bekannten und deshalb Jesus nahestehenden Galiläer
Hanina ben Dosa. Betrachten wir aber die erste und die zweite
Antithese der Bergpredigt, die m. E. auf Jesus zurückgehen, so
wird deutlich, daß das Fehlen der Halaka bei Jesus seinen innern
Grund zu haben scheint. In diesen beiden Texten wird offenbar
ganz bewußt alttestamentliches Gebot nicht juristisch, sondern
paränetisch ausgelegt. Die Antithese, die das alttestamentliche Verbot,
zu töten, radikalisiert, hat nicht nur die Gestalt eines Rechtssatzes,
sondern verfremdet vermutlich rechtliches Denken durch
die Gegenüberstellung von Gericht, Synhedrium und Gehenna
ganz bewußt:

»Ich aber sage euch:
Jeder, der seinem Bruder zürnt, wird ins Gericht kommen;
wer seinem Bruder »Hohlkopf« sagt, wird vors Synhedrium
kommen; wer »Dummkopf« sagt, wird ins Höllenfeuer kommen«
(Mt 5,22).

Die erste (und die zweite) Antithese haben ihre Pointe darin, daß
durch die sprachliche Gestalt des Rechtssatzes paränetischen Aussagen,
die an sich jüdisch verbreitet sind, höchste Verbindlichkeit
gegeben wird.

Bultmann und viele andere nach ihm haben diese jesuanische
Auslegung alttestamentlicher Gebote unter das Stichwort des radikalen
Gehorsams gestellt und sie eben so dem Judentum gegenüber
gestellt: Das Entscheidende und Neue bei Jesus sei, daß der *ganze*
Mensch durch Gottes Forderung *radikal* beansprucht werde, so
daß es keine Möglichkeit überpflichtiger Werke, die man je nach
dem tun oder auch lassen könne, mehr gebe[118]. Nun ist sehr die
Frage, ob das Bild jüdischer Frömmigkeit, das solche Sätze implizieren,
wirklich richtig ist. Versteht man jüdischen Gesetzesgehorsam
vom Gedanken eines quantitativ meßbaren, begrenzten Gehorsams
gegenüber einer gesetzlichen Vorschrift her, so wird man
rabbinischer Frömmigkeit in ihrer Tiefe m. E. nicht gerecht. Auch
in rabbinischen Texten ist manches von der Ganzheit des Menschen,
ohne die es keinen Gehorsam gegenüber dem Gesetz gibt,
zu lesen:

»Ein Gelehrter, dessen Inneres nicht seinem Äußern gleicht,
ist kein Gelehrter« (bJoma 72b).

Und es ist nicht erstaunlich, wenn wir – spärlich zwar – auch zur
jesuanischen Zuspitzung des Dekalogverbots zu töten in der ersten
Antithese Parallelen finden:

»Wer seinen Nächsten haßt, siehe, der gehört zu den Blutvergießern«
(Däräk äräz 10).

Jesu nichtgesetzliche Auslegung der Dekaloggebote in den Antithesen nimmt jedenfalls Möglichkeiten auf, die sich im Judentum *auch* finden.

Sie stehen aber im Judentum *neben* der Beschäftigung mit der Halaka, die als Frage nach dem für die Gemeinschaft Israels geltenden Recht wichtig bleibt. *Bei Jesus fällt auf, daß er sich für eben dieses Recht der Gemeinschaft Israels überhaupt nicht zu interessieren scheint.* Seine Verkündigung gilt weithin dem Einzelnen in Israel. Die Gemeinschaft des Volkes Israel kümmert ihn erstaunlich wenig: Er spricht – abgesehen von dem historisch fragwürdigen Becherwort beim Abendmahl – nicht vom Bund Gottes mit Israel, der dieser Gemeinschaft zugrunde liegt. Ihn scheint das nationale Problem der römischen Fremdherrschaft, das doch zugleich ein theologisches Problem der Treue Gottes zu seinen Verheißungen ist, nicht zu kümmern. Und vor allem: er kümmert sich nicht um das Recht der geschichtlichen Gemeinschaft Israels, obwohl dies doch für die Rabbinen nichts weniger als die Konkretion der von Gott dem Volk geschenkten Gnade bedeutet. Wie seine Paränese in praktikable Rechtsordnung umzusetzen sei, fragt er kaum. Über die *rechtliche* Realisierbarkeit des Scheidungsverbots, das bei Jesus ja nicht, wie in Qumran, im Schoß einer exklusiven Gruppe gilt, denkt er nicht nach. Die Implikationen des Eidverbotes für das Gericht, die schon damals beträchtlich waren, kümmern ihn nicht; sonst hätte er, wie die Damaskusschrift, hier präzise Vorschriften geben müssen. Am deutlichsten wird das bei dem eindringlichen Satz: »Richtet nicht, damit ihr nicht gerichtet werdet« (Mt 7,1). Er schließt an sich jede menschliche Gerichtsbarkeit aus – wo doch das Richten im Namen des göttlichen Gesetzes zu den vornehmsten Aufgaben der Rabbinen gehörte! Dabei hören wir nirgendwo eine präzise Weisung, daß die Gerichte in Israel aufzulösen seien; im Gegenteil, in andern Texten wird ihre Existenz stillschweigend vorausgesetzt. Nicht umsonst fehlen gerade zu diesem Satz die jüdischen Parallelen.

Kurz, wir gewinnen den Eindruck, daß bei Jesus weisheitliche Paränese, radikale Forderung und ganzheitliche Beanspruchung des einzelnen Menschen durch Gottes Willen nicht *neben* der Halaka des Volkes Israel steht, sondern daß er in extremem Desinteresse daran vorbeigeht. Joseph Klausner hat eben diesen Punkt als entscheidend herausgestellt und Jesus deswegen getadelt: Jesus vernachlässige den jüdischen Gedanken des Volkes in seiner gegenwärtig-sichtbaren Identität. Noch interessanter ist, daß er diesen Vorwurf gerade an Jesu Desinteresse am Zeremonialgesetz festmacht, denn das Zeremonialgesetz, und nicht das Sittengesetz ist es, das Israel von den andern Völkern unterscheidet; und gerade deshalb ist es für Israels Identität so wichtig[119]. Wer darüber nachdenkt, warum im pharisäischen Judentum auch nach dem Jahre 70 das Zeremonialgesetz, insbesondere der Tempel, nach wie vor im Zentrum der Bemühungen der Rabbinen stand, wird Klausner recht geben, denn hier geht es um Israels Identität.

Nun heißt das aber nicht, daß für Jesus Israel keine wichtige Größe gewesen sei oder gar, daß Jesus sich nicht nur zu Israel, sondern darüber hinaus auch zu den Heiden gesandt gewußt habe. Es ist vielmehr deutlich, daß Jesus sich zu Israel gesandt wußte, mit Heiden nur ausnahmsweise in Kontakt kam und auf seinen Wanderschaften durch Galiläa offensichtlich Städte mit gemischter Bevölkerung wie Tiberias und Sepphoris mied. Nur die Samaritaner hat er bewußt anders beurteilt als die meisten seiner jüdischen Zeitgenossen. Jesus beschäftigt sich aber mit Israel in anderer Weise. Das wichtigste Indiz dafür scheint mir die Gründung des Zwölferkreises, der wohl als eine Antizipation der Fülle des eschatologischen Zwölfstämmevolks Israel zu verstehen ist[120], eine Antizipation, die in ihrer Konkretheit dem, was in Jesus an Anbruch des Gottesreichs geschieht, also etwa seinen Wundern, seinen Tischgemeinschaften etc. entspricht. Dann wird man sagen müssen: *Jesus Vorbeigehen am Recht des geschichtlichen Volks Israel entspricht seinem Zugehen auf die Bereitung des eschatologischen Volkes Israel.* Das hieße dann, daß seine Gesetzesauslegung an diesem Punkt von seiner Eschatologie her zu verstehen ist.

1.4 Die Liebe als Antwort auf das Gottesreich

Die meisten Ausleger Jesu stimmen darin überein, daß die Liebesforderung das Zentrum der Ethik Jesu ist, obwohl »Liebe« als Stichwort bei Jesus nicht sehr häufig vorkommt. Die meisten Formulierungen sind im Stile weisheitlicher Paränese gehalten. Das gilt z. B. für das grundlegende Gebot der Feindesliebe:

»Liebt eure Feinde,
tut denen Gutes, die euch hassen,
segnet die, die euch verfluchen,
betet für die, die euch mißhandeln« (Lk 6,27).

Die Parallelsätze zeigen, daß Liebe keine Sentimentalität, sondern aktives Handeln bedeutet: Segnen, Beten, Gutes tun. Die Spruchquelle Q schließt sachlich mit Recht unmittelbar an das Gebot der Feindesliebe als deren Konkretisierung die dreifache Aufforderung zur Gewaltlosigkeit (Lk 6,29f.) und schließt den gesamten Abschnitt mit der Aufforderung zum Erbarmen, das dem Erbarmen

Gottes entspricht (Lk 6,36). Von Versöhnung ist in verschiedenen paränetischen Texten die Rede: Jesus spricht von der Versöhnung mit dem Bruder, die *vor* (nicht: anstelle) dem Opfer kommt (Mt 5,23f.). Er mahnt zur Versöhnung mit dem Feind angesichts des Gerichts (Lk 12,57ff.) und zur unbegrenzten Vergebung (Lk 17,3f.).
In allen diesen Texten ruht die Liebesforderung gleichsam in sich selbst. In weisheitlichem Stil spricht Jesus seine Hörer direkt an. Daß weisheitliche Paränese dennoch nicht den letzten Verstehenshorizont für Jesu Forderungen bildet, wird nur manchmal indirekt sichtbar, und zwar an der unerhörten Dringlichkeit und jedes Maß sprengenden Radikalität, mit der Jesus seine Forderungen vorträgt. Schon beim Gebot der Feindesliebe, das in dieser Form, als ausdrückliches *Gebot der Liebe,* im Judentum analogielos ist, wird dies spürbar. Die Forderung, dem, der einen Menschen auf die eine Backe schlägt, auch die andere, und dem, der mit einem Menschen um sein Hemd prozessiert, auch den Mantel zu geben (Mt 5,39f.), schlägt jedem vernünftigen Maß ins Gesicht, und dennoch gibt es keine Andeutung dafür, daß Jesus diese exemplarischen Forderungen nicht wörtlich gemeint hätte. Die Forderung, das Opfer auf dem Altar liegen zu lassen und sich zuerst mit dem Gegner zu versöhnen (Mt 5,23f.), hört sich zwar als prinzipielle Forderung gut an, aber auch sie ist von einer unheimlichen Radikalität, die vielleicht nur der Galiläer ermessen kann, der um eines Opfer willen mehrere Tage von Galiläa nach Jerusalem gereist ist. Was für weisheitliche Ethik so wichtig ist, nämlich die Einsehbarkeit der Forderung, ihre Vernünftigkeit und Realisierbarkeit, wird hier bis an die Grenze des Möglichen strapaziert. Vollends deutlich wird dies bei all jenen Forderungen, die in besonderer Weise mit der Nachfolge Jesu zusammenhängen. Nachfolge bedeutete wohl: An Jesu Leben im Dienste der Verkündigung des Gottesreichs partizipieren und seinen Auftrag teilen[121]. Sie schloß ein: Heimatlosigkeit, Besitzverzicht, Verzicht auf Berufsausübung, wirtschaftliche Ungesichertheit, Bruch mit der eigenen Familie.
Verständlich wird die Radikalität solcher Forderungen m. E. nur im Zusammenhang mit dem Anbruch des Gottesreichs, das Jesus verkündete[122]. Dieser Anbruch bedeutete uneingeschränkte Liebe Gottes zu den Armen und den religiös Benachteiligten, den Frauen, den Samaritanern, den Sündern, zu denen, die im herrschenden religiösen Wertungssystem unten rangierten und entsprechend behandelt wurden. Diesem endzeitlichen Aufbruch von Gottes schrankenloser Liebe entspricht Jesu Forderung. Vor allem die Gottesreichgleichnisse machen das klar: Daß Jesus von der Gottes-

herrschaft in Gleichnissen sprach, hatte den Sinn, seine Hörer hier und jetzt, in ihrem eigenen Alltag, zu einer neuen Grundeinstellung des Lebens zu führen. So entspricht etwa im Gleichnis vom unbarmherzigen Knecht Mt 18,23ff. die vom Menschen geforderte Vergebung der von Gott zugesprochenen. In ähnlicher Weise formuliert dies das Gleichnis vom ungetreuen Haushalter (Lk 16,1ff.). Vor allem macht Jesu eigenes Leben deutlich, wie seine Verkündigung vom Aufbruch der Liebe Gottes im menschlichen Alltag konkret werden will: man denke hier an seine Tischgemeinschaften mit Zöllnern und Sündern, seine Heilungen etc. Kurzum: Jesu Forderungen, die sich immer wieder als Konkretisierungen des Liebesgebotes erweisen, gehören m. E. zum Anbruch des Gottesreiches. Sie sind zwar inhaltlich nicht einfach neu, sondern liegen auf der Linie oder in der Verlängerung alttestamentlich-jüdischer Ethik. Aber in ihrer Radikalität, in ihrer Ausschließlichkeit, in ihrer Sorglosigkeit gegenüber bestehenden Realitäten bilden sie ein Stück *Kontrastethik:* sie zeigen, wie sich der Anbruch des Gottesreichs im Gegenzug zu der in der Welt herrschenden Armut, Gewalt und Lieblosigkeit verwirklichen will.

Was bedeutet das für die Frage nach dem Gesetzesverständnis Jesu? Vielleicht entspricht folgende These dem, was bei Jesus passiert ist: *Gottes schrankenlose Liebe zu den Benachteiligten und Sündern, die keinen einzigen Menschen in Israel übergeht, relativiert die Bedeutung, die das Gesetz als Gabe Gottes für Israel und als Weg für seinen Zugang zu Gott hat.* Zwei Texte können dies illustrieren: Die Geschichte vom Pharisäer und vom Zöllner Lk 18,9ff. ist ein eindrückliches Beispiel. Jesus formuliert diese Geschichte, ohne den Pharisäer zu karikieren und ohne ihm seine Gerechtigkeit abzusprechen. Ihre Pointe, daß der Zöllner gerechtfertigt aus dem Tempel wegging, zeigt aber, daß von Gottes endzeitlicher Liebe her die durch das Gesetz Israel geschenkte Heilsmöglichkeit überboten wird, ohne bestritten zu werden. Die Gerechtigkeit des Pharisäers bleibt unbestritten. Aber angesichts der unbeschreiblichen Liebe Gottes, die sogar dem Zöllner gilt, tritt sie in ihrer Heilsbedeutung zurück. Ähnliches formulieren andere Texte, als Beispiel sei nur noch an die Geschichte vom verlorenen Sohn erinnert (Lk 15,11ff.). Ein von Markus überliefertes Logion formuliert dasselbe grundsätzlich:

»Ich bin nicht gekommen, Gerechte zu berufen, sondern Sünder« (Mk 2,17b).

Wieder wird die Gerechtigkeit der Gerechten nicht bestritten und, wenn der Satz im Sinne einer dialektischen und nicht einer exklusiven Negation zu verstehen ist[123], ihnen auch nicht die Möglichkeit, zu Gott zu kommen, abgesprochen. Dennoch aber wird deutlich, daß das Gesetz in seiner eigentlichen Funktion, Gnade für Israel zu sein und Israel in Gottes Gnade zu bewahren, von Gottes durch Jesus proklamierten radikaler Liebe zum Sünder überboten wird. *Diese Vorordnung von Gottes endzeitlicher Liebesbotschaft vor dem Gesetz impliziert auch eine Vorordnung Jesu, der diese Liebe Gottes inkorporiert und vertritt.* Implizit wird das an einem Jesuswort deutlich, das die Tora gar nicht erwähnt:

»Ich sage euch:
Jeder, der sich zu mir bekennt vor den Menschen,
  zu dem wird sich auch der Menschensohn bekennen vor den Engeln Gottes;
wer mich aber verleugnet vor den Menschen,
  den wird man verleugnen vor den Engeln Gottes« (Lk 12,8f.).

Wenn Jesus hier das Verhältnis zu ihm selbst – und das heißt doch wohl: zu seinem Wirken als Beauftragter des Gottesreichs wie zu seiner ethischen Verkündigung – als für das letzte Gericht entscheidend betont, so bedeutet das eine Relativierung des Gesetzes: Denn am Verhältnis zu ihm und an seiner Befolgung hing nach allen jüdischen Gruppen das Schicksal im Gericht. Nur insofern Jesus das Gesetz aufnimmt und bejaht, kann es im Gericht noch entscheidend sein.

1.5 Die Liebe des Gottesreichs und das Alte Testament

Inwiefern nimmt Jesu Liebesforderung das Alte Testament auf? Auf diese Frage scheinen zwei Texte in je verschiedener Weise Antwort zu geben, nämlich die Antithesen der Bergpredigt und die Perikope vom doppelten Liebesgebot.
Das wichtigste Auslegungsproblem der *Antithesen* besteht m. E. in der Diskrepanz zwischen Antithesen*form* und dem *Inhalt* der Antithesen. Ich gehe dabei von den auf Jesus selbst zurückgehenden ersten beiden Antithesen (Mt 5,21f. 27f.) aus. Inhaltlich bieten die Antithesen nichts, was innerhalb jüdischer Paränese analogielos oder revolutionär wäre. Die Antithesen*formel* aber statuiert einen ganz einmaligen Autoritätsanspruch:

»Ihr habt gehört, daß den Alten gesagt wurde . . .; ich aber sage euch . . .«

Das Gegenüber zu dem, »was den Alten gesagt wurde«, wird jedenfalls von dem doch in Gesetzesfragen konservativen Matthäus deutlich als Gegenüber zum Gotteswort des Alten Testaments selbst verstanden. Verwandte rabbinische Wendungen in der Textauslegung[124] zeigen gerade den Unterschied zwischen Jesus und den Rabbinen: Jesus stellt nicht seine Auslegung des Alten Testaments einer andern Auslegung gegenüber, sondern sein eigenes Wort dem Alten Testament selbst. *Das Mosegesetz ist nicht Grundlage, sondern Gegenüber der Antithese.* Der Autoritätsanspruch Jesu in den Antithesen steht prinzipiell über der Autorität des alttestamentlichen Gesetzes. Die dann folgende positive Aufnahme des Alten Testaments und seine Verschärfung durch aus jüdischer Paränese in ihrer Grundtendenz bekannte Mahnungen ist dann eigentlich überraschend. Eine kohärente Deutung ist m.E. nur möglich, wenn man sieht, daß Jesus seine eigene Bejahung und positive Zuspitzung des Dekalogs nicht von diesem her legitimiert. Das heißt: *Er selber setzt durch sein vollmächtiges »Ich aber sage euch« die Kontinuität zum Alten Testament.* Diese Kontinuität ist nicht Ausdruck der Autorität des mosaischen Gesetzes, sondern Ausdruck der Autorität des eschatologischen Reichs des Gottes, der allerdings Gott Israels war und bleibt. Wir haben wohl in den Antithesen bei Jesus selbst ein erstes Beispiel für den im Neuen Testament immer wieder festzustellenden Sachverhalt, daß *die Kontinuität zwischen Altem und Neuem Testament nicht ein Ausdruck der Ungebrochenheit des alten, sondern ein Wesensmerkmal des neuen Bundes ist.*

Diesen Feststellungen widerspricht der Text vom doppelten Liebesgebot, der bei Markus (12,28ff.) und Lukas (10,25ff.) in zwei voneinander unabhängigen Fassungen erhalten ist, keineswegs. Er scheint im Unterschied zu den Antithesen die Liebe als Mitte von Jesu Ethik vom Alten Testament her abzuleiten und mit Lev 19,18 exegetisch zu begründen. Seine Authentizität ist heftig umstritten. Mir scheint sie überwiegend wahrscheinlich. Schon daß der markinische Text Jesu Übereinstimmung mit dem Schriftgelehrten so geflissentlich betont, paßt schlecht zu der sonst gerade im zweiten Evangelium betonten Distanz zu Israel. Noch älter aber ist wohl im ganzen die Lukasfassung. Daß es hier gar nicht Jesus ist, der diese Mitte seiner Verkündigung formuliert, sondern ein jüdischer Schriftgelehrter und daß Jesus anschließend nur noch die Richtigkeit seines Ausspruchs bestätigt, macht es schwer, den Text als Gemeindebildung zu verstehen. Ich denke, daß er in einer Form, die der lukanischen Fassung nahe steht, durchaus ins Leben Jesu zurückführen könnte. Aber eben dann ist er kein Schlüsseltext für Jesu eigenes Verständnis seines Liebesgebots: Daß ein jüdischer Schriftgelehrter es aus der Tora begründet, ist ja selbstverständlich. Daß Jesus seiner Formulierung zustimmt, entspricht seiner positiven Aufnahme der alttestamentlichen Gebote in den Antithesen.

Für sein eigenes Verständnis des Liebesgebots wird man sich aber an von ihm selbst formulierte Worte halten müssen.

Wir versuchen ein Fazit: *Jesu Relativierung des alttestamentlichen Gesetzes wird von seiner Gottesreichverkündigung her am ehesten verstehbar.* Diese Verkündigung steht nicht im Gegensatz zu der Israel im Alten Testament und gerade durch das Gesetz verkündeten Liebe Gottes. Wohl aber führt sie über sie hinaus. »Das Gesetz und die Propheten gehen bis Johannes« (Lk 16,16) – dann setzt mit der Gottesreichverkündigung etwas Neues ein. Sie läßt die Liebe Gottes und die Liebe, zu der der Mensch gerufen ist, tiefer und radikaler sichtbar werden. Die eschatologische Liebe des Gottes Israels, dessen vollmächtiger Vertreter Jesus war, ließ die beiden »Maße«, mit denen nach jüdischer Vorstellung Gott die Welt regierte, nämlich das »Maß der Gerechtigkeit« und das »Maß der Barmherzigkeit«[125], aus dem Gleichgewicht geraten: Für Jesus war das Maß der Barmherzigkeit Gottes das allein entscheidende. Von da her relativierte sich die Heilsbedeutung des Gesetzes, d.h. Gottes Liebe beseitigte die Schranken, die er selber durch die verpflichtende Gabe des Gesetzes gegenüber Ungerechten, Sündern, Unreinen etc. gesetzt hatte.

Es gibt also m.E. sehr wohl eine *Gemeinsamkeit, die Jesus mit dem paulinischen Satz, daß Christus das Ende des Gesetzes sei (Röm 10,4) verbindet,* auch wenn Jesus, im Unterschied zum Heidenmissionar Paulus, vermutlich von keiner grundsätzlichen Abrogation von Gesetzesvorschriften her dachte. *Für Jesus wie für Paulus gilt, daß Gott seine Israel geschenkte Liebe durch noch größere Liebe überbietet. Und wie Jesus, so weiß auch Paulus, daß Gott sein Gesetz, dessen Gnade er überbietet, nicht abschafft.* Für die Zuordnung Jesu zum zeitgenössischen Judentum hat das Konsequenzen: Ich glaube nicht, daß Jesus von Israel einfach problemlos als ein »Bruder«[126] – als einer unter vielen – heimgeholt werden kann. Es stellt sich m.E. hier die Frage, ob es jüdisch die Möglichkeit gibt, das Gesetz als Fundament von Israels Erwählung durch eine noch größere Liebe Gottes relativieren zu lassen. Zugleich aber muß dann gesagt werden, daß m.E. es eine Möglichkeit, Jesus in ungebrochener Kontinuität mit der alttestamentlich-jüdischen Überlieferung oder auch nur mit ihrem Hauptstrom zu sehen, nicht gibt, so sehr zu sagen ist, daß Jesus selber vom Gott Israels sich zu Israel gesandt wußte. *Durch die Verkündigung des Kommens des Gottesreiches als Liebe ist bei Jesus vielmehr ein grundlegender Neueinsatz passiert, der zwar in alttestamentlich-jüdischen Traditionen wurzelt, aber nicht in ihnen aufgeht.*

1.6 Die Neuheit von Jesu Gesetzesverständnis

Damit stellt sich die Frage nach der geschichtlichen Vermitteltheit von Jesu Botschaft. Wie weit ist sie als durch die damalige Situation vermittelt verstehbar? Wie weit ist eine geschichtliche Vermitteltheit nicht erkennbar, so daß man von einer Kontingenz von Jesu Botschaft sprechen muß? Dabei ist als Voraussetzung klar auszusprechen, daß etwas Neues, bisher noch nicht da Gewesenes, oder etwas aus geschichtlichen Faktoren nur bedingt Ableitbares deshalb nicht wahr sein muß. Wahrheit darf nicht mit Originalität und Unableitbarkeit verwechselt werden.

Die Frage nach der geschichtlichen Vermittlung von Jesu Gesetzesverständnis kann auf verschiedenen Ebenen gestellt werden. *Geistesgeschichtlich* muß nach dem Zusammenhang Jesu mit den verschiedenen Strömungen im zeitgenössischen Judentum gefragt werden. Die Möglichkeiten, Jesus durch geistesgeschichtliche Zuordnung besser zu verstehen, scheinen mir aber äußerst beschränkt. Mit dem *Diasporajudentum* verbindet ihn sein Interesse am Dekalog und am Sittengesetz. Die Berührung ist aber m. E. eine solche in Spitzen und nicht in den Fundamenten: Das Gesetzesverständnis der Diasporajuden zielte gerade nicht auf eschatologische Relativierung des Gesetzes, sondern darauf, die Tora als universales vernunftgemäßes Weltgesetz herauszustellen. Den *Pharisäern* steht Jesus in vielem nahe. Ihnen wie Jesus ging es um Zuwendung zum *ganzen* Volk; sie verzichteten wie Jesus auf die Konstituierung eines sichtbaren heiligen Restes der Erwählten. Auch bei ihnen stand das Liebesgebot an einem wichtigen Platz und die eschatologische Ausrichtung war im Pharisäismus vor dem Jahre 70 vielleicht wichtiger als später. Das große Gewicht, das die Pharisäer gerade auf die Reinheit des Volkes Israel und auf das vollständige Verzehnten legen, markiert aber die Distanz zwischen ihnen und Jesus ebenso wie das Desinteresse Jesu an den halakischen Fragen, die für die pharisäischen Schriftgelehrten so wichtig waren. Von einer das Gesetz transzendierenden *neuen* Offenbarung Gottes sprechen sie nicht.

Analogien gibt es zwischen Jesus und den Zeloten einerseits, den Essenern andererseits. Zu den *Zeloten* ist die Analogie formal: Auch sie leben vom Anbruch des Gottesreichs her. Das führte aber gerade dazu, daß sie sich in ihrem Handeln *nur* von der – rigoristisch ausgelegten – Tora leiten ließen. Zum zelotischen Torarigorismus gehört insbesondere Betonung des Zeremonialgesetzes und der Exklusivität der Erwählung Israels, keinesfalls Feindesliebe. Die Analogien zu den *Essenern* sind interessanter. Es scheint, daß

wir ihre gesetzlichen Dokumente – Tempelrolle, Sektenrolle mit Anhängen, Damaskusschrift, Worte des Mose und evtl. Jubiläenbuch – nicht nur als autoritative *Auslegung* der Tora zu deuten haben, sondern ein Stück weit auch als ihre Ergänzung und Vollendung. Doch führt diese Verschärfung und Ergänzung der Tora anders als bei Jesus zu einer rigoristischen Halaka und zur Trennung vom unreinen und ungehorsamen Volk Israel.
In einem sehr allgemeinen Sinn ist natürlich *apokalyptische Eschatologie* die Voraussetzung für die Botschaft Jesu. Allein in der Apokalyptik finden wir jene grundsätzliche Vorordnung erhoffter eschatologischer Offenbarung vor der kraftlos gewordenen ursprünglichen, die das Heil nicht brachte. Aber man darf nicht übersehen, daß es in der Apokalyptik wohl zuweilen zu einem Verzweifeln an den Möglichkeiten des Menschen, das Gesetz zu halten, nicht aber zu einer Neusetzung des Willens Gottes kommt. Nur in einem allgemeinen Sinn ist also die jüdische Apokalyptik die Voraussetzung der Verkündigung Jesu.
Wenden wir uns den realen geschichtlichen Verhältnissen zu, so ist als erstes zu fragen, ob die Tatsache, daß Jesus *Galiläer* und nicht Judäer war, einen Schlüssel zu seinem Verständnis liefert[127]. Verständlich werden könnte aus solcher Perspektive eine gewisse Distanz Jesu zum Tempel. G. Theissen[128] hat mit Recht darauf hingewiesen, daß der Tempel für die Landbevölkerung Galiläas, die ihn normalerweise nur einmal pro Jahr sah, eine gewaltige finanzielle Last bedeutete, während andererseits Jerusalem so gut wie ausschließlich vom Tempel lebte und – nach allem, was wir hören – nicht schlecht. Doch führt eine solche Distanz bei Jesus auf keinen Fall zu einem grundsätzlichen Nein zum Tempel. Verständlich wird so vielleicht die Austreibung der Händler und Wechsler aus dem Tempel, die allem Anschein nach eine prophetische Zeichenhandlung war, der es gerade um den rechten, gottgewollten Tempelkult ging, und der Konflikt Jesu mit der sadduzäischen Oberschicht Jerusalems, der schließlich zu seinem Tod führte.
Ein anderer Aspekt, der zu untersuchen wäre, ist die Frage, ob der Gegensatz Jesu zu den Schriftgelehrten und vielleicht auch seine »Liberalität« in Fragen des Ritualgesetzes von seiner galiläischen Herkunft her erklärt werden können. Die Evidenz, die hier beigebracht werden kann, ist im ganzen sehr gering, und sei es nur deshalb, weil wir aus der Zeit Jesu keine galiläischen Quellen haben. Richtig ist sicher, daß die pharisäischen Schriftgelehrten ihr Zentrum in Judäa und Jerusalem hatten; in Galiläa gab es nur ganz wenige Schriftgelehrte[129]. Für die Frage, ob in Galiläa im 1. Jahrhundert die Gesetzespraxis liberaler gewesen ist als in Judäa, gibt es

nur geringe Anhaltspunkte: in einzelnen Fällen hat man sicher das Ritualgesetz liberaler ausgelegt als in Judäa[130]. Aber daß es generell vernachlässigt worden wäre, kann man nicht sagen. Von einer allgemeinen Gesetzesfeindschaft oder auch nur von einem ausgesprochenen Desinteresse am Gesetz in Galiläa darf man nicht sprechen[131]. Die Überlegung, daß Jesu Gesetzesauslegung in Galiläa weniger Widerstand hervorrufen mußte als in Judäa, bleibt also im ganzen spekulativ, und die Möglichkeit, daß es in Galiläa eine besondere Gesetzesauslegung und -praxis gegeben hat, die derjenigen Jesu nahe stand, ausgesprochen unwahrscheinlich.

Wichtiger scheint mir eine andere Zuordnung: Jesus stammt aus der nicht-pharisäischen galiläischen Bevölkerung, aus dem sogenannten »*Volk des Landes*«[132]. Er hat nicht studiert und war der schriftgelehrten Auslegungsregeln und -traditionen wie die meisten seiner Zeitgenossen nicht mächtig. Es scheint mir nun, daß seine Gesetzesauslegung in einer gewissen Korrelation zur Situation und den Bedürfnissen des galiläischen »Volkes des Landes« stand. Insbesondere zu den Armen unter dem »Volk des Landes«, also der großen Mehrzahl der galiläischen Bevölkerung, ergeben sich Beziehungen. Verschiedenes ist hier zu bedenken:

a) Der pharisäische Orden unterschied sich durch strikte Beobachtung der Zehnten- und der Reinheitsvorschriften von der Masse der Bevölkerung. Er kannte Vorschriften über das Nachverzehnten von nicht ordnungsgemäß verzehnteten Früchten, die den Wirtschaftsverkehr schwer belasteten[133]. Das vollständige Verzehnten war für einen Kleinbauern oder Pächter, also die große Masse der damals wirtschaftlich schwächsten Schicht, eine schier unmögliche Sache. Wir müssen annehmen, daß damals das Gros der ländlichen Bevölkerung im bergigen Galiläa noch aus Kleinbauern bestand, die hart am Rande des Existenzminimums lebten und in ständiger Gefahr waren, bei Krisen, Teuerungen, Mißernten, Sabbatjahren etc. von ihren Höfen verdrängt zu werden[134]. Diese Bauern waren es, die die Hauptlast der römischen Steuern trugen. Ein ordnungsgemäßes Verzehnten – und das schließt den Priesterzehnten, den in Jerusalem zu verzehrenden Zehnten, eventuell den Armenzehnten neben der Tempelsteuer und allen andern Abgaben an den Tempel ein – war für viele Menschen damals kaum möglich. Das heißt: Das Halten des Zehntengebotes war für viele damals schlicht eine Finanzfrage.

b) Auch die Reinheitsgesetzgebung schloß viele Menschen von Gott aus. Dazu gehörten die Angehörigen bestimmter Berufe, die notorisch mit Unreinem in Berührung kamen, etwa Zöllner oder Ärzte. Zu den Benachteiligten gehörten auch die Frauen, die durch

Menstruation und Geburt etc. häufig unrein waren. Zu den Benachteiligten gehörten schließlich die Ungebildeten –, und das ist wiederum die große Mehrzahl der damaligen Bevölkerung. Das Reinheitsgesetz mußte man zuerst kennen, bevor man es halten konnte, und das war nicht einfach. Das Mißtrauen der Gelehrten war hier groß, wie ein Ausspruch Hillels zeigt:
> »Ein Ungebildeter ist nicht sündenscheu, ein ›ʿam haʾaräz‹ ist nicht fromm« (Abot 2,5).

Hier gab es Probleme: Ein kleiner Bauer *konnte* die Tora nicht studieren; er hatte anderes zu tun. Stand man aber im Verdacht, unrein zu sein, so bedeutete das starke Einschränkungen im zwischenmenschlichen Verkehr. »Die Kleider des ›ʿam haʾaräz‹ sind eine Quelle der Unreinheit für die Pharisäer«, lesen wir in der Mischna (Hag 2,7). In Jerusalem gab es Straßen, wo die Reinen und die Unreinen getrennt gehen, um Verunreinigungen zu verhindern (Aristeasbrief 106). Die Mischna schreibt vor, daß nicht nur der Handelsverkehr zwischen Pharisäern und dem »Landvolk« stark einzuschränken ist, sondern daß auch wechselseitige Einladungen zu Mahlzeiten zu vermeiden sind (Demai 2,3). In späterer Zeit sind auch Heiraten zwischen Pharisäern und Angehörigen des Landvolks verpönt (bPes 49a); im 1. Jahrhundert kamen allerdings solche Heiraten noch vor[135]. Die Furcht vor Verunreinigung war bei den Rabbinen allgemein sehr groß. Man darf nun allerdings nicht annehmen, daß alle diese Maximen immer eingehalten worden sind. Etwa bei den Beziehungen innerhalb einer Familie herrschte sicher eine gewisse Liberalität, und aus rein praktischen Gründen wurden einige Vorschriften für die Festzeiten außer Kraft gesetzt, damit Israel überhaupt als ganzes Volk die großen Pilgerfeste feiern konnte[136]. Aber die Vorschriften bestanden und bereiteten sicher nicht nur eitel Freude.

c) Über die Beziehungen zwischen den Pharisäern und dem nichtpharisäischen »Landvolk« sind wir vor allem aus dem 2. Jahrhundert unterrichtet, also aus jener Zeit, wo die pharisäischen Schriftgelehrten in dem zum jüdischen Kernland gewordenen Galiläa ihre Ansprüche durchsetzten und mehr und mehr auch die Oberschicht repräsentierten. In jener Zeit waren die Beziehungen außerordentlich belastet und wir hören Urteile von großer Schärfe[137]. Rabbi Akiba, der in seiner Jugend ein ›ʿam haʾaräz‹ war, kann etwa formulieren:
> »Als ich noch ein Mann aus dem gemeinen Volk war, sprach ich: ›Wer gibt mir einen Schriftgelehrten her? Ich würde ihn wie ein Esel beißen!‹« (bPes 49b).

Man darf solche harten Urteile sicher nicht einfach verallgemeinern

und auch nicht einfach auf die Zeit Jesu übertragen. Aber auch aus früherer Zeit haben wir manche Anzeichen für Spannungen: »Der Schlaf am Morgen, der Wein am Mittag, das Schwatzen mit Kindern und das Sitzen in den Synagogen des ›ʿam haʾaräz‹ bringen den Menschen aus der Welt« (Abot 3,10 [11]).
formuliert Rabbi Dosa ben Archinos im 1. Jahrhundert in einer Zeit, als noch nicht alle Synagogen pharisäisch bestimmt waren. Das wenig freundliche Urteil der Pharisäer des Johannesevangeliums »verflucht ist dieses Volk, das das Gesetz nicht kennt« (Joh 7,49) hat seine Parallelen auch in jüdischen Schriften[138]. Noch ins erste Jahrhundert weist auch die Legende, daß die Familie des Eliezer ben Hyrkan ihn enterben wollte, als er zum Pharisäismus übertrat[139]. Im ganzen gibt es m.E. wenig Zuversicht für das verbreitete Urteil, daß die Beziehungen zwischen pharisäischen Schriftgelehrten und dem nichtpharisäischen »Landvolk« durchwegs freundlich und harmonisch gewesen seien[140]. Vielmehr wird hier mindestens eine starke Ambivalenz geherrscht haben: Dem pharisäischen Grundanliegen, Vorbild und Lehrer des *ganzen* Volkes Israels zu sein, widersprachen die Absonderungs- und Diskriminierungstendenzen, die dem Orden innewohnten.
So würde ich meinen, daß Jesu Gesetzesauslegung ein Stück weit von hier aus verstanden werden kann. *Jesu Stimme ist eine* – fast die einzige uns erhaltene – *Stimme aus dem nichtpharisäischen »Volk des Landes«.* Seine relative Zurückhaltung gegenüber dem Zehntengebot und dem Reinheitsgebot kam den Bedürfnissen der dadurch benachteiligten Armen und Unreinen entgegen. Seine nicht-schriftgelehrte Interpretation des Willens Gottes machte diesen für die Ungebildeten durchschaubar: Ist das Liebesgebot in jeder Situation andern Gesetzesvorschriften vorgeordnet und wird das Verhältnis der Gesetzesvorschriften zueinander nicht durch ein kasuistisches System geordnet, so fällt für den einfachen Mann ein Stück Abhängigkeit von Theologie und Schriftgelehrsamkeit dahin, und ein Stück Mündigkeit wird geschaffen. Vor dem Liebesgebot waren alle, Arme und Reiche, Unreine und Reine, Frauen und Männer gleich. Damit vollzieht sich in der Gesetzesauslegung Jesu ein Stück von Gottes Liebe gerade zu den Disqualifizierten und Armen, indem Schranken, die das Gesetz zwischen Gott und diesen Menschen aufrichtet, fallen.
Wir sagten: Ein Stück weit wird Jesu Gesetzesauslegung in seiner Situation und in ihrer geschichtlichen Vermitteltheit verständlich. Mehr als das aber nicht. *Die Grunderfahrung, von der*

Jesus ausging, daß Gott sein Reich jetzt als uneingeschränkte Liebe zu verwirklichen beginne, wird in dieser sozialen Konkretisierung zwar verstehbarer, aber nicht ableitbar.

2. Das christliche Ja zum Gesetz

Die Frage nach der Geltung des mosaischen Gesetzes war eine der wichtigsten das Christentum der ersten und zweiten Generation beschäftigenden und spaltenden Fragen. Das wird schlaglichtartig deutlich durch das sogenannte Apostelkonzil (Gal 2,1ff.), wo insbesondere die Frage nach der Geltung des Beschneidungsgebotes für Heidenchristen im Vordergrund stand. Die Auseinandersetzungen fanden jedoch nicht nur im Zusammenhang mit der paulinischen Mission statt: Die Logienquelle, das Matthäusevangelium und die in ihm aufgenommenen judenchristlichen Traditionen einerseits, die in der Nachfolge des Stephanuskreises auf breiter Front aufgenommene gesetzesfreie Heidenmission, in der Paulus nur ein, allerdings profilierter Exponent war, andererseits bezeugen dies.

2.1 Das älteste Judenchristentum

Über die *Jerusalemer Urgemeinde* wissen wir nur durch die lukanische Apostelgeschichte Bescheid. Da für Lukas Jesus grundsätzlich gesetzestreu ist und die erfolgreiche Predigt der Apostel in Jerusalem nichts anderes als die Fortsetzung von Jesu »Sammlung Israels«[141], können wir auf seinen Bericht keine Schlösser bauen. Nach ihm trifft sich die Urgemeinde im Tempel (Apg 5,12), denn das Christentum hat dort als wahres Judentum seinen Ursprung, wie auch Jesus selbst (Lk 2,41ff.; 4,9ff.). Wichtiger ist historisch der hinter der Stephanusgeschichte erkennbare Hinweis, daß trotz der Verfolgung der Stephanusleute die Apostel nach wie vor in Jerusalem weilten (Apg 8,14, vgl. 4). Vermutlich hat es in Jerusalem damals zwei Gemeinden gegeben, die eigentliche »Urgemeinde«, und eine griechisch-sprachige, aus Diasporajuden bestehende Gruppe von »Hellenisten«. Diese letztere ist wohl allein verfolgt worden, vermutlich, weil sie durch ihr Gesetzesverständnis den Zorn strenggläubiger Juden auf sich geladen hatte. Dann ist aber die eigentliche Urgemeinde gesetzestreu gewesen.

Als eigentlicher Exponent der Gesetzestreuen lebte bis zu seiner Ermordung im Jahre 62 der *Herrenbruder Jakobus* in Jerusalem. Lukas läßt ihn in der Apostelgeschichte überhaupt nur zum Zwekke auftreten, die Gesetzestreue des Paulus und die Legitimität seiner Mission alttestamentlich zu legitimieren (15,13ff.; 21,18ff.). Er trägt den Beinamen »der Gerechte«; Hegesipp berichtet von ihm, daß seine Knie hart waren wie die eines Kamels, weil er unablässig für Israel auf den Knien im Tempel betete (Euseb, Kirchengeschichte 2,23,6).

Es wäre ungeheuer wichtig, wenn wir über Jakobus, diese Schlüsselfigur des gesetzestreuen Judenchristentums, näher Bescheid wüßten. Leider können wir nur durch Rückschlüsse einiges ahnen: Bei der paulinischen Schilderung des Apostelkonzils, Gal 2,1ff., bleibt vieles unklar. Die Abmachung lautete, daß Petrus das »Evangelium der Beschneidung« und der »Apostolat der Beschneidung« anvertraut ist (2,7f.), Paulus das »Evangelium der Vorhaut« (vom Apostolat des Paulus ist offenbar nicht die Rede). Unklar bleibt, ob die Sendung des Barnabas und des Paulus zu den Heiden, die der Säulen zur Beschneidung (2,9) eine geographische oder eine ethnische Unterscheidung impliziert. Paulus scheint die Unterscheidung geographisch verstanden zu haben, denn er hat vermutlich in seinen Gemeinden nicht auf die Gewinnung von Juden und auf ihre Integration in die Gemeinde verzichtet (vgl. 1 Kor 9,20; Röm 11,14; Gal 3,28). Vermutlich aber hat er bei solcher Deutung der Abmachung ihren Wortlaut gegen sich. Ungelöst blieb auf jeden Fall das Problem, was nun in den gemischten, aus Juden- und Heidenchristen bestehenden Gemeinden zu geschehen habe. Solche Gemeinden waren z. B. Antiochien und Rom. Die Meinung des Jakobus war wohl, daß die Existenz von gesetzesfreien Heidenchristen die Judenchristen nicht vom Halten des Ritualgesetzes dispensieren konnte. Das heißt: Für die Judenchristen galt das Gesetz nach wie vor prinzipiell; Tischgemeinschaft zwischen ihnen und den Heidenchristen war ebenso wenig möglich wie zwischen den Juden und den Gottesfürchtigen, die sich in der Diaspora in großer Zahl der Synagoge anschlossen, ohne daß sie die Beschneidung auf sich nahmen. Um die Frage der Tischgemeinschaft kam es dann in der gemischten Gemeinde von Antiochia zum Konflikt (Gal 2,11ff.). Der liberale Petrus und auch Barnabas haben sich in diesem Konflikt der Position der Sendboten des Jakobus angeschlossen und die Tischgemeinschaft mit den Heidenchristen abgebrochen. Diese Position ist auf dem Boden der Abmachungen des Apostelkonzils ebenso möglich wie diejenige des Paulus. Das Verhalten des Petrus und des Barnabas könnte darauf hinweisen, daß sie sogar eher dem Sinn und Geist der Jerusalemer Abmachungen entsprochen hat als die paulinische Position. Jakobus und seine Anhänger haben also die beschneidungs- und teilweise gesetzes-

freie Heidenmission akzeptiert, sich aber auf keine Tischgemeinschaft mit den Heidenchristen einlassen können.
Versucht man, diese Haltung zu verstehen, so wird der Hinweis auf die sog. Gottesfürchtigen in den jüdischen Synagogen wichtig. Heiden hatten damals die Möglichkeit, sich der Synagoge anzuschließen, ohne sich beschneiden zu lassen. Sie nahmen am Synagogengottesdienst teil, hielten das Sittengesetz und Teile des Zeremonialgesetzes, aber sie galten nicht als volle Proselyten[142]. Die Urteile über solche unbeschnittene Gottesfürchtige waren in späterer, rabbinischer Zeit fast durchwegs negativ, im 1. nachchristlichen Jahrhundert unterschiedlich, jedenfalls auch positiv[143]. Es ist denkbar, daß für die Jakobusleute die von Barnabas und Paulus bekehrten Heidenchristen den Status solcher Gottesfürchtiger hatten. Auch die Kollekte, die in Jerusalem abgemacht wurde, könnte in den Augen der Jakobusleute als »Gabe« von gottesfürchtigen Heiden an Israel verstanden worden sein[144]. Ist dies richtig, *so stand für Jakobus der Gedanke des Gottesvolkes Israel im Zentrum seines Denkens.* Die durch das Gesetz ermöglichte Gemeinschaft dieses Gottesvolkes, das es als Ganzes für Christus zu gewinnen galt, mußte sein wichtigstes Anliegen sein. *Die Heidenchristen, mit dem Status von »Gottesfürchtigen«, waren eine Art Randsiedler des Gottesvolks,* nicht seine vollen Glieder. Von da her konnte die durch Christus geschaffene Gemeinschaft zwischen Juden- und Heidenchristen in einem neuen Gottesvolk, dem Leib Christi, die für Paulus so wichtig war, für ihn nicht im Vordergrund stehen.
Die Auseinandersetzung des Paulus mit seinen Gegnern zeigt dann, daß die judenchristliche Position auch später eine wichtige Rolle gespielt haben muß. Am deutlichsten wird sie bei den paulinischen Gegnern im *Galaterbrief.* Die Argumentation dieses Briefes, insbesondere die Abfolge der biographischen Kapitel 1–2 und der thematischen Kapitel 3–5,12, wird m.E. nur verständlich, wenn sich die Gegner des Paulus in irgend einer Weise auf die Autorität des Jakobus berufen haben. Gal 5,2 und 6,12 zeigen, daß sie von den Galatern Beschneidung verlangten. Gal 4,10 könnte darauf hinweisen, daß es auch um Fragen des Ritualgesetzes ging. Extreme Rigoristen sind sie nicht gewesen, sonst müßte nicht Paulus sie darauf aufmerksam machen, daß ein Beschnittener das ganze Gesetz halten müsse (5,3; 6,13, vgl. 3,10). Hier zeigt sich, daß der unterschiedliche christliche Standpunkt der beiden Kontrahenten eine Entsprechung in einem unterschiedlichen jüdischen Standpunkt gehabt haben könnte: Der Pharisäer Paulus, der »im Judentum weiter ging als viele seiner Volksgenossen« (Gal 1,14), vertritt mit seiner These, daß *alles,* was im Gesetz geschrieben steht,

gehalten werden müsse (Gal 3,10), einen extremen Standpunkt. Gerade er erfuhr in der Begegnung mit Christus vor Damaskus eine totale Umwertung des Gesetzes. Solcher Rigorismus ist aber durchaus nicht überall im Judentum anzutreffen. Die Mehrzahl der Rabbinen vertritt bei aller Betonung der prinzipiellen Gültigkeit des Gesetzes in praxi einen liberaleren Standpunkt als der Pharisäer Paulus: Sie betonen die Kraft und die Wichtigkeit der Umkehr und halten in der Regel eine Mehrheit von Gebotserfüllungen für wichtig; einer kann als Grenzaussage sogar formulieren, daß das Halten eines einzigen Gebotes Leben bringt[145]. Ein solcher jüdischer Standpunkt ließ sich viel leichter ungebrochen im Christentum weiterführen. Von da her ist der mangelnde Rigorismus der galatischen Gegner nicht ohne weiteres im Sinne des Paulus als Inkonsequenz zu beurteilen.

Sehr viel schwieriger ist dann die Frage, wie weit auch in den übrigen Paulusbriefen Judenchristen die Gegner des Paulus sind. Ohne das Problem hier ausdiskutieren zu wollen, möchte ich nur andeuten, daß mir die beliebte These einer (prä)gnostisch-enthusiastischen Gegnerfront gegen Paulus sehr fragwürdig zu sein scheint. M. E. setzt sich Paulus auch im 2. Korintherbrief und im Philipperbrief mit judenchristlichen Gegnern auseinander, die mit den Jerusalemer Aposteln in Beziehung stehen[146]. Die Themen der Auseinandersetzung sind dabei im 2. Korintherbrief einerseits, im Galater- und Philipperbrief andererseits nicht ganz dieselben: Im 2. Korintherbrief stehen der (von Jerusalem m. E. nie anerkannte) paulinische Apostolat, das Unterhaltsprivileg des Evangeliumsverkünders und die zur Verkündigung des Evangeliums gehörenden Wunder (vgl. Lk 10,7−9) im Vordergrund. Beschneidung und vollen Gesetzesgehorsam haben die Gegner von den heidenchristlichen Gottesfürchtigen in Korinth offenbar nicht verlangt. Im Philipperbrief dagegen geht es wie im Galaterbrief um den Gesetzesgehorsam, in dem der Jude Paulus untadelig war und in dem die judenchristlichen Gegner »Vollkommenheit« fordern, und um die Beschneidung. Beides ist auf einer judenchristlichen Grundbasis möglich, je nach dem, ob die Judenchristen die bekehrten Heiden zu Proselyten machen wollten (so im Galaterbrief und im Philipperbrief) oder ob sie auf eine Beschneidung der bekehrten Gottesfürchtigen verzichteten (so in Korinth). Der Römerbrief ist dann auf dem Höhepunkt der Auseinandersetzung des Paulus mit dem gesetzestreuen, von Jakobus inspirierten Judenchristentum geschrieben worden[147].

Die Auseinandersetzung mit der Synagoge hat sich mit dem Herannahen des jüdischen Krieges (66−70) zugespitzt. Schon Paulus bezeugt, daß die Judenchristen in Palästina einen schweren Stand hatten und verfolgt wurden, trotz ihrer Gesetzestreue (1 Thess 2,14; Gal 4,29). In der synoptischen Tradition bezeugt uns vor allem die Logienquelle die Spannungen und Verfolgungen, denen die palästinischen Judenchristen seitens der Juden ausgesetzt waren (Lk 6,22; 11,49−51). Die Ermordung des Herrenbruders Jakobus durch den Hohenpriester (62 n. Chr.) signalisiert die Verhärtung der Situation. Neuerdings hat G. Lüdemann vermutet, daß die paulinische Kollekte in Jerusalem nicht angenommen worden sei[148]. Jedenfalls paßt es gut in dieses Bild, daß aus späterer, wahrscheinlich schon nachpaulinischer Zeit aus judenchristlichen Kreisen bei weitem strengere Töne zu vernehmen sind als in der Frühzeit. In diesem Zusammenhang sind vor allem *judenchristliche Traditionen, die uns das Matthäusevangelium überliefert,* interessant. Sie vertreten einen ganz schroffen Standpunkt. Die Heidenmission lehnen sie ganz ab; Jesus ist nur zu den verlorenen Schafen des Hauses Israel gesandt (Mt 10,5), und seine Jünger werden mit der Mission in den Städten Israels nicht zu Ende kommen vor der Parusie (Mt 10,23). Offensichtlich bedeutet für sie erst das Eschaton der von Gott selbst inaugurierte Durchbruch zu den Heiden. Sie vertreten einen gesetzestreuen Standpunkt, der dem des ehemaligen Pharisäers Paulus ähnelt:

»Amen, ich sage euch: Kein einziges Jota und Häkchen vom Gesetz wird vergehen, bis alles geschieht.«

»Wer eins dieser kleinsten Gebote auflöst (und die Menschen so lehrt), wird der Kleinste heißen im Gottesreich« (Mt 5,18f.)[149].

Die Gesetzestreue, die hier verlangt wird, geht also weiter als die Forderung der Gegner des Paulus im Galaterbrief. Diese Judenchristen verlangen, wie Paulus vor seiner Bekehrung, das *ganze* Gesetz, mit *allen* seinen Vorschriften, zu halten.

2.2 Das Gesetz bei Matthäus

Der profilierteste Entwurf einer »gesetzlich« strukturierten Theologie im Neuen Testament ist der des Matthäusevangeliums. Er markiert m. E. zugleich kirchengeschichtlich einen Wendepunkt: Ein an der Übereinstimmung zwischen Jesus und dem Alten Testament orientiertes Judenchristentum, das sich von Israel zurückgewiesen weiß und in der Zerstörung Jerusalems Gottes Gericht über Israel sieht (22,7), wendet sich der Heidenmission zu (28,16−20). Damit sind die wesentlichen äußeren Daten schon zum Teil vorweggenommen: Matthäus ist m. E. ein Gemeindelehrer in einer judenchristlichen Gemeinde Syriens. Seine Gemeinde ist stark geprägt durch die Theologie der Traditionen der Spruchquelle. Mission an Israel durch christliche Wanderpropheten, Ankündigung des Gerichtes des Menschensohns über sein Volk, Ablehnung der christlichen Botschaft durch die Pharisäer und Schriftgelehrten, aber auch das Volk selbst, Verfolgung und Ablehnung der Boten durch die Synagogen, die Verfluchung der Christen durch den neu eingeführten Ketzersegen im Achtzehnbittengebet: Das sind die Erfahrungen, die hinter ihm liegen. Hinter ihm liegt ferner der jüdische Krieg, der einen Teil der pazifistisch eingestellten Judenchristen aus dem jüdischen Kernland vertrieben haben wird, die Zerstörung Jerusalems und vielleicht die Erfahrung des endgültigen Ausschlusses der Judenchristen aus den Synagogen, die nach dem Kriege vollzogen wurde. Alles dies konnte der uns unbekannte Lehrer, der das Matthäusevangelium geschrieben hat, nur als Gottes endgültiges Gericht über Israel verstehen:

»Das Reich wird von euch genommen und einem Volke[150] gegeben werden, das seine Früchte bringt« (21,43).

Was er selber erlebt hatte, war für ihn die Vollstreckung des schauervollen Fluches, den er das ganze Volk vor der Kreuzigung Jesu aussprechen läßt: »Sein Blut komme über uns und unsere Kinder« (27,25).

In dieser Situation, vielleicht angeregt durch das ihm in Syrien begegnende heidenchristliche und universalistisch ausgerichtete Markusevangelium, sieht er die Aufgabe seiner Gemeinde nunmehr in der Heidenmission, die der erhöhte Herr am Höhepunkt und Schluß des Evangeliums den Jüngern, die bisher nur zu Israel gesandt waren (10,5f.23; 15,21ff.), befiehlt. Die Hinwendung dieser judenchristlichen Gemeinde zur Heidenmission ist also wohl etwas Neues: Der irdische Jesus und seine Jünger waren nur zu Israel gesandt. Nunmehr, nach der endgültigen und durch Gottes Gericht an Jerusalem besiegelten Ablehnung des Davidssohns durch sein Volk, wird das Reich den Heiden gegeben: Der erhöhte Herr selbst befiehlt seinen Jüngern am Schluß des Evangeliums, auf den alles hinführt, zu den Heiden zu gehen (28,16−20)[151]. Inhalt und Ziel ihrer Verkündigung ist die Lehre Jesu, genauer: die Gebote, die er seiner Gemeinde gegeben hat. Ziel der Verkündigung ist die Jüngerschaft der Heiden: Jünger, d. h. Christ sein bedeutet, die Worte Jesu genau hören, verstehen, und dann vor allem tun:

»Geht und macht alle Heiden zu Jüngern,

tauft sie auf den Namen des Vaters, des Sohnes und des
Heiligen Geistes,
lehrt sie alles halten, was ich euch geboten habe:
Und siehe, ich bin mit euch alle Tage bis zum Ende der Welt«
(28,19f.).
Soziologisch sind also die gemeinsamen Bande zwischen Kirche
und dem Gottesvolk Israel zerschnitten; Kirche und Synagoge
stellen sich gegenseitig unter den Fluch Gottes.
In dieser Situation gewinnt das Alte Testament eine theologische
Schlüsselrolle. *Es liegt Matthäus alles daran, zu zeigen, daß die
Gemeinde mit dem Bruch mit Israel nicht zugleich auf das Alte
Testament verzichtet, im Gegenteil, daß das Alte Testament in
Jesus seine Erfüllung gefunden hat und daß Jesu Verkündigung es
in seiner Mitte und Tiefe aufnimmt.* Es liegt Matthäus alles daran,
daß der alttestamentliche Gott, der Vater im Himmel, in diesem
Streit auf der Seite Jesu und der Gemeinde steht. Diesem Anliegen
dient auf der heilsgeschichtlichen Ebene die Sammlung der matthäischen »Erfüllungszitate«, auf der Ebene der Ethik die betonte
Übereinstimmung der Verkündigung Jesu mit dem Gesetz. Die
Betonung dieser Übereinstimmung ist gegenüber Jesus neu: War
sie zwar auch bei Jesus etwa für das doppelte Liebesgebot vorausgesetzt, so war doch der entscheidende Horizont von Jesu Ethik
das Reich Gottes, das in seiner Person verborgen anbrach. Bei
Matthäus, nach rund 40 Jahren Kirchengeschichte, tritt dieser
Horizont zurück. Neues und beherrschendes theologisches Thema
wird das Verhältnis der Verkündigung Jesu zu Gottes im Alten
Testament proklamiertem Willen, dem Gesetz:
»*Denkt nicht, ich sei gekommen, das Gesetz oder die Propheten aufzulösen; ich bin nicht gekommen, um aufzulösen,
sondern um zu erfüllen.*
Amen, ich sage euch *nämlich: Bis Himmel und Erde vergeht,
wird kein Jota und kein einziges Häkchen vom Gesetz vergehen, bis alles geschieht.*
Wer *nämlich* eins dieser kleinsten Gebote auflöst und die
Menschen so lehrt, wird der kleinste genannt werden im
*Himmelreich; wer sie aber tut und lehrt, der wird groß
genannt werden im Himmelreich.*
*Ich sage euch nämlich: wenn eure Gerechtigkeit nicht deutlich
größer ist als die der Schriftgelehrten und Pharisäer, werdet ihr
nicht ins Himmelreich hineingehen*« (Mt 5,17−20)[152].
Diesen grundlegenden Text von der Erfüllung des Gesetzes und
der Propheten durch Jesus stellt Matthäus als eine Art Vorspruch
dem Herzstück seiner Bergpredigt, den Antithesen, voran. Er will

sie damit vor einem Mißverständnis schützen: Die Antithesen stehen für ihn wohl im Gegensatz zur Praxis der Schriftgelehrten und Pharisäer, aber nicht im Gegensatz zum Alten Testament selbst[153].

Matthäus hat also vermutlich in den *sechs Antithesen* inhaltlich keine Außerkraftsetzung alttestamentlicher Gebote sehen wollen. Für die erste und zweite Antithese ist dies klar; für die dritte Antithese von der Ehescheidung (5,31f.) liefert 19,3ff. den Kommentar: ein Zugeständnis des Mose an die Hartherzigkeit der Juden wird durch ein göttliches Grundgebot aufgehoben. Für die vierte Antithese vom Schwur (5,33ff.) zeigen tendenziell ähnliche jüdische Parallelen, daß man im Verzicht auf den Eid die wahre Ehrung von Gottes Namen gesehen hat. Die sechste Antithese von der Feindesliebe (5,43ff.) richtet sich im Sinn des Matthäus nicht gegen das alttestamentliche Gebot der Nächstenliebe, sondern gegen seine damals verbreitete »enge« Auslegung. Es bleibt die fünfte Antithese vom Widerstandsverzicht (5,38ff.), die dem matthäischen Grundsatz nicht einzufügen ist.

Matthäus läßt Jesus vor allem im Zusammenhang mit dem *Liebesgebot*, das für ihn die Mitte und das Zentrum von Jesu Verkündigung ist, immer wieder auf das Alte Testament zurückgreifen. In seiner Fassung der Perikope vom doppelten Liebesgebot läßt er den Gesetzesgelehrten fragen: »Lehrer, welches Gebot ist groß *im Gesetz?«*, und Jesus, der bei Matthäus ebenso Gewicht auf die Nächstenliebe wie auf die Gottesliebe legt, zum Schluß sagen: *»An diesen beiden Geboten hängt das ganze Gesetz und die Propheten«* (22,36.40). In der Bergpredigt stellt Matthäus durch die Anordnung der Antithesen, nämlich durch die erste vom Verzicht auf den Zorn und der Versöhnung mit dem Feind, und durch die letzte, von der Feindesliebe, deutlich heraus, daß es ihm bei der Erfüllung des Gesetzes in besonderer Weise um das Liebesgebot geht. Das durch 5,17–48 eingeleitete Mittelstück der Bergpredigt wird am Schluß eingerahmt durch die goldene Regel von 7,12, von der Matthäus sagt: »Darin besteht das Gesetz und die Propheten.« Gesetz und Propheten stimmen in ihrer ethischen Verkündigung darin überein, daß das Liebesgebot in ihnen im Mittelpunkt steht. Zweimal zitiert Matthäus den Satz aus Hos 6,6: »Barmherzigkeit will ich mehr als Opfer« (9,13; 12,7). Die zuletzt genannte Stelle steht in seiner Fassung der Perikope vom Ährenraufen 12,1–8, die ein besonders gutes Beispiel dafür ist, wie Matthäus versucht, Jesu Handeln, gerade auch seine Gesetzesübertretungen, durch alttestamentliche Belegstellen abzusichern.
Wie Jesus stellt also Matthäus das Liebesgebot ins Zentrum seiner Ethik. Anders als bei Jesus richtet er aber seine Hauptenergie

darauf, seine Übereinstimmung mit dem alttestamentlichen Gesetz zu betonen. Das ist in der Situation nach dem endgültigen Bruch mit der Synagoge dringlich geworden. Matthäus schickt sich an, dem Judentum das Gesetz zu entreißen. Er tut dies noch nicht so wie später der Barnabasbrief, der zugleich eine besondere christliche Auslegungsmethode, nämlich die allegorische, der in der Synagoge gebräuchlichen wörtlichen gegenüberstellt. Matthäus hält sich an die wörtliche Auslegungsmethode und trifft sich hier prinzipiell mit dem Judentum. Seine Hauptstoßrichtung ist anders als im Barnabasbrief: Israel – am Schluß seines Evangeliums sagt er betont: die Juden (28,15) – und vor allem die es repräsentierende Führergruppe der Pharisäer, Schriftgelehrten, Priester und Ältesten, haben das Gesetz nicht gehalten (vgl. 5,20; 23,2f.). Das zeigte sich an ihrem Ungehorsam gegenüber den Propheten und – als Spitze – an ihrem Nein zum Sohn selbst und seinen Boten (21,33–43). Entsprechend verlangt Matthäus von seinen Gemeinden Gehorsam gegenüber dem von Jesus vertieften und erfüllten Gesetz.

Umstritten ist in der Forschung, in welcher Weise für Matthäus Jesus das Gesetz erfüllt. Häufig wird, gerade im Anschluß an das genannte Zitat aus Hos 6,6, die These vertreten, Matthäus gehe nur vom Sittengesetz aus und setze voraus, daß das Zeremonialgesetz außer Kraft gesetzt sei[154]. Aus judenchristlicher Überlieferung übernimmt Matthäus aber zahlreiche Traditionen, die von der Gültigkeit auch des Ritualgesetzes ausgehen (z. B. 5,23f.; 6,16ff.; 12,5f.; 17,24ff.; 23,2f.16ff. 23) und betont sogar noch redaktionell die Treue Jesu auch gegenüber dem Ritualgesetz (8,4). Aus 24,20 ist vielleicht zu schließen, daß die matthäische Gemeinde den Sabbat noch hält. Die von Matthäus stark überarbeitete, ebenfalls aus judenchristlicher Tradition stammende Fortsetzung des oben zitierten »Vorspruchs« zu den Antithesen deutet den Spruch von Jesu Erfüllung des Gesetzes 5,17 so, daß jedes Jota und Strichelchen des Gesetzes, auch die kleinsten Gebote gehalten werden müssen (5,18f.), allerdings nur in dieser Welt, während Jesu Worte selbst ewig gültig sein werden (24,35).

Es spricht also m.E. mehr dafür, daß für Matthäus das Gesetz grundsätzlich, in allen seinen Vorschriften gültig bleibt. Praktisch hat er wohl Konfliktfälle wie im Judentum durch Über- und Unterordnung gelöst. Die Sabbatkonflikte sind also für ihn – in Übereinstimmung mit Jesus – so zu deuten, daß Jesus in Fällen, wo jemand krank war oder z. B. Hunger hatte (12,1), dem Liebesgebot den unbedingten Vorrang vor dem Sabbatgebot gegeben hat. Der Unterschied zwischen Matthäus und dem Judentum besteht wie bei Jesus darin, daß für Matthäus das Liebesgebot unbedingt und in jedem Falle – nicht nur bei Lebensgefahr – den Vorrang vor allen anderen Geboten hatte. Er löste die einzelnen Konfliktfälle nicht durch ein System von rechtlichen Vorschriften; das Liebesgebot läßt sich nicht rechtlich festlegen. Für das Zeremonialgesetz heißt das also wohl, daß Matthäus an seiner grundsätzlichen Gültigkeit festhält. Praktisch aber wird es – anders als im Pharisäismus – zugunsten des Gebots der Nächstenliebe immer wieder zurückgestellt.

Während sich Matthäus an diesem Punkt wenigstens grundsätzlich jüdischem Denken einordnet, sprengt er an einem andern die Grenzen des Judentums: *Obwohl das Gesetz grundsätzlich gültig bleibt, ruht seine Autorität nicht mehr in sich selbst.* Wir müssen hier nochmals den Blick auf die Antithesen lenken: Ihre Einleitungsformel: »Ihr habt gehört, daß zu den Alten gesagt wurde, ich aber sage euch« wurde von Matthäus so verstanden, daß Jesus sein eigenes Wort dem zu den Vätern gesprochenen Gotteswort der Bibel gegenüberstellt. Jesus stellt sich selber über die Tora. Wenn in den Antithesen der alttestamentliche Gotteswille nicht aufgehoben, sondern vertieft wird, so ist das für Matthäus Ausdruck der Autorität Jesu, nicht des Gesetzes. Jesus begründet die Autorität der alttestamentlichen Forderung neu und vertieft. Durch den Vorspruch 5,17 wird die Autorität Jesu präzisiert: Nicht gegen die Tora richtet sie sich. Aber auch 5,17 macht deutlich, daß das Gesetz nicht letzte Autorität ist. In souveräner Weise drückt Jesus mit dem »ich bin gekommen« das Ziel *seiner* Sendung aus. Auch in dem Wörtlein »erfüllen«, das in dieser Weise nur noch von *Jesu* Handeln ausgesagt wird (3,15), nicht aber von den übrigen Menschen, die die Gebote nur »halten« (vgl. 28,20), steckt ein Stück der Vollmacht Jesu. *Die Autorität des ganzen Gesetzes für die Gemeinde ruht also nicht in ihm selbst, sondern in Jesus, der es vertieft, radikalisiert und auslegt vom Liebesgebot her, erst eigentlich aufrichtet.*

Hier liegt wohl auch der letzte Grund, warum die matthäische Theologie nicht einfach unter das Stichwort »Werkgerechtigkeit«, das von Paulus her so leicht fällt, subsumiert werden darf. Matthäus formuliert zwar ganz bewußt und schroff die Beziehung zwischen christlichem Handeln und dem Eingehen ins Reich Gottes in Gestalt einer Bedingung:

> »Wenn eure Gerechtigkeit nicht deutlich größer ist als die der Schriftgelehrten und Pharisäer, werdet ihr nicht ins Himmelreich eingehen« (5,20).

»Gerechtigkeit« meint hier, im Unterschied zum paulinischen

Sprachgebrauch, menschliches Handeln. Klar und deutlich stellt Matthäus heraus, daß nicht schon die Zugehörigkeit zur christlichen Heilsgemeinde das Heil mit sich bringt: Das neue Volk muß die Früchte des Gottesreichs bringen (21,43). Die nach dem Ausschluß Israels neu geladenen Hochzeitsgäste müssen ein Hochzeitskleid haben (22,11–14). »Herr, Herr« sagen genügt nicht ohne Früchte und Taten (7,15–23). Kurz, Jüngerschaft bedeutet nichts anderes, als »den Willen meines Vaters in den Himmeln tun« (12,49f.). Matthäus kennt kein automatisches Heil ohne menschliche Gerechtigkeit. Aber es gilt für ihn, was für das gesamte Judentum gilt: Menschliches Handeln ist nicht gleichzusetzen mit menschlicher Leistung, aufgrund derer der Mensch bei Gott auf Gegenrecht pochen darf. Menschliches Handeln wird vielmehr erst aufgrund göttlichen Handelns möglich: Voran geht Gottes Handeln, sein Bund, die *Gabe* seines Gesetzes. Matthäus drückt diese Grundüberzeugung aus, indem er die Gebote Jesu, die seine Jünger halten müssen, hineinstellt in ein *Geschichtsbuch,* in die Geschichte von Gottes Handeln durch seinen Sohn Jesus. Jesus ist von Anfang des Evangeliums an »Immanuel«, Gott *mit* uns (1,23), der *mit* seiner Gemeinde bleiben wird bis ans Ende der Welt (28,20). Jesus ist der, dessen Gegenwart die Gemeinde – dargestellt etwa in den Wundergeschichten – ständig hilfreich und rettend erfährt. Jesus ist der, der seine Nachfolger in den Stürmen der Welt bewahrt (8,23ff.). Jesus ist der Gottessohn, der, wie die Gemeinde, Gottes Willen gehorsam ist (3,15.17) und gerade so von Anfang an den Teufel besiegt hat (4,1ff.). Seine Geschichte ist die Voraussetzung und der Rahmen seiner Proklamation des Gotteswillens. Die Erfüllung des Gotteswillens ist durch den ermöglicht, der dem Kleinglauben der Gemeinde immer wieder aufhilft (14,28ff.). Und eben dieser Gottessohn ist es auch, der der Gemeinde vollmächtig Gottes Willen kundtut und auf dem Gehorsamsweg ihr voranschreitet. Getragen von der Zuwendung des Gottessohns, erfährt sie auch seine Forderung als ein Stück Gnade.
Die matthäische Theologie hält sich also an den durch das alttestamentlich-jüdische Verständnis des Gesetzes gegebenen Rahmen. Auch sie versteht Gottes Forderung als Gnade. *Sie unterscheidet nicht zwischen Gesetz und Evangelium, sondern für sie ist –* obwohl diese Begrifflichkeit ihr nicht entspricht – *das Gesetz, besser, die das Gesetz aufnehmende Verkündigung des Willens Gottes durch Jesus, Evangelium. Sie ist eine Theologie des Gesetzes, aber nicht eine Theologie der Werkgerechtigkeit.*
Sie hat gegenüber dem paulinischen Entwurf heute ihre großen Chancen: Besser als der seit neutestamentlichen Zeiten gerade im

Bereich des Protestantismus oft zugunsten einer Abwertung des Handelns mißbraucht[155] Paulus vermag Matthäus deutlich zu machen, daß es kein Christsein ohne Handeln gibt, ja, daß christliches Handeln geradezu das Christsein ausmacht:

»Nicht jeder, der mir sagt: ›Herr, Herr‹ wird ins Himmelreich kommen, sondern wer den Willen meines Vaters im Himmel tut« (7,21).

Ethik ist für Matthäus kein Appendix des Christentums, nicht bloß sekundärer Ausfluß menschlicher Dankbarkeit gegenüber Gottes primärer Gnade, sondern *in* ihr zeigt sich die von Gott gestiftete Identität des Christen, die sich im Gericht erweist. *Matthäus weiß deutlicher als alle andern neutestamentlichen Theologen, daß es kein anderes Christentum gibt als ein Christentum der Tat.* Auf der anderen Seite hat die matthäische Theologie auch deutliche Schwächen: Sünde bedeutet für Matthäus vor allem »Kleinglaube«, bloßes Zurückbleiben hinter Gottes Forderung. Die Tiefe der anthropologischen Reflexion des Paulus erreicht er nicht. Die Probleme, die sein Gesetzesverständnis für die zu missionierenden Heiden aufwirft, scheint er nicht zu bedenken[156]. Die matthäische Gemeinde steht m.E. an der Schwelle zur Heidenmission. Die Folgen dieses Schrittes für das Gesetzesverständnis sind noch nicht sichtbar.

3. Das differenzierte Nein zum Gesetz

3.1 Der Stephanuskreis

Apostelgeschichte 6,1 – 8,3 berichtet von Stephanus und seinem Schicksal. In Jerusalem seien von den Aposteln sieben Männer zu Diakonen bestimmt worden, um das Murren der griechischsprachigen Gemeindeglieder gegen die aramäischsprachigen zu besänftigen. Diese sieben Armenpfleger tragen allesamt griechische Namen und stammen zum Teil aus der Diaspora. Von einem von ihnen, Stephanus, berichtet Lukas im folgenden dann gerade nicht seine Arbeit auf sozialem Gebiet, sondern seine Predigttätigkeit, seine Disputationen mit andern griechischsprachigen Juden, seine Wunder und seine Geistbegabung. Die Juden führen gegen Stephanus einen Prozeß und klagen ihn mittels falscher Zeugen an, »Lästerworte gegen Mose und Gott« (6,11) zu sprechen:

»Dieser Mensch hört nicht auf, Reden gegen diese heilige Stätte und das Gesetz zu führen. Wir haben ihn nämlich sagen hören, daß Jesus, dieser Nazarener, diese Stätte zerstören und die Sitten ändern werde, die uns Mose überliefert hat« (6,13f.).

Stephanus verteidigt sich in einer langen Rede und wird schließlich gesteinigt. Seine Steinigung hat eine Verfolgung der Jerusalemer Gemeinde zur Folge, an der Paulus beteiligt ist. Allerdings trifft sie offensichtlich die Apostel nicht, die in der heiligen Stadt bleiben. Dagegen treffen wir Philippus, einen der Sieben, anschließend als Missionar in Samarien, später in Cäsarea. Von andern Verfolgten berichtet Lukas, daß sie bis nach Phönizien und Antiochien gezogen seien und daß einige von ihnen in Antiochien das Evangelium auch den Heiden verkündigt hätten (11,19f.).

Diese Episode ist für die ganze Geschichte des Urchristentums von größter Bedeutung. Von dem sogenannten Stephanuskreis aus ist die Heidenmission ausgegangen. Für die Bekehrung und die Theologie des Paulus hat er, den Paulus vor seiner Bekehrung verfolgte, eine Rolle gespielt. Entsprechend viel Tinte ist denn auch über ihn vergossen worden. Phantasiereich hat man versucht, die spärlichen lukanischen Angaben über seine Theologie zu vermehren. Stephanus wurde zum Ahnherrn der Verkündigung des Markusevangeliums, er wurde zum Ahnherrn des Paulus und zum Ahnherrn seiner Gegner, er wurde zum Vertreter einer Weisheitschristologie, einer Erhöhungschristologie, einer Wundertäterchristologie, er wurde zum grundsätzlichen Antinomisten oder er bewegte sich durchaus innerhalb der Möglichkeiten jüdischer Tempelkritik, je nach dem. Er ist ein erstaunliches und betrübliches Beispiel dafür, daß manchmal die Wissenschaft um so mehr zu wissen meint, je weniger die Texte sagen.

Was wissen wir? Wir erkennen einigermaßen klar, daß Lukas seinen Bericht im Lichte seines Konzeptes von der einen und einheitlichen Urgemeinde in Jerusalem gestaltet hat. In Wirklichkeit hat es in Jerusalem wohl mindestens von einem gewissen Zeitpunkt an zwei christliche Gruppen gegeben, eine aramäischsprachige und eine griechischsprachige. Das war aus sprachlichen Gründen naheliegend und im Bereich der Synagogen Jerusalems übrigens genau so. Die Verfolgung hat wohl nur die griechischsprechenden Christen betroffen. Die sieben Diakone, von denen Apg 6 spricht, sind wohl ihre Gemeindeleiter gewesen; sie waren also nicht Diakone in der Gesamtgemeinde, sondern Prediger, Lehrer, Wundertäter der Hellenisten.

Kommen wir zu ihrer Theologie, so wird der Befund schwieriger. Aus methodischen Gründen ist es geboten, die Rede des Stephanus in Apg 7, die Lukas zwar in großen Teilen der Tradition entnommen hat, auszuklammern; es ist unbeweisbar, ob sie wirklich aus dem ältesten Stephanuskreis stammt. Wir bleiben dann an die wenigen Angaben in dem ebenfalls zum Teil traditionellen Bericht Apg 6,1ff.; 7,54ff. gewiesen. Sie ergeben, daß die Debatte um Mose und das Gesetz in der Auseinandersetzung um den Stephanuskreis eine Rolle gespielt haben muß. Sie ergeben aber nicht notwendigerweise, daß Stephanus in dem Sinne Antinomist gewesen ist, daß er das Gesetz ganz und grundsätzlich abgelehnt hätte. Stephanus hat nach Apg 6,14 unter Berufung auf Jesus Tempel- und Gesetzeskritik geübt[157]. Diese lukanische Information entspricht kaum einer theologischen Tendenz des Lukas; sie könnte historisch sein. Die Formulierung, daß Jesus die Sitten, die von Mose überkommen sind, *ändern werde,* spricht nicht für *totale* Gesetzesabrogation. Unabhängig davon, was das schwierige Futur hier sagen will, wird man vorsichtig folgern, daß Stephanus von Jesus ausgehend Gesetzes- und Tempelkritik getrieben hat. Er hat vielleicht wie Jesus die Zerstörung des Tempels angesagt und vom eschatologischen Willen Gottes her das Gesetz mindestens punktuell kritisiert[158].

Einzelheiten über das Gesetzesverständnis des Stephanuskreises kennen wir nicht; wir sind hauptsächlich auf Apg 6,14 angewiesen. Wir können also nur ganz vorsichtig weitere Vermutungen anstellen:
a) Die *Verurteilung des Stephanus* beweist gar nichts, insbesondere da Stephanus vermutlich Opfer von Lynchjustiz geworden ist und nicht durch ein offizielles Urteil des Synhedriums hingerichtet wurde. Dafür, daß man sein Leben lassen konnte, ohne grundsätzlicher Antinomist zu sein, gibt es keine besseren Beispiele als Jesus und den Herrenbruder Jakobus.
b) Ganz schwierig ist die Frage, ob bereits der Stephanuskreis *Heidenmission* betrieben und dabei die Beschneidung als Bedingung fallen lassen habe. Das lukanische Zeugnis spricht eindeutig dagegen: Nach der Verfolgung haben Mitglieder des Stephanuskreises in Samarien missioniert und sind erst später in Antiochien zur Heidenmission übergegangen (Apg 11,20). Offen ist aber, wann dies geschehen ist. Dafür, daß dies doch relativ früh der Fall war, könnte sprechen, daß Paulus nach seiner eigenen Aussage Gal 1,15f. vor Damaskus nicht nur bekehrt, sondern auch zum Heidenapostel berufen worden ist. Daß die Heidenmission des Paulus von Anfang an gesetzesfrei gewesen ist, ist aus dem Duktus von Gal 1, wo Paulus sein eigenes, gesetzesfreies Evangelium auf die Offenbarung Gottes vor Damaskus zurückführt, wahrscheinlich. Hätte Paulus hier unrecht, so müßte seine Argumentation im Galaterbrief für die Gemeinde sehr unplausibel wirken. Ist aber Paulus von Anfang an in der gesetzesfreien Heidenmission tätig gewesen, so kann man das am leichtesten erklären, wenn die Hellenisten, die er verfolgte, dasselbe taten. Spekulierend kann man sogar fragen, ob Paulus im Zusammenhang mit der Missionstätigkeit der Jerusalemer Hellenisten nach Damas-

kus gereist ist. Wie dem auch sei: Auch wenn die Hellenisten Heidenmission betrieben und dabei auf die Beschneidung und eventuell andere Gesetzesforderungen verzichtet haben, so hieße das noch nicht notwendigerweise, daß sie das Gesetz als Heilsweg grundsätzlich für aufgehoben erklärt haben. Der Formulierung von Apg 6,14 entspräche besser, wenn sie einen Teil der Gesetzesforderungen, z. B. die Beschneidung, im Namen Jesu aufhoben. Das bei Paulus erstmals bezeugte grundsätzliche Nein zum Gesetz als Heilsweg wird aus den eigenen Erfahrungen des Apostels, der im Namen des Gesetzes die Hellenisten verfolgte und vor Damaskus eine radikale Kehre erlebte, am besten verständlich.

Wie sich das griechischsprachige Judenchristentum des Stephanuskreises theologisch weiter entwickelt hat, können wir nicht sagen. *Deutlich ist nur, daß sich in der späteren Zeit des Urchristentums zwei verschiedene Typen von gesetzeskritischen Haltungen abzeichnen,* die nicht in einem exklusiven Gegensatz zueinander stehen, aber sich doch deutlich voneinander unterscheiden. *Der eine Typ beruft sich für die eigene gesetzeskritische Haltung auf den irdischen Jesus und seine Haltung gegenüber dem Gesetz;* hier wären Markus und Johannes einzureihen. *Beim andern Typ ist die gesetzeskritische Haltung eher kerygmatisch-christologisch begründet;* hierher gehören Paulus und der Hebräerbrief. Apg 6,14 deutet eher auf eine gewisse Nähe zum ersten Typus. Andererseits aber hat es historisch Berührungen zwischen dem Stephanuskreis und der antiochenischen Gemeinde und auch mit Paulus gegeben.
Über die Christologie des Stephanuskreises wissen wir aber überhaupt nichts. Wir können keinen der gesetzeskritischen christologischen Ansätze, die uns etwa in paulinischen Texten überliefert sind, mit Wahrscheinlichkeit auf den Stephanuskreis zurückführen, aber ebenso wenig eine solche Möglichkeit ausschließen. Dasselbe gilt von den vormarkinischen Überlieferungen. Vor allem schließt der gemeinsame urchristliche Glaube, daß Gott sich zum irdischen Jesus und seiner Sendung durch seine Auferweckung gestellt hat, ein, daß sich der kerygmatisch-christologische und der »jesuologische« Ansatz der Gesetzeskritik zwar akzentuell, aber nicht prinzipiell voneinander unterscheiden.

3.2 Paulus

Die paulinischen Aussagen über das Gesetz sind sehr ungleichmäßig über die Paulusbriefe verstreut. Sie dominieren im Galaterbrief, der sich mit judenchristlichen Gegnern auseinandersetzt, die von der heidenchristlichen Gemeinde die nachträgliche Beschneidung als Zeichen der vollen Aufnahme in das Gottesvolk fordern. Sie sind wichtig im Römerbrief, einer theologischen Bilanz, die Paulus im Anschluß an seine Auseinandersetzungen in Galatien und Korinth vor seiner Reise nach Jerusalem und in den Westen schreibt. Sie fehlen im frühen 1. Thessalonicherbrief und im 2. Korintherbrief völlig. Im 1. Korintherbrief und im Philipperbrief ist die Gesetzesproblematik gelegentlich gestreift (z. B. 1 Kor 15,56; Phil 3,2ff.). Gerade diese Briefe zeigen, daß die Gesetzesfrage von Paulus nicht nur gelegentlich, etwa in besondern Kampfsituationen, angeschnitten wurde, sondern ein Grundthema seines Denkens war: Die knappen Andeutungen wären den Lesern nicht verständlich, wenn man nicht voraussetzte, daß Paulus in den heidenchristlichen Gemeinden von Korinth und Philippi ausführlich über das Gesetz gesprochen hat. Das bestätigt auch der Römerbrief: Was Paulus der ihm unbekannten heidenchristlichen Gemeinde von Rom ohne erkennbaren äußeren Anlaß durch seine Ausführungen über das Gesetz zumutet, ist allerhand. Das alles zeigt, daß die Frage nach dem Gesetz für Paulus ein Grundthema war.

a) Voraussetzungen

Paulus hat nach seinem eigenen biographischen Rückblick »über die Maßen die Gemeinde Gottes verfolgt und sie zerstört und war im Judentum über viele seine Altersgenossen in seinem Volk hinaus fortgeschritten, indem (er) in besonderem Maß ein Eiferer für die väterlichen Überlieferungen war« (Gal 1,13f.). Wenn aus diesem Bericht überhaupt etwas entnommen werden darf, dann dies, daß die Wende vor Damaskus sein Gesetzesverständnis grundlegend verändert haben muß. Diese Kehre in seinem Gesetzesverständnis wäre um so auffälliger, wenn wir annehmen dürften, daß bereits die Damaskuserfahrung die Sendung des Paulus zu den Heiden eingeschlossen hat. Obwohl wir hier nicht so sicher sein können, da wir nicht wissen, was Paulus nach seiner Bekehrung in Damaskus, der Arabia und anderswo getan hat, haben wir auch dafür ein deutliches paulinisches Selbstzeugnis (Gal 1,16)[159].

Von Christus her kam es also zur Ab- und Neuwertung des Gesetzes. Wenn wir fragen, wie dies geschah, können wir aus *vor- und nebenpaulinischen christologischen Überlieferungen* einige Anhaltspunkte gewinnen, ohne daß wir wissen, wie alt die einzelnen Konzeptionen sind.

a) Paulus setzt die große Verbreitung einer Christologie voraus, *die Jesus mit der präexistenten Weisheit identifiziert*. Vermutlich ist Jesus eben dadurch, daß er mit dieser Gestalt identifiziert wurde, zum Präexistenten, zur himmlischen Gestalt und zum Schöpfungsmittler geworden. Die Verbreitung dieser Christologie vor den

Paulusbriefen (vgl. Phil 2,6 – 11; 1 Kor 8,6; 10,1ff.; die »Sendungsformel« Gal 4,4f.; Röm 8,3f.) und nach Paulus (z. B. Kol, Eph, Joh, sogar Mt), ist so groß, daß wir hier mit einem zentralen christologischen Ansatz vor allem im hellenistischen Judenchristentum der Diaspora, wo man weniger über den irdischen Jesus wußte und entsprechend die Möglichkeit zur Mythisierung Jesu größer war, rechnen müssen. Die Identifikation Jesu mit der präexistenten Weisheit konkurrierte aber mit der Identifikation der Tora mit der präexistenten Weisheit, die seit Sir 24 im Judentum verbreitet war. *Nicht die Tora, sondern Jesus ist die präexistente Weisheit Gottes.*
b) Paulus zitiert Gal 3,13 einen Halbvers aus Dt 21,22f.: »*Verflucht ist jeder, der am Holz hängt.*« Auch in den Kerygmen der Apostelgeschichte (5,30; 10,39) spielt dieses Zitat eine Rolle. Es ist heute erwiesen, daß es bereits im zeitgenössischen Judentum auf die Kreuzigung gedeutet wurde[160]. Von diesem Befund her ergibt sich die Möglichkeit (nicht: Gewißheit!), daß Dt 21,22f. schon früh in der Polemik des Judentums gegen Jesus eine Rolle spielte. Die Juden – auch Paulus – mußten in dem gekreuzigten Jesus einen von Gott Verfluchten sehen. Die Christen haben dann den Spieß umgedreht: *Wenn der gekreuzigte Jesus von der Tora verflucht wird, so wird deutlich, daß Gott zur Tora selbst Nein gesagt hat, wenn er diesen Gekreuzigten auferweckte.*
c) Die für Paulus zentrale *Paradosis Röm 3,25f.* verkündet Jesu Einsetzung als Stätte der Sühne in Überbietung des Rituals des Versöhnungstages von Lev 16. Es ist am wahrscheinlichsten, daß das umstrittene griechische Wort »*hilastērion*« den fast einlinigen Sprachgebrauch des Alten Testaments aufnimmt und den Sühnedeckel der Bundeslade, der am Versöhnungstag mit Blut besprengt wurde, meint[161]. Da die durch Jesus geschenkte Sühne aber die Sühnekraft des Versöhnungstages weit überschreitet und sich auf die Sünden der gesamten bisherigen Epoche bezieht (3,25b – 26a), ist damit zu rechnen, daß die Paradosis bewußt ein überbietend-antithetisches Verhältnis zum alttestamentlichen Sühneritual ins Auge faßt: *Durch Jesu Sühnetod wird die im Gesetz dem Volk geschenkte kultische Sühne überboten und »aufgehoben«.* Die Paradosis erweist sich als ein Vorläufer der Theologie des Hebräerbriefs. Ob die Glaubensformel in Röm 3 schon, wie der Hebräerbrief, ein grundsätzliches Nein zum Tempelkult einschließt, muß man mindestens fragen.
d) In der Tradition breit bezeugt ist die *Gegenüberstellung von altem und neuem Bund*, die vermutlich in der Abendmahlsüberlieferung wurzelt und gerade von Paulus (1 Kor 11,25) aufgenommen ist. Der im Grundstock ebenfalls traditionelle Midrasch 2 Kor

3,4ff. zeigt, daß sich damit ein dialektisches Verhältnis zwischen Bund und Altem Testament verbindet: Vom neuen Bund her verschwindet der alte (3,14), aber das bedeutet gerade nicht eine neue Tora: Vielmehr wird nun die Decke von der Verlesung des Mose genommen und dieser in seinem wahren Sinn erst verstehbar (3,16). Paulus verweist in der Einleitung vermutlich auf Jer 31, 33 (2 Kor 3,3); gerade darin, daß das *alte* Gesetz zu neuer Wirklichkeit kommt, steht 2 Kor 3,4ff. diesem Text nahe.

e) Schließlich ist auf die gesetzesfreie *Heidenmission* zu verweisen, die neue Realitäten setzt. Die Tatsache, daß unbeschnittene Heiden gläubig wurden und den Geist empfingen, ließ sich nicht leugnen und war auch ein Hinweis für den Weg und den Willen Gottes. Rückwirkungen auf das eigene Gesetzesverständnis konnten kaum ausbleiben. »Hier ist nicht Jude noch Grieche, ... alle seid ihr einer in Christus Jesus« (Gal 3,28); »denn weder ist die Beschneidung etwas, noch die Vorhaut, sondern eine neue Schöpfung« (Gal 6,15), so formuliert Paulus im Anschluß an traditionelle christliche Schlagworte. Werden Juden und Heiden durch die Taufe zu einer neuen Schöpfung, werden sie in den einen Leib Christi getauft (1 Kor 12,13), so hat das Konsequenzen für das Gesetz: es *kann* nicht mehr die heilsgeschichtlich entscheidende Größe sein. *Die Heidenmission selbst, das Zuströmen der Heiden in die Gemeinde, die Wirklichkeit des Geistes auch unter den Heiden ist es also, die für eine Neubestimmung des Gesetzes die entscheidenden Marken setzt.* Fazit: Paulus hatte sich mit theologischen Ansätzen auseinanderzusetzen, die das alttestamentliche Gesetz partiell oder grundsätzlich »aufhoben«. Die Wurzel dieser Ansätze liegt in der Christologie, vermutlich besonders in der Deutung des Todes Jesu. Insofern ist es nicht zufällig, daß das »differenzierte Nein« zur Tora im Neuen Testament besonders dort auftaucht, wo kerygmatische, von Tod und Auferstehung Jesu herkommende Theologie über die Verkündigung des irdischen Jesu dominiert.

Wie alt diese theologischen Ansätze sind, können wir im einzelnen nicht sagen. Nach allem, was wir über die Berufung des Paulus zum Apostel und den von ihm verfolgten Stephanuskreis wissen, ist es aber fast undenkbar, daß die Damaskuserfahrung für Paulus nicht einen grundlegenden Wandel seines Verhältnisses zum jüdischen Gesetz bedeutet hat[162]. Die angeführten vor- und nebenpaulinischen Traditionen zeigen, daß Paulus mit tendenziell antinomistischem Denken immer wieder konfrontiert war. Es mag sein, daß die Krise in den galatischen Gemeinden das paulinische Nachdenken über das Gesetz neu befruchtet hat.

Aber neu war das Problem des Gesetzes für Paulus damals nicht; es hat ihn immer schon begleitet.

Von da her sind eigentlich nicht die antinomistischen Tendenzen, die es auch bei Paulus gibt, das Erstaunliche, sondern sein unablässiges Ringen darum, daß das Gesetz, das doch durch Christus überholt und aufgehoben war, dennoch als Gesetz Gottes verstanden werden kann.

b) Die Tora als durch Christus aufgehobener Heilsweg

Die Grundthese des Paulus ist eine christologische: *Christus hat das Gesetz – verstanden als selbständigen, eigenen Weg zu Gott – aufgehoben.* Er denkt hier apriorisch in Alternativen:

»Wenn durch das Gesetz die Gerechtigkeit kommt, ist Christus umsonst gestorben« (Gal 2,21).

Dann fragt er die Galater:

»Habt ihr den Geist aus Gesetzeswerken empfangen oder aus der Glaubenspredigt?« (Gal 3,2).

Dieser grundsätzlichen Antithese entspricht im Römerbrief die Feststellung

»Denn das Ende des Gesetzes ist Christus, zur Gerechtigkeit für jeden, der glaubt« (Röm 10,4).

Die Übersetzung dieses Schlüsselsatzes ist heftig umstritten[163] und dies mit Recht. Das hier mit »Ende« übersetzte Wort kann auch »Ziel« heißen. Auch das Wort »Gesetz« selbst ist facettenreich und enthält verschiedene Nuancen. Die Übersetzung kann also nur eine vorläufige sein; wie oft bei Übersetzungen schneidet sie im Urtext wichtige Nebentöne ab, auf die wir später noch zu sprechen kommen müssen. Die Bedeutung »Ende« liegt nahe, denn Paulus erklärt Vers 4 in einer Antithese: Mose bietet Leben für den an, der die Gerechtigkeit aus dem Gesetz tut (10,5). Ihm gegenüber tritt die Gerechtigkeit aus Glauben, deren heilsames Wort nahe ist (10,6–11). Die Meinung des Paulus ist: Wer an dieser »nahen« Glaubensgerechtigkeit vorbei nach der Gesetzesgerechtigkeit strebt, hat sich der von Gott aufgerichteten Gerechtigkeitsmacht widersetzt (10,3). Die paulinische These von Christus als dem Ende des Gesetzes ist also nicht eine weltanschauliche; sie entspringt nicht einer jüdischen Erwartung, daß irgendwann, z. B. mit dem Kommen des Messias, die Gültigkeit des Gesetzes zu Ende sein werde. Vielmehr ist die paulinische These eine Glaubensaussage und entspricht der eigenen Erfahrung des Apostels: Er hat selbst erfahren, daß das Kommen Christi eine die ganze Welt umfassende, bisherige Grenzen des Heils aufhebende Liebe Gottes ist, die die im Gesetz Israel geschenkte Liebe weit hinter sich läßt. Er sagt von sich selbst:

»Ich wurde nach der Gesetzesgerechtigkeit untadelig. Aber was mir Gewinn war, das halte ich wegen Christus für einen Verlust« (Phil 3,6f.).

Von dieser christologischen Grundthese her ist für Paulus zunächst einmal das Nein zum Glauben der Inbegriff der Sünde. Paulus kann es direkt so formulieren: »Alles, was nicht aus Glauben ist, ist Sünde« (Röm 14,23). Folgerichtig fällt im zentralen Text Röm 9,30ff. vom Christusgeschehen her gerade der Eifer Israels für das Gesetz unter das Verdikt der Sünde: »In Unkenntnis der Gerechtigkeit Gottes suchten sie ihre eigene aufzurichten« (Röm 10,3). Sünde ist, an Gottes geschenkter Gnade vorbei leben wollen. Gerade das Gute, das Tun des Gesetzes, wird also ohne Christus zum Negativum. Christus ist also das Ende des Gesetzes, insofern dieses zum Streben nach eigener Gerechtigkeit an Christus vorbei, und das heißt: zur Sünde, geführt hat.

Nun ist das zwar das Wichtigste, aber nicht das Einzige, was Paulus sagen kann. Verstünde nämlich Paulus Sünde nur als Unglauben, so wäre sie nicht verifizierbar. Jeder könnte dann von einem Andersgläubigen behaupten, er sei ein Sünder; kein Andersgläubiger brauchte sich um ein solches Urteil zu kümmern. Paulus will aber nicht einfach ein dogmatisch-exklusives Verdikt über den Unglauben aussprechen. Er kann das nicht als Jude, der weiß, daß »Sünde« nicht einfach ein theologisches Dekret über den Andersgläubigen, sondern immer konkrete, aufweisbare und erfahrbare Übertretung von Gottes Willen ist. Und er kann das auch nicht als Christ, der weiß, daß Gottes Wille, und damit das Gesetz, durch Christus nicht einfach annulliert ist, denn Gott bleibt Gott und nimmt sein Wort nicht zurück. So gibt es bei Paulus noch eine zweite Dimension der Sünde: Sünde ist konkrete Tat, Übertretung. *Es gilt also nicht nur die These, daß Israel das Gesetz verfehlt hat – verfehlen mußte –, indem es nicht an Christus glaubte (»eigene Gerechtigkeit«), sondern auch die These, daß faktisch niemand, weder Jude noch Heide, das Gesetz ganz gehalten hat.* Beide Thesen stehen bei Paulus in einem komplexen Ineinander.

Nur von dieser zweiten These her ist der schwierige Text Gal 3,10–12 verständlich:

> »Denn alle, die aus den Werken des Gesetzes sind, sind unter einem Fluch. Denn es steht geschrieben: Verflucht ist jeder, der nicht *in allen Dingen,* die im Gesetzesbuch geschrieben sind, bleibt, um sie zu tun. Weil aber durch das Gesetz niemand bei Gott gerechtfertigt wird (d. h. weil niemand *alles* hält, was im Gesetz steht), wird offensichtlich der aus Glau-

ben Gerechte leben (sonst gäbe es gar keine Rechtfertigung). Das Gesetz ist aber nicht aus Glauben, sondern: »wer sie (die Gebote) getan hat, wird durch sie leben« (erklärende Zusätze vom Verf.).
Paulus setzt hier voraus, daß der Mensch theoretisch durch die Werke des Gesetzes zum Leben kommen könnte, aber daß kein Mensch faktisch das Gesetz gehalten hat. Er stellt hier nicht nur fest, daß Gesetz ohne Christus und Glauben an Christus zwei verschiedene Heilswege sind, die es zu unterscheiden gilt, weil sie sich ausschließen (V.12), sondern auch, daß das Gesetz als Weg zum Leben *faktisch* an den Sündentaten der Menschen gescheitert ist, so daß sein Fluch – und nur sein Fluch – wirksam wurde. Dieselbe Argumentationsweise treffen wir in *Röm 1,18 – 3,20* an: Auch hier geht es darum, daß sich die Sünde der Heiden wie der Juden konkret und sichtbar äußert. Über die Verfehlungen der Heiden spricht Paulus, indem er aus hellenistisch-jüdischer Tradition einen Lasterkatalog aufnimmt (Röm 1,29 – 31). Die Juden, die ihm hier zustimmen, greift er sofort an: Sie tun dasselbe und wähnen dazu noch, über andere richten zu können. Der Vorrang der Juden, die Beschneidung, wird zunichte, wenn sie das Gesetz nicht halten (2,25). Der Abschnitt schließt mit der Feststellung: »Kein Mensch ist (faktisch) gerecht, auch nicht einer« (3,10). Deshalb wird niemand vor Gott aufgrund von Gesetzeswerken gerechtfertigt, denn alle haben (faktisch) gesündigt. Das Gesetz hat in dieser Situation nur eine Funktion: es stellt fest, daß Sünde Sünde ist: »Durch das Gesetz kommt nämlich die Erkenntnis der Sünde« (Röm 3,21).
Dieses Nebeneinander zweier Sündenverständnisse bringt Probleme. Paulus hat zwar versucht, beide miteinander auszugleichen. Er unterscheidet Röm 1,18ff. zwischen der *Grundsünde* der Menschen, die in der Mißachtung des Schöpfers, in der Verwechslung von Schöpfer und Geschöpf (1,19 – 23) und in der Verdrehung der Wahrheit Gottes (1,27) besteht, und der *Folge* dieser Grundsünde: Gott gab deshalb die Menschen hin an die Begierden und Laster (1,24.26 – 31). Er kann auch terminologisch unterscheiden zwischen der immer im Singular gehaltenen »Sünde« und den Einzelsünden, die er als »Übertretungen« oder »Verfehlungen« bezeichnet. Trotz dieser Ausgleichsversuche bleiben tiefe Spannungen: Sie äußern sich z. B. darin, daß Paulus davon sprechen kann, selber im Gesetz untadelig gewesen zu sein (Phil 3,6), obwohl kein Mensch das ganze Gesetz hält und er selber sich als Jude der in Christus aufgerichteten Gottesgerechtigkeit nicht unterworfen hat. Oder sie äußern sich darin, daß Paulus die Auswegslosigkeit und Gespalten-

heit des alten Menschen von Röm 7,7—25, die dieser erst im Glauben erkennen und erst im Gegenüber zum Christusglauben als ausweglos und heillos erfahren kann, dennoch auf der Ebene des faktischen Widerspruchs zwischen menschlichen *Taten* und göttlichem *Gesetz* beschreibt[164].

Die Spannungen werden von jüdischem Denken her ein Stück weit verständlich. Für den Juden äußert sich ein rechtes Gottesverhältnis in rechten Taten, während umgekehrt Sünde in ihrem Wesen Gottesverachtung, in ihrer Ausprägung dagegen konkrete Einzeltat ist. Die Grundsünde ist also jüdisch die gegen das 1. Gebot, der Götzendienst[165]. Das erinnert an Röm 1,18ff. Während aber im Judentum Zuwendung zu Gott und Zuwendung zum Gesetz zusammenfallen, klafft bei Paulus beides partiell auseinander: Festhalten am Gesetz ohne oder gegen Christus bedeutet für Paulus gerade Gottesverachtung, während umgekehrt Sünde als Einzeltat wie im Judentum Übertretung des Gesetzes bleibt. So kann es zur Paradoxie kommen, daß eine der tiefsten Ausprägungen menschlichen Selbstruhms gerade das Festhalten des Gesetzes als Heilsweg ohne Christus ist, also die Gottesverachtung die Gestalt des Gesetzeseifers gewinnen kann, obwohl in ihren konkreten Ausprägungen die Sünde nach wie vor die Gestalt der Gesetzesübertretung behält. Man könnte sagen: Gesetz als Heilsweg und Gesetz als Norm und Wille Gottes treten auseinander, obwohl auch diese Formulierung noch kurzschlüssig und halbwahr ist.

Warum hält Paulus trotzdem am prinzipiellen Ineinander von Gottesverachtung und Aktualsünde, von »Sünde« und »Übertretung« fest? Eine Antwort kann man nur tastend geben; weil Paulus das Problem gar nicht bewußt reflektierte, bleibt sie ein Versuch eines modernen Exegeten. Ich denke, daß nur dann, wenn die Sünde, die ihren innersten Kern und ihr Zentrum in eigener Gerechtigkeit, jüdisch gesprochen: in Gottesverachtung hat, sich immer auch in konkreten Übertretungen des Willens Gottes sich äußert, Sündenvergebung dem Nichtglaubenden verkündet werden kann. Ist Sünde *nur* Unglaube, so wird das christliche Heilsangebot zum Heilsdiktat, das zugleich unverständlich und unausweichlich ist, weil es alles außerhalb seiner Existierende zur Sünde stempelt. Am Ineinander von Sünde und Übertretung hängt m. E. die Möglichkeit, dem Sünder Heil als ihn wirklich befreiendes Heil zu verkünden. An diesem Ineinander hängt die Möglichkeit des Sünders, seine Sünde wenigstens ansatzweise zu erfahren und zu verantworten: Nur dann läßt sich auch verstehen, daß »ich« in meiner ganz konkreten Situation befreit bin. MAW: Nur von diesem Sündenverständnis her kann der Christ seine vorchristliche

Existenz »Ich« nennen (Röm 7!)[166]. Und schließlich gehört zusammen, daß Sünde sich konkret in Tatsünden äußert, die am Gesetz gemessen und im Gericht beurteilt werden, und daß auch der Glaube nicht einfach ein Abstraktum ist, sondern sich in Taten äußert, paulinisch gesprochen: Früchte bringt, die wiederum Gottes Urteil herausfordern. *Dem Ineinander von Sünde und Sünden entspricht die Relevanz der Ethik für die Beurteilung des Glaubens.* Wenn Paulus an diesem Punkt eine Grundstruktur jüdischen Glaubens durchhält, so geht es m. E. um mehr als ein Relikt, sondern um ein Zentrum auch des christlichen Glaubens.

Doch stehen wir damit noch nicht am Ende der Probleme. Sünde ist einerseits Unglaube, an Christus vorbeileben. So betrachtet ist sie unausweichlich, aber nicht aufweisbar. Paulus selbst weiß erst von Christus her, daß gerade seine Gerechtigkeit als Jude »Kot« (Phil 3,8) war. Sünde ist andererseits konkrete Gesetzesübertretung. So betrachtet ist sie durchaus nicht unausweichlich, wenigstens nicht in gleicher Weise für alle. Es hat immer schon, unter allen Völkern, bessere und schlechtere Menschen gegeben. Durch die Verbindung beider Sündenverständnisse gerät nun Paulus in eine Art »eschatologischen Systemzwang«[167]: Er muß versuchen, nachzuweisen, daß *alle* Menschen, die theologisch gesehen als Ungläubige Sünder sind, dies auch faktisch sind. Unter diesem »Systemzwang« leidet seine Argumentation in Röm 1,18–3,20: Als Folge der Verwechslung von Schöpfer und Geschöpf, also der theologischen Grundsünde, muß nun Paulus sagen, daß *die* Heiden sexuell pervertiert, unverständig, ungerecht, habsüchtig, Neider, Mörder etc. etc. sind (Röm 1,27–31). Als Pauschalurteil ist das einfach nicht wahr, aber »alle haben gesündigt und ermangeln der Herrlichkeit Gottes« (Röm 3,23). Im Handkehrum kann Paulus den Heiden wieder Gerechtigkeit bescheinigen (Röm 2,27), um die Juden zu verurteilen:

»Der du verkündigst, man solle nicht stehlen, stiehlst? Der du sagst, man solle nicht ehebrechen, brichst die Ehe? Der du die Götzenbilder verabscheust, schändest Tempel? Der du dich im Gesetze rühmst, entehrst Gott durch Gesetzesübertretung?« (Röm 2,21–23).

Wiederum wird man sagen müssen: Paulus ist ungerecht. Die Juden waren in ihrer Mehrheit nicht Diebe, Ehebrecher und Tempelschänder. Paulus selbst würde sich ja hüten, von sich selbst so etwas zu behaupten (Phil 3,6!). Aber dennoch: Es gibt so etwas wie »eschatologischen Systemzwang«. »Alle haben gesündigt und ermangeln der Herrlichkeit Gottes.« »Keiner ist gerecht, auch nicht einer« (Röm 3,23.10). Im Falle der Juden hat die paulinische

Argumentation besonders verhängnisvolle Folgen gehabt. Allzuoft sind die Juden seither in ihrer Geschichte für Sünden, die ihnen aus theologischen Gründen angedichtet wurden, wirklich bestraft worden.
Wiederum wird das paulinische Denken aufgrund der Voraussetzungen, die Paulus aus dem Judentum mitbrachte, zum Teil verständlich (aber deswegen nicht weniger problematisch!):
1. Der Jude Paulus ist wohl Apokalyptiker gewesen. Apokalyptisches Denken hat den alten Äon mehr und mehr total negativ beurteilt. Galt in früheren apokalyptischen Schriften, z. B. im Jubiläenbuch oder in der Zehnwochenapokalypse des äthiopischen Henochbuches (93,9!) die letzte Zeit vor dem Ende als besonders böse und sündig, so gilt nach spätern Apokalypsen, z. B. dem vierten Esrabuch, dieses Urteil über den ganzen alten Äon. Die Sünde ist seit dem Sündenfall Adams dem Menschen mitgegeben. Adam hat gleichsam die ganze Geschichte »infiziert«:

»Denn um seines bösen Herzens willen geriet der erste Adam in Sünde und Schuld, und ebenso alle, die von ihm geboren sind. So ward die Krankheit dauernd« (4 Esra 3,21f.).

Der Gedanke der Schuld Adams, die unausweichlich über dem alten Äon liegt, hebt dabei die Schuld des Einzelnen nicht auf:

»Adam ist also einzig und allein für sich selber die Veranlassung; wir *alle* (!) aber sind ein jeder für sich selber zum Adam geworden« (syr Baruch 54,19).

Genau so denkt Paulus:

»Deswegen, wie durch einen Menschen die Sünde in die Welt kam, und durch die Sünde der Tod, und so der Tod auf alle Menschen überging, weil alle sündigten . . .« (Röm 5,12).

Solche apokalyptischen Gedanken sind Paulus wohl aus seiner jüdischen Vergangenheit vorgegeben. Es ist klar, warum er sie als Christ gut brauchen konnte, denn hier war die Universalität der Sünde klar ausgesprochen. Eben dies hat Paulus als Christ erfahren: Christus allein ist die Gerechtigkeit Gottes; ohne ihn verstricken sich alle Menschen in Sünde.
2. Dieses Urteil über die Sünde des alten Äons wäre aber wohl nicht möglich ohne eine andere paulinische These, die vermutlich auch aus seiner jüdischen Vergangenheit stammt: Gal 3,10 betont Paulus, daß man *alles* halten müsse, was das Gesetz befehle, weil sonst das Leben verwirkt sei. Besonders auffällig ist, daß Paulus den die Beschneidung fordernden judenchristlichen Gegnern in Galatien sagt: »Ich bezeuge . . . jedem beschnittenen Menschen, daß er verpflichtet ist, das *ganze* Gesetz zu halten« (Gal 5,3). Die judenchristlichen Eiferer in Galatien hätten dieses Ansinnen mit

guten Gründen von sich gewiesen, denn jüdisch ist diese These keineswegs allgemein üblich, sondern ehe eine Randthese[168]. Die paulinische These dagegen entspricht einer rigoristischen Tendenz im Judentum, die sich in ähnlicher Weise etwa bei den Qumranessenern findet:

> (Der Neueintretende) »soll sich durch einen bindenden Eid verpflichten, umzukehren zum Gesetz Moses gemäß allem (!), was er befohlen hat« (1 QS 5,8).

Wer ein Wort aus dem Gesetz des Mose absichtlich oder aus Nachlässigkeit übertritt, soll aus der Gemeinschaft und damit vom Leben ausgeschlossen werden (vgl. 1 QS 8,22f.). Kein Wunder, daß die Qumransekte ein ähnlich ausgeprägtes Sündenbewußtsein kennt, wie Paulus. Innerhalb des rabbinischen Judentums stünde Paulus dem Rigoristen Schammaj näher als dem Liberalen Hillel, obwohl sich auch bei Schammaj m. E. so schroffe Töne wie bei Paulus nicht finden. Auch der Galiläer Eleazar, der König Izates von Adiabene zur Beschneidung zu bewegen versucht, denkt ähnlich wie Paulus:

> »Es ist nämlich nicht genug, das Gesetz zu lesen, du mußt vielmehr auch *alle* (!) seine Gebote befolgen. Wie lange willst du also noch ohne Beschneidung bleiben?« (Josephus, Ant 20,45).

Fazit: Paulus war kein »Normaljude«, sondern er war offensichtlich ein Rigorist, ein Fanatiker. Deshalb hat er wohl auch christliche Gemeinden um des Gesetzes willen verfolgt[169]. Von hier aus wird die Schroffheit seines Urteils ein Stück weit verständlich.

In welchem Zusammenhang steht nun das Gesetz mit der Sünde? Entsprechend der Komplexheit des paulinischen Sündenverständnisses ist auch hier die paulinische Antwort nicht einlinig[170].
1. Eine paulinische Antwort lautet vorwiegend negativ: *Das Gesetz hat keine wesentliche Funktion.* Man wird diese paulinische Antwort vor allem im Gegenüber zu jüdischen Antworten würdigen müssen. War für die meisten Juden das mit der präexistenten Weisheit identifizierte Gesetz grundlegend für die Gestalt und die Erhaltung der Welt, so kann Paulus diese Antwort keineswegs teilen: Christus, die Gestalt von Gottes machtvoller Gerechtigkeit, hat den Platz der Weisheit eingenommen und ist grundlegend, präexistent. Das Gesetz aber ist eine Episode. Es ist »dazwischen hineingekommen« (Röm 5,20). Es ist auch gegenüber den Verheißungen sekundär, und wurde 430 Jahre nach ihnen gegeben (Gal 3,17). Charakteristisch ist, daß Paulus hier das Gesetz von den Verheißungen getrennt hat. Spricht er so, so gebraucht er das Wort

»Gesetz« nicht in dem umfassenden, die Verheißungen mit einschließenden Sinn, den es in jüdischen Texten haben kann, sondern in einem engen, limitierten: Es geht nur um die Mosetora auf dem Sinai. Wiederum steht im Gesamttenor das vierte Esrabuch hier Paulus am nächsten: Nach diesem Apokalyptiker war das Gesetz zwar da, aber zusammen mit dem bösen Triebe (4 Esra 3,22). Das heißt: Das Gesetz nützte nichts; es kam gegen den bösen Trieb nicht auf.

2. *Das Gesetz ist für Paulus neutrale Instanz, das die Sünde feststellt und als Übertretung qualifiziert.* Es führt zur Erkenntnis der Sünde (Röm 3,20f.). Es qualifiziert Sünde als Übertretung:

»Das Gesetz bewirkt Zorn: Wo aber kein Gesetz ist, ist auch keine Übertretung« (Röm 4,15).

Es ermöglicht die Aufrechnung der Sünde und macht sie gerichtsfähig (Röm 5,13). Das Gesetz behaftet den Menschen bei seiner Sünde. Es verhindert, daß der Mensch vor Gott seiner Sünde entrinnen kann. Auch Gal 3,19 ist vielleicht so zu deuten: Das Gesetz wurde um der Übertretungen willen hinzugefügt, d. h. damit die Sünde als Übertretung des Gesetzes erkannt werden könnte. So ist es neutrale, feststellende und angesichts der menschlichen Sünde verurteilende Instanz. Es ist »Zuchtmeister«, bis Christus kam (Gal 3,24). Daß das Gesetz die Sünde feststellt und sie als solche qualifiziert, ist ein für einen Juden selbstverständlicher Gedanke. Was aber bei Paulus völlig fehlt, ist das jüdische Wissen darum, daß das Gesetz nicht nur feststellt, sondern auch hilft: Für die Rabbinen ist es das entscheidende Hilfsmittel im Kampf gegen den bösen Trieb. Es ist nicht nur verurteilende Instanz, sondern auch ein Stück göttliche Gnade. Diesen Gedanken verschweigt Paulus. Für ihn ist das Gesetz keine Kraft, es ist ohnmächtig (vgl Röm 8,3). Der Grund, warum Paulus diesen Gedanken verschweigt, liegt wohl in seinem christlichen Glauben: Er selber hat erfahren, daß das Gesetz ihn nicht auf den richtigen Weg führte, sondern daß er in seinem Gesetzesgehorsam Gott gerade bekämpfte. Für ihn war Christus die Gestalt der Gnade, während das Gesetz an Gott vorbei führte. Daß Paulus dem Gesetz den Gnadencharakter absprechen muß, ist ein subjektives Urteil, gleichsam die negative Seite seines persönlichen Glaubensbekenntnisses zu Christus, der für ihn Gnade wurde. Dies zu sehen ist wichtig, denn wirkungsgeschichtlich hat das paulinische Credo oft zum objektivierten, religionsphänomenologischen Urteil geführt, daß das Judentum eine Gesetzesreligion sei, die die Gnade nicht kenne. Als Urteil über das Judentum ist dieses Urteil ein eindeutiges Fehlurteil, das subjektive Erfahrungssätze des Paulus in allgemeine und objektiv sein wollende Feststellungen ummünzt.

3. Daneben scheint es noch eine dritte Linie von paulinischen Aussagen zu geben. Nach ihr ermöglicht das Gesetz nicht nur die Feststellung der Sünde, sondern *es trägt, gegen seine eigentliche Intention, dazu bei, sie zu bewirken.*

»Das Gesetz ist dazwischen hineingekommen, damit der Fehltritt voll werde« (Röm 5,20).

Was meint Paulus mit diesem rätselhaften Satz? Zunächst ist wiederum betont, daß die Rolle des Gesetzes eine sekundäre ist. Die Sünde ist längst vor dem Gesetze da, auch zwischen Adam und Mose, als das Gesetz noch nicht gegeben war und dennoch der Tod herrschte (Röm 5,14). Das Gesetz hat also nur etwas bereits Vorhandenes zur Fülle gebracht. Ähnlich ist die Tendenz der Argumentation in Röm 7,7ff.: Paulus argumentiert hier mit dem Geschick Adams im Paradies, wobei auch hier wieder Adam, wie das »Ich« des Textes zeigt, Personifikation des einzelnen Menschen ist. Der Abschnitt 7,7—13 dient der Unterscheidung von Gebot und Sünde und damit der Verteidigung des Gesetzes: Nicht das Gesetz ist schuld an der Sünde, wie die Geschichte des Sündenfalls zeigt. Vielmehr war die Sünde schon vorher da, wenn auch gleichsam »tot«, latent (Röm 7,8f.). Das Gebot aber hat die Sünde »geweckt«, indem es die Begierde nach der Übertretung weckte. Die Sünde benutzte also im Paradies das Gebot gleichsam als Anlaß, um die Menschen zu betrügen. So wurde das Gebot vom Menschen pervertiert, so daß »eben das Gebot, das zum Leben (gemeint war), sich mir als zum Tode (führend) erwies« (Röm 7,10). Schuld daran ist die Sünde; »das Gesetz ist heilig und das Gebot heilig, gerecht und gut« (Röm 7,12). Die Sünde erweist sich eben daran als böse, daß sie das gute Gebot Gottes pervertierte. Paulus reflektiert dann über die Verfallenheit des Ich an die Sünde, die sich im Gegenüber zu Gottes gutem Gesetz erweist. Das Gesetz ist also für Paulus nicht minderwertige Offenbarung oder gar Offenbarung eines niederen, dämonischen, bösen Gottwesens, sondern Gottes heiliger und gerechter Wille. Christus ist das Ende des Gesetzes nicht in dem Sinne, daß eine unvollkommene und halbwahre Offenbarung zu ihrem Ende gekommen wäre, auch nicht in dem Sinne, daß nun das Alte Testament oder Teile des Alten Testamentes abrogiert wären, sondern in dem Sinne, daß der menschliche Versuch der Sünde, das Gesetz zu ihrem Instrument zu machen, durch die in Christus geschenkte Gnade unnötig geworden und zu Ende ist.

Dies sind die negativsten Aussagen des Paulus über das Gesetz. *Das*

Gesetz ist also nicht unwahr, nicht schlecht, aber es ist wirkungslos und der Sünde wehrlos ausgeliefert. Das Gesetz hat keine eigene Kraft. Die Sünde zeigt ihre Abgründigkeit darin, daß sie die gute Gabe Gottes pervertiert und zum Vehikel des Bösen macht. Das Gesetz Gottes wird zum Instrument des sündigen Fleisches (vgl. Röm 7,14f.).

Schon in Röm 7,7ff. wurde deutlich, daß Paulus sich dagegen wehrt, das Gesetz zum Bösen werden zu lassen. Böse ist vielmehr die Sünde. Wäre das Gesetz böse, so würde der Mensch von seiner Verantwortung für die Sünde entlastet. Daß Paulus genau dies nicht will, ist ja die Quintessenz seines – komplexen und problematischen – Verständnisses der Sünde. Die Sünde ist zwar universal; sie versklavt den Menschen, aber sie ist nicht ein Verhängnis, das eine außerhalb seiner stehenden Macht über ihn bringt. Röm 7,7ff. hat also, obschon Paulus in diesem Kapitel gerade über die Macht der Sünde spricht, den Sinn, die Selbstverantwortung des Menschen für seine Sünde festzuhalten: Nicht das Gesetz, sondern die Sünde, d.h. der Mensch selbst ist verantwortlich. Ähnlich formulierte schon Sirach:

»Sag nicht: Wegen Gott bin ich abgefallen, denn er tut nicht, was er haßt« (Sir 15,11).

Subjekt der Sünde, die den Menschen versklavt, bleibt vielmehr der Mensch selbst, paulinisch gesprochen: das Fleisch.

Dennoch bleibt natürlich die Frage nach dem Sinn des Gesetzes. Warum hat es Gott gegeben, wenn es doch völlig wirkungslos war und das, was es wollte, nämlich das Leben, wegen der Sünde des Menschen nicht zu bringen vermochte? Es ist für Paulus charakteristisch, daß er diese Frage immer wieder stellt. Er muß das, um Gottes gutes Gesetz nicht zu etwas Dämonischem werden zu lassen. Ebenso charakteristisch für ihn ist aber, daß er *die Frage nach dem positiven Sinn des Gesetzes nicht vom Gesetz her beantwortet, sondern von der in Christus aufgerichteten Gnade her*. Erst von Christus her wird der positive Sinn des Gesetzes sichtbar, ebenso wie erst von Christus her sein positiver Gebrauch möglich wird. Es ist zwar für Paulus wahr, daß die Sünde das Gesetz zu ihrem Instrument pervertierte. Aber die Größe der Gnade zeigt sich darin, *daß Gott das mißbrauchte Gesetz brauchte, um die Größe der Gnade sichtbar werden zu lassen. Das Gesetz spricht über die Sünde des Menschen das Todesurteil – und eben daran läßt sich die Größe der Gnade ermessen.*

Doch das kann Paulus nur tastend und in Paradoxien zeigen. Röm 5,20f. macht deutlich, daß Paulus das die Sünde vermehrende Gesetz nicht einfach negativ bewertet, denn »wo ... die Sünde

größer wurde, wurde die Gnade noch überschwänglicher«. Die Sünde, die das Gesetz zur Fülle bringt, ist nur Widerspiel der Gnade. Wo die Sünde groß ist, ist die Gnade noch größer. Die Größe der Sünde läßt die überragende Größe der Gnade ermessen. Von der Sünde spricht Paulus in Röm 5,12—21 überhaupt nur um der Gnade willen, damit der Mensch ermißt, welches die Größe der Gnade ist und woraus er gerettet worden ist.
Eindrücklich wird dieselbe Absicht in Gal 3,19ff. Hier ist Paulus unentwegt bemüht, den positiven Sinn des Gesetzes zu erfragen. Aber ebenso unablässig scheint die Antwort negativ zu sein:
> »Um der Übertretungen willen wurde das Gesetz hinzugefügt, bis der Same kam, dem die Verheißung gilt, durch Engel angeordnet, durch die Hand eines Mittlers. Der Mittler aber gehört nicht zu einem (sondern zur Mehrheit der Engel), Gott aber ist einer« (Gal 3,19f.).

Paulus nimmt hier die – im Judentum positiv gemeinte – Überlieferung von der Herkunft des Gesetzes von Engeln auf und wendet sie negativ. Dadurch kommt er selbst in die Nähe der These von der seinsmäßigen Inferiorität des Gesetzes, die er sonst bewußt vermeidet und die später im Gnostizismus und bei Marcion Triumphe gefeiert hat. Er fährt mit negativen Äußerungen weiter: Das Gesetz ist zwar nicht gegen die Verheißungen, aber »wenn (es) mit der Fähigkeit, Leben zu schaffen gegeben worden wäre, dann stammte ja wirklich die Gerechtigkeit aus dem Gesetz« (Gal 3,21). Das ist aber nicht der Fall: Vielmehr hat das Gesetz alles unter die Sünde verschlossen.

> »Vor dem Kommen des Glaubens waren wir unter dem Gesetz in Gewahrsam eingeschlossen bis zum Glauben, der offenbart werden sollte. So ist das Gesetz unser Aufpasser geworden bis zu Christus, damit wir aus Glauben gerechtfertigt würden« (Gal 3,23f.).

Die Funktion des Gesetzes ist also eine rein negative: Es ist nicht die Gnade, sondern ihr Widerspiel. Es hält die Menschen in der Sünde fest und offenbart ihm ihre Wirklichkeit und ihre Folgen. Es hält den Menschen gerade als Wort *Gottes* in der Sünde fest, indem es ihm zeigt, was Gott selbst zur Sünde sagt und wie ernst er sie nimmt. »Der Sinn des Gesetzes« ist »letztlich der, den Menschen in den Tod zu führen und damit Gott als Gott erscheinen zu lassen«[171]. Dieser Sinn des Gesetzes ruht aber nicht in sich selbst, sondern er dient der Verkündigung der Gnade, die nun in ihrer ganzen Tiefe und Wirklichkeit verstanden werden kann. *Der Sinn des Gesetzes ist es, nicht selbst Gnade zu sein und so auf die durch Christus gewirkte Gnade hinzuweisen.* »Wo die Sünde zur Fülle

gekommen ist, ist die Gnade zur Überfülle gekommen« (Röm 5,20).
Als *Fazit* ergibt sich, daß *das Gesetz in keiner Weise das Heil bewirkt*. Seine Aufgabe, auch für den Christen, ist eine andere. Darum scheint es mir auch unwahrscheinlich, Röm 8,2 auf das alttestamentliche Gesetz zu deuten:

> »Denn das ›Gesetz‹ des Geistes des Lebens in Christus Jesus[172] hat dich frei gemacht vom ›Gesetz‹ der Sünde und des Todes« (Röm 8,2).

Wie in den vorangehenden Versen 7,21 — 23[173] braucht Paulus das Wort ›Gesetz‹ hier allgemein im Sinn von ›Prinzip‹, das er durch ein Attribut näher bestimmt. Daß es das mosaische Gesetz ist, das den Menschen befreit, hätte er m.E. niemals sagen können[174]; der Geist des Lebens in Christus ist es, der den Menschen befreit und der so auch das mosaische Gesetz davor bewahrt, zu einem Instrument der Sünde zu werden. Auch in Röm 3,27 ist es mir fraglich, ob das den eigenen Ruhm ausschließende ›Gesetz des Glaubens‹ im Sinne des Paulus wirklich das auf den Glauben hinweisende mosaische Gesetz ist. Auch hier legt sich m.E. die Übersetzung ›Ordnung‹ oder ›Prinzip‹ des Glaubens am nächsten[175]; Paulus spielt hier mit dem griechischen Wort ›Gesetz‹. Aber wie dem auch sei: Entscheidend ist, daß *das mosaische Gesetz bei der Rechtfertigung des Menschen und seiner Befreiung von der Sünde keine Rolle spielt;* die Gnade ist im Glauben empfangene Tat Gottes durch Christus allein.

c) Das Gesetz als Wort Gottes für den Christen

Wir kehren nochmals zu Röm 10,4 zurück. Wir hatten jenen Vers übersetzt mit »Christus ist das *Ende* des Gesetzes«, aber auf die versteckten Untertöne, die er enthält, hingewiesen. Von ihnen ist jetzt zu sprechen. Ganz beiläufig ist in Röm 10,6 — 8 das Wort der Glaubensgerechtigkeit, das Paulus der Gesetzesgerechtigkeit gegenüberstellt, als Zitat aus dem Gesetz, nämlich dem Deuteronomium formuliert. Schon das weist darauf hin, daß das Gesetz für Paulus nicht in jeder Beziehung zu Ende gekommen ist. Ferner fällt auf, was Paulus über das ungläubige Israel sagte:

> »Israel aber, indem es das gerechte Gesetz erstrebte, gelangte nicht zum *Gesetz*« (9,31).

Eigentlich würde man erwarten: Es gelangte nicht zur Glaubensgerechtigkeit. Paulus formuliert aber: Es gelangte nicht zum Gesetz. Das heißt: Israels Sünde besteht nicht einfach darin, daß es die neuen Realitäten der Heilsgeschichte nicht erfaßt hat, sondern sie ist *auch* ein Verfehlen des Gesetzes. Die tiefe Zusammengehörigkeit von Christus und Gesetz wird hier andeutungsweise sichtbar. Es gilt dann also der Satz Bultmanns nur halb: »Der Gesetzesweg ist deshalb falsch, weil ... seine *Richtung* eine verkehrte ist, weil es der Weg ist, der zur ›eigenen Gerechtigkeit‹ führt[176].« Denn die rechte Richtung deutet offenbar das Gesetz selbst schon an, und die verkehrte Richtung der eigenen Gerechtigkeit und des Selbstruhms ist ein Scheitern auch am Gesetz.

Den positiven Bezug zwischen dem Gesetz und Christus hat Paulus auch Röm 3,31 angedeutet: Auf die verständliche Frage »Vernichten wir das Gesetz durch den Glauben?« folgt eine abrupte, änigmatische Antwort: »Keinesfalls! Vielmehr richten wir das Gesetz auf!« Da Paulus im Zusammenhang jenes Verses ihn nicht direkt kommentiert und im weitern Verlauf des Römerbriefs verschiedene Aspekte, wie das Gesetz vom Glauben her »aufgerichtet« wird, aufzeigt, wissen wir nicht, woran Paulus hier genau dachte. Wir haben aus dem Zusammenhang seiner Theologie die Aspekte aufzuzählen:

1. *Das »Gesetz«, verstanden als das Alte Testament, bleibt bei Paulus in Geltung.* Er kann entsprechend jüdischem Sprachgebrauch das Alte Testament im Ganzen als »Gesetz« bezeichnen (Gal 4,21). Dabei versteht er allerdings das Alte Testament nicht in erster Linie als Gesetzbuch. Deutlich wird das etwa am programmatischen Satz Röm 3,21:

> »Nun aber ist ohne das Gesetz Gottes Gerechtigkeit offenbart, vom Gesetz und den Propheten bezeugt.«

»Gesetz« als aufgehobener Heilsweg und »Gesetz und Propheten« als Christus bezeugende Schrift stehen sich hier gegenüber. Für Paulus ist das Alte Testament im allgemeinen nicht Zeugnis für den nunmehr überholten Heilsweg des Gesetzes – so nur Röm 10,5 und Gal 3,10.12 –, sondern Zeugnis für Christus, Weissagung, oder direkt Gotteswort für die Gegenwart. Im Alten Testament bezeugt z.B. Abraham die Glaubensgerechtigkeit und damit die Treue Gottes, »der die Toten lebendig macht und das Nichtseiende zum Sein ruft« (Röm 4,17), zu seinem Wort. Das Alte Testament ist für Paulus nicht mehr im Mosegesetz zentriert; dem Gesetz voraus geht die den Vätern gegebene Verheißung, die durch das 430 Jahre später gegebene Gesetz nicht aufgehoben wird, sondern in Christus zur Erfüllung kommt und so die Episode des Gesetzes umschließt (Gal 3,6 – 9.14 – 18). Die Trennung zwischen Gesetz und Christus hat zur Folge, daß Paulus auch zwischen Verheißung und Gesetz trennt und das Verhältnis beider zueinander teilweise antithetisch sieht. Wiederum ist zu betonen, daß diese Trennung von Verheißung und Gesetz christologische Gründe hat und schon deswegen

weder dem Selbstverständnis des Alten Testaments, noch der geschichtlichen Entwicklung des alten Israel entspricht[177].
Für Paulus entsteht so eine potentielle Spannung zwischen Altem Testament und Gesetz, die es im Judentum nicht geben konnte. Er unterscheidet mindestens tendenziell terminologisch: Um die Bibel zu bezeichnen, verwendet er im allgemeinen Derivate des Wortes »Schrift« bzw. »schreiben« (anders nur Gal 3,22, vgl. Röm 10,5), während »Gesetz« meist den mosaischen Gotteswillen im engern Sinn bezeichnet. Das Alte Testament hat für Paulus in der Verheißung und im Leben schaffenden »evangelischen« Gotteswort, gerade nicht in dem Episode bleibenden Gesetz sein Zentrum. Man hat vermutet, daß Paulus im Alten Testament von Christus her zwischen Gesetz und Evangelium unterscheide[178], wobei er am »Gesetz« nur noch mittelbar, als Konterpart zum Evangelium und in gewisser Weise für die christliche Paränese, interessiert gewesen wäre. Paulus deutet 2 Kor 3,4—18 an, wie er denkt: Es ist nicht primär so, daß es im Alten Testament zwei zu unterscheidende Teile, gesetzliche und evangelische gibt, *sondern von Christus her wird das Alte Testament zum Evangelium; auch das Gesetz kommt in ein neues Licht:*
> »Aber bis heute liegt, immer wenn Mose verlesen wird, eine Decke auf ihrem Herzen; ›wenn es aber zum Herrn umkehrt, wird die Decke weggenommen‹. Der Herr aber ist der Geist; wo der Geist des Herrn ist, ist Freiheit« (2 Kor 3,16f.).

Durch Christus wird also das Alte Testament, nicht nur die Verheißung, sondern auch Mose, neu erschlossen. *Mose spricht nun nicht mehr als in die Ausweglosigkeit, die Röm 7,7ff. geschildert ist, führender und somit versklavender »Buchstabe«, sondern als »Schrift«, die von der Freiheit des Herrn her gelesen werden darf.*

2. Nicht nur für vorpaulinische Traditionen, sondern auch für Paulus selbst ist der Gedanke konstitutiv, *daß Christus durch seinen Tod das alttestamentliche Kultgesetz erfüllt und aufgehoben hat.* Implizit sagte dies schon die an zentraler Stelle im Römerbrief zitierte, an den alttestamentlichen Versöhnungstag erinnernde Überlieferung von Röm 3,25f., ebenso die vielleicht auch schon vorpaulinische christologische Rechtfertigungsaussage 2 Kor 5,21. Paulus selber formuliert diesen Gedanken in Röm 8,3:
> »Was dem Gesetz unmöglich war, worin es sich als schwach erwies wegen des Fleisches: Gott sandte seinen eigenen Sohn in Gestalt des sündigen Fleisches und als Sündopfer und verurteilte so die Sünde im Fleisch . . .«

Die Anspielung auf das alttestamentliche Sündopfer ist deutlich[179]. Paulus stellt mit ihr heraus, daß er den Text – vermutlich eine traditionelle Inkarnationsformel – auf den Tod Jesu deutete. Vermutlich ähnlich zu verstehen ist die Parallelstelle in Gal 4,4: Gott sandte seinen Sohn, weibgeboren, unter das Gesetz getan. Dadurch, daß Jesus in Überholung und Vertiefung des alttestamentlichen Kultgesetzes als Sündopfer gestorben war, legt Paulus den Grund zur »Aufrichtung« des Gesetzes (Röm 3,31).

3. Der zitierte Text Röm 8,3 fährt weiter:

». . . damit (sc. durch Christi Tod) die Rechtsforderung des Gesetzes unter uns erfüllt würde, die wir nicht nach dem Fleisch, sondern nach dem Geist wandeln« (Röm 8,4).

Hier wird deutlich, wie Paulus die Tat Christi als Basis für die Ethik versteht. Christologie mündet bei Paulus in Ethik. Glaube ist für ihn nicht einfach passives Empfangen, sondern aktives Handeln: der Glaube wirkt durch die Liebe (Gal 5,6). Rechtfertigung ist für Paulus ein neuer, gerechter Wandel unter der Herrschaft der Gerechtigkeit Gottes (Röm 6,12ff.). Die Taten eines Christen werden aber nicht mehr als seine eigenen »Werke« gerechnet, sie sind vielmehr »Frucht« des Geistes (Gal 5,22) oder der Gerechtigkeit (Phil 1,11). Paulus kann auch sagen: Der Christ partizipiert am »Werk des Herrn« (1 Kor 15,58).

Unklar ist, welche Rolle das Gesetz für diesen neuen Wandel des Christen spielt. Wird es in seiner Autorität wieder aufgerichtet und zur Richtschnur des Handelns des Christen? Solches läßt die verbreitete These vom »tertius usus legis« vermuten. Von einem solchen »dritten Brauch des Gesetzes« kann man aber bei Paulus nicht in direktem Sinn sprechen. Wir gehen von Gal 6,2 aus:

»Tragt einer des andern Last, so werdet ihr das Gesetz des Christus erfüllen.«

Unbestritten ist, daß das »Gesetz des Christus« inhaltlich die Liebe meint. Wahrscheinlich ist auch, daß »Gesetz« hier nicht das alttestamentlich-mosaische meint. Andererseits ist wohl auch nicht an eine bewußte Antithese zum alttestamentlichen Gesetz gedacht: Das ist für Paulus undenkbar, der kurz zuvor von der Erfüllung des ganzen *alttestamentlichen* Gesetzes in dem *einen* Wort der Liebe gesprochen hat (5,14, vgl. 23). Vermutlich hat Paulus auch nicht an das vom irdischen Jesus als Hauptgebot herausgestellte Gebot der Nächstenliebe gedacht. »Gesetz des Christus« ist vielmehr eine – wohl ad hoc geprägte – Wendung, mit der Paulus die von Christus gesetzte, das Gesetz erfüllende neue Verhaltens»norm« bezeichnet. Christus hat, durch seine Erniedrigung, sein Sterben, sein Leiden als Urbild die Liebe als Mitte der Ethik gesetzt. Sie ist bei Paulus in erster Linie kerygmatisch-christologisch begründet (Röm 5,6ff.;

15,3ff.7; 1 Kor 11,1; 2 Kor 4,10; 5,14ff.; 8,9; 13,4; Phil 2,5—11; 1 Thess 1,6)[180].
Das heißt: Die Wirklichkeit des Christus führt nicht einfach direkt zur Restitution des alttestamentlichen Gesetzes. Sie bedeutet die Aufrichtung einer neuen, eschatologischen Richtschnur, die jenseits von Gesetz und Gesetzesfreiheit liegt:

> »In Christus vermag nämlich weder die Beschneidung etwas, noch die Vorhaut, sondern der Glaube, der durch die Liebe wirkt« (Gal 5,6).

Als Christ steht Paulus, der Judenchrist Paulus, in seinem Handeln prinzipiell nicht mehr unter dem Anspruch des Gesetzes, sondern

> »ich wurde den Juden wie ein Jude, um Juden zu gewinnen, denen unter dem Gesetz wie einer unter dem Gesetz, obwohl ich selbst nicht unter dem Gesetz bin...« (1 Kor 9,20).

Paulus steht vielmehr unter der Autorität Christi, ihm allein verpflichtet, d. h. unter der Autorität der Liebe. Die Christuswirklichkeit der Liebe ist aber nichts dem Alten Testament Fremdes, sondern Erfüllung des Mosegesetzes in seinem Zentrum:

> »Denn das Gesetz in seiner Ganzheit[181] ist in *einem* Wort erfüllt, nämlich: Liebe deinen Nächsten wie dich selbst« (Gal 5,14 vgl. Röm 13,8).

Das heißt: *Es wird nicht einfach die Autorität der Mosetora reetabliert, sondern von Christus und seinem Tod her sieht Paulus die Mosetora in ihrem tiefsten Anliegen und in ihrer eigentlichen Mitte aufgenommen und bejaht.* Ihre Autorität findet ihre Mitte und Grenze in der durch Christus geschaffenen Liebeswirklichkeit, wobei für Paulus dafür nicht so sehr die Lehre Jesu, als das Kerygma von Jesu Leiden und Sterben das Konstitutive ist.

Faktisch bedeutete das eine *Reduktion und Konzentration des Inhaltes der Mosetora.* Das betont schon Gal 5,14: In *einem* Wort ist das ganze Gesetz erfüllt. Auch Röm 13,8 formuliert exklusiv:

> »Seid niemandem irgend etwas schuldig, außer, daß ihr einander liebt«

Die andern Gebote fallen aber deswegen nicht einfach weg. Neben dem Liebesgebot waren — vielleicht schon bei Jesus selbst und jedenfalls auch im hellenistischen Judentum — die ethischen Dekaloggebote wichtig (Röm 13,8—10). Auch weisheitliche Paränese kann Paulus aufnehmen und durch das Liebesgebot bestimmt sein lassen (Röm 12,16—21). Anders steht es mit den Zeremonial- und Judizialvorschriften des Gesetzes[182]. Paulus

kann zwar 1 Kor 7,18 sagen, daß der berufene Jude und der Nichtjude Nichtjude bleiben soll:
> »Ist einer als Beschnittener berufen – er soll sich keine Vorhaut machen. Ist einer unbeschnitten berufen – er soll sich nicht beschneiden.«

Das Beschnittensein gehört zur Situation, in der einer berufen worden ist (vgl. 1 Kor 7,20). Von den Geboten Gottes ist die Beschneidung gerade zu unterscheiden:
> »Die Beschneidung ist nichts, und die Vorhaut ist nichts, sondern das Halten der Gebote« (1 Kor 7,19).

Hier zeigt sich, daß die alle Menschen umfassende Liebe Gottes, das Gesetz Christi, gerade nicht zur Restitution der Mosetora für den gerechtfertigten Christen führt. Die Beschneidung, das Ehrenzeichen Israels, ist von Christus her überholt, zum Adiaphoron geworden, nicht mehr Gebot Gottes. Ähnlich denkt Paulus vom Reinheitsgesetz:
> »Ich weiß und bin überzeugt im Herrn Jesus, daß nichts durch sich selbst unrein ist; nur wenn einer glaubt, daß es unrein ist, für den ist es unrein« (Röm 14,14).

Für Paulus ist also, vermutlich im Unterschied zu Jesus, die Unterscheidung zwischen rein und unrein grundsätzlich überwunden, ebenso wie das Volk Israel mit der Beschneidung als Ehrenzeichen durch den Leib Christi grundsätzlich abgelöst ist. »Ich bin selbst nicht mehr unter dem Gesetz« (1 Kor 9,20): Für Paulus gilt die auch dem Gesetz nicht fremde Christuswirklichkeit der Liebe als Richtschnur des Handelns. Erfordert es die Liebe, so kann Paulus auch einmal dazu raten, um des schwachen Bruders willen auf die Durchsetzung der eigenen Freiheit vom Ritualgesetz zu verzichten (Röm 14/15). Umgekehrt zeigt der Streit mit Petrus und den Jakobusleuten in Antiochien, daß Paulus die Gemeinschaft im Leibe Christi, also wiederum die Liebe, unter allen Umständen über den Gehorsam gegenüber dem Zeremonialgesetz stellt (Gal 2,11ff.). Halten des Zeremonialgesetzes ist also für Paulus als freiwillige Tat der Liebe zum schwachen Bruder möglich, nicht aber als grundsätzliche Forderung, auch nicht an Judenchristen. Von da her wird man an dem lukanischen Bild des bis zu seinem Ende pharisäisch-observanten Paulus einige Abstriche machen und nur sagen, daß Paulus, um den Juden ein Jude zu bleiben, die Gemeinschaft des Synagogengottesdienstes und jüdischer Feste (1 Kor 16,8) aufrechterhalten konnte und sich in der Synagoge auch mit Synagogenstrafen belegen ließ (2 Kor 11,24).

Paulus und das Gesetz: eine komplexe und verschlungene Auseinandersetzung tat sich uns auf. Fast könnte es scheinen, als ob Paulus, ehemals rigoristischer Pharisäer, der auf die Erfüllung *aller* Gebote der Tora als Voraussetzung für das Leben besteht, durch die Begegnung mit Christus zu so etwas wie einem Liebespharisäer geworden sei, zu einer Art christlichem Hillel, der das Gesetz auf eine neue und vertiefte Weise von der Gnade bestimmt sein und in der Liebe sich konkretisieren ließ[183]. Aber wir wissen über Hillel und die Liebespharisäer zu wenig, als daß dieser Gedanke mehr als eine flüchtige Idee sein könnte.

d) Das Gesetz und die Heiden

In den paulinischen Aussagen über das Gesetz sind verschiedene Linien zu unterscheiden. Es gibt prinzipiell gültige Aussagen. Zu diesen gehören die zuletzt skizzierten: Gottes Wille schließt vom »Gesetz Christi« her ethische Gebote des Alten Testaments auch für die Christen ein. Das Alte Testament, auch im Bereich der Mosebücher, erschließt sich als Wort der Glaubensgerechtigkeit. Diese Aussagen sind von Paulus her prinzipiell wichtig; an ihnen hängt die Treue Gottes zu sich selbst. Anders scheint es vor allem mit den Aussagen, die das Ende des Gesetzes als selbständigen Heilsweges neben Christus betreffen: Diese Aussagen scheinen zunächst aus dem persönlichen Erfahrungshintergrund des ehemaligen Juden Paulus formuliert. Für ihn erwies sich das jüdische Mosegesetz als Nichtgnade. Er hatte aufgrund eigener Erfahrungen Christus als alleinigen Ort der Gnade so zu bekennen, daß er betont sagte: das Gesetz ist dieser Ort nicht, bzw. nicht mehr. Für ihn wurde das Gesetz Israels zum Instrument, das ihn, den Christenverfolger im Namen des Gesetzes, immer tiefer in die Sünde verstrickte. Er hatte sich mit der Frage auseinanderzusetzen, ob für Christus gewonnene Heiden *zusätzlich* den Gesetzesgehorsam für ihr Heil brauchen. Eine große Zahl von paulinischen Aussagen wird zunächst aus der persönlichen Erfahrung des Paulus verständlich. Bei ihnen haben wir zu fragen, wie weit sie in veränderter Situation, für Menschen, die nie Juden waren und denen nie das Halten des ganzen Mosegesetzes zugemutet wird, noch wichtig sein können.

Paulus beantwortet diese Frage naturgemäß nicht. Seine Briefe enthalten aber verschiedene Ansätze, die zeigen, daß die Gesetzesfrage für ihn über die Auseinandersetzung mit dem Judentum hinaus von Bedeutung war. In der Kritik an den Juden in Röm 2 argumentiert Paulus – nach dem schroffen Urteil über die Heiden Röm 1,18ff. eigentlich überraschend – damit, daß auch den Heiden das Gesetz ins Herz geschrieben sei (2,14f., vgl. 26). Er argumentiert dabei nicht einfach mit dem hellenistischen Konzept des natürlichen, ungeschriebenen Gesetzes, sondern er spricht auch hier vom Gesetz Gottes, der Mosetora. Geistesgeschichtlich basiert er offenbar auf dem im hellenistischen Diasporajudentum verbreiteten, aber auch in Palästina bekannten Gedanken, daß die Mosetora eigentlich das wahre Weltgesetz sei und wenigstens in rudimentärer Form auch den Heiden nicht unbekannt. Theologisch ist die Grundlage dieses Gedankens sein Verständnis der Universalität der Gnade, die einen *absoluten* Unterschied zwischen gesetzesbesitzenden Juden und Heiden von Christus her bestreitet:

»Ist Gott nur der Juden Gott? Nicht auch der Heiden? Ja, auch der Heiden! Denn Gott ist *einer*: er wird die Beschnittenen aus Glauben und die Unbeschnittenen durch Glauben rechtfertigen« (Röm 3,29f.).

Von hier aus wird verständlich, wieso Paulus das hellenistisch-jüdische Konzept von der Universalität der Tora aufnehmen kann, nun allerdings gerade mit umgekehrter Spitze.

»Gesetz« ist also nach Paulus nicht nur eine partikular jüdische, sondern eine universal-menschliche Angelegenheit. In dieser Einsicht mag auch ein Grund liegen, warum er verhältnismäßig ausführlich von der Adamstora spricht (Röm 7,7ff.). Diese Erkenntnis ist nicht auf den Römerbrief begrenzt[184], sondern findet sich auch im Galaterbrief: Mit unerhörter Kühnheit spricht Paulus die heidenchristlichen Galater auf »unsere« Vergangenheit unter dem Gesetz an (3,13.22–25) und setzt den »Fortschritt« der Galater hin zur Gesetzesreligion mit einem Rückfall in ihren früheren heidnischen Götzendienst gleich (Gal 4,8–10). Das Gesetz ist also für Paulus nicht eine für den Glaubenden ein für alle Mal erledigte Angelegenheit, sondern bleibende – unmögliche Möglichkeit. Von da her wird ansatzweise bei Paulus »Gesetz« zum allgemein-menschlichen Phänomen und das mosaische Gesetz Gottes kann über seine historische Gestalt hinaus andere Ausdrucksformen in andern Kulturbereichen gewinnen.

Damit stehen wir vor der Frage nach der Übersetzung der paulinischen Gesetzesdialektik in eine andere kulturgeschichtliche Situation. Paulus selbst hat durch seine Verallgemeinerungen diese Aufgabe gestellt. Zugleich hat unsere Betrachtung gezeigt, wie sehr gerade scheinbar völlig abstrakte Aussagen über das Gesetz bei Paulus person- und auch situationsgebunden waren.

Dennoch hat m. E. die paulinische Auslegung von Sünde, die ihm am jüdischen Gesetz deutlich wurde, grundsätzlichen Charakter. Die Erkenntnis, daß Sünde in ihrer Tiefe Eigenmächtigkeit, eigene Gerechtigkeit und eigene Stärke ist, die Paulus am Gesetz gemacht hat, kann man nicht nur am jüdischen Gesetz machen. Im 1. Korintherbrief argumentiert Paulus weithin parallel zum Römerbrief; nur ist dort der Testfall nicht die an Christus vorbei gewirkte Gerechtigkeit der Gesetzeswerke, sondern die Weisheit und Vollkommenheit der christlichen Pneumatiker (1,18ff.). In Korinth war also, so könnte man sagen, nicht das Gesetz der Anlaß der Sünde, sondern die christlichen Geistesgaben. Der eigenmächtigen Weisheit und Vollmacht der korinthischen Pneumatiker gegenüber übt Paulus den grundsätzlichen Unterschied zwischen Gott und Mensch ein: Gottes Torheit ist weiser als die Menschen, Gottes Schwäche stärker als die Menschen. Gottes Macht aber läßt sich nicht in menschliche Macht übersetzen und als menschliche Macht beanspruchen, vielmehr vollendet sich Gottes Macht in menschlicher Schwachheit (2 Kor 12,9). Durch die Begegnung mit dem Gekreuzigten hat Paulus das erfahren.

3.3 Der Hebräerbrief

Der Hebräerbrief gehört mit Paulus zusammen, weil auch er eine dialektisch-kritische Position gegenüber Gesetz und Altem Testament mit verwandter christologischer Basis vertritt. Im Unterschied zu Paulus aber steht er nicht mehr in direkter Auseinandersetzung mit dem Judentum. Dieses ist im Hebräerbrief dargestellt durch das levitische Priestertum und den alten Bund mit seinen Opfern und dient literarisch als Folie, um das Neue, das unermeßlich Wirksamere und Herrlichere, die Realität und Göttlichkeit des neuen Bundes und des himmlischen Priestertums Jesu zu verdeutlichen. Wie wohl auch im Johannesevangelium ist also das »Gesetz« nicht mehr unmittelbar theologischer Streitgegenstand, sondern abstraktes theologisches Thema. Dem entspricht, daß der Verfasser das Thema »Gesetz« nicht überall, sondern nur in jenem theologischen Kernstück seines Traktates anschneidet, das er selber als feste Speise für die Vollkommenen bezeichnet (5,14), also in einigen Abschnitten der zentralen Abhandlung über die himmlische Hohenpriesterschaft Jesu und den neuen Bund (besonders 7,11−28; 9,18−10,10). Beide Abschnitte sind zentral vom Alten Testament her entworfen und eigentlich als eine Meditation über zwei alttestamentliche Grundstellen, nämlich Ps 110,4 und Jer 31,31−34 zu bezeichnen[185]. Das Alte Testament ist dabei für den Verfasser fast durchweg direktes, vom Himmel her gesprochenes göttliches Wort und für seine Auslegung der christlichen Offenbarung konstitutiv[186].

Um so auffälliger ist es dann, daß das Stichwort »Gesetz« durchwegs in abwertendem und negativem Zusammenhang erscheint. Was sich in der paulinischen und johanneischen Differenzierung zwischen »Gesetz« und »Schrift« anbahnte, wird im Hebräerbrief vollendet: *die Trennung zwischen dem Alten Testament, Gottes vollgültigem, den Christen geltenden Wort Gottes, und dem Gesetz, dem Inbegriff des überholten und kraftlos gewordenen alten Bundes Gottes mit den Juden.* Das Gesetz bezieht sich nur auf das levitische Priestertum (5,28; 7,11); mit dem Wechsel des Priestertums vollzieht sich ein Wechsel (7,12), ja eine Außerkraftsetzung (7,18) des Gesetzes. Es wird in erster Linie – wie z.T. auch im Judentum – als Kultgesetz verstanden; es regelt die alljährlichen Opfer, die gerade deshalb immerzu dargebracht werden müssen, weil sie nicht zur Vollendung führen und nicht ein Bewußtsein der Sündlosigkeit schaffen, sondern im Gegenteil an die Wirklichkeit der bleibenden Sünde erinnern (10,2f.8). Das Gesetz regelt also gerade das, was kein Heil bringen *kann*, wie schon der präexistente Christus bei seinem Eintritt in die Welt sagte: »Opfer und Gabe hast du nicht gewollt« (Ps 40,7 = Hebr 10,5). Der Hohepriester Jesus aber hat nichts mit den levitischen Priestern zu tun; sein alttestamentlicher Typus ist allein Melchisedek, der geheimnisvoll, fremde, vater- und mutterlose Priester von Gen 14, dem selbst Abraham diente.

Damit stoßen wir aber zugleich auf die Eigenart des Hebräerbriefs. Sie ist gegenüber Paulus deutlich greifbar. Mit Paulus (Röm 3,25) teilt der Verfasser die Grundthese, daß Christi Opfer ein für alle Mal Versöhnung geschaffen hat (9,11ff.). Angesichts des Opfers des himmlischen Hohenpriesters Jesus sind die vom Gesetz befohlenen Kulthandlungen minderwertig und unnötig. Von Paulus unterscheidet sich aber der Hebräerbrief durch eine andere Verhältnisbestimmung von Gesetz und Heil. Bei Paulus liegt das Negative am *Menschen.* Das Gesetz spricht dem Menschen, der es tut, das Heil zu. Im Hebräerbrief aber liegt das Negative am Gesetz selbst. Es *konnte* kein Heil schaffen. Der aufgeklärte Verfasser kann lapidar sagen: »Blut von Rindern und Böcken kann unmöglich Sünden hinwegnehmen« (10,4). Er kann aber auch tiefer argumentieren: Weil sich das Gesetz auf das levitische Priestertum und nicht auf das himmlische Priestertum nach der Weise Melchisedeks bezieht, kann es kein Heil schaffen. Es ist, so sagt der Verfasser in erstaunlicher Übereinstimmung mit dem Kolosserbrief (2,17), ontologisch minderwertig, nur ein »Schatten« der »zukünftigen Güter«, die doch im Priestertum nach der Weise Melchisedeks gegenwärtige Realität sind (10,1). Hebr 7,16 kann das »Gesetz des fleischlichen Gebots« der »Kraft des unauflöslichen Lebens« antithetisch gegenüberstellen und meint mit »fleischlich« vermutlich dies, daß sich dieses Gebot auf nur fleischliche, d. h. sichtbare, von der eigentlichen himmlischen Realität Gottes entfernte äußerliche Dinge bezieht, nicht auf von Gott zentral beanspruchte innerliche Dimension des Gewissens (9,9). Den Gedanken der Sünde beinhaltet das Wort »fleischlich« im Hebräerbrief nicht.

Der Alte Bund und das Gesetz konnten also gar nicht zum Heil führen. Daß sie scheiterten, lag an ihrem Wesen und nicht an der Sünde. Der Verfasser braucht gar nicht gegen die Juden zu polemisieren; er kann bei der indirekten Feststellung bleiben, daß sie jedenfalls nicht in die Ruhe des Gottesvolkes eingegangen sind (4,8) – sie konnten ja gar nicht. Von hier ist es nur noch ein kleiner Schritt zur These des Barnabasbriefs, der feststellt, daß die Juden gar nie Gottesvolk gewesen sind; ihre Erwählung war nur ein angemaßtes Mißverständnis.

Von einer positiven Funktion des alttestamentlichen Gesetzes kann und braucht dann eigentlich nicht mehr gesprochen zu werden. Daß es das christliche Handeln regelt und leitet, ist für den Hebräerbrief ebenso undenkbar wie für das vierte Evangelium. In der Paränese können wohl alttestamentliche Typen und Vorbilder auftauchen, etwa für den Glauben[187], aber das Stichwort »Gesetz« wird in diesem Zusammenhang ganz vermieden. Die Weissagung Jeremias, daß Gott seine »Gesetze in ihren Sinn geben und sie auf ihr Herz schreiben« werde, wird zwar als Teil der Weissagung vom Neuen Bund zitiert (8,10), aber gerade nicht ausgelegt. Der Paulus wichtige Gedanke, daß das Gesetz den Menschen in seiner Sünde festhält, wird im Hebräerbrief gestreift (2,2), aber nur per analogiam: Wenn schon die Übertretung des »durch Engel gesprochenen« Gesetzes zu gerechter Strafe führte, um wieviel mehr dann erst die Verachtung des viel höheren Heils in Christus! Und wenn das Gesetz schließlich als »Schatten« bezeichnet wird, nicht als Realität (10,1), so ist in dieser Gegenüberstellung nicht der Gedanke der positiven Abschattung des Heils im Gesetz hervorgehoben, sondern derjenige der minderen Realität des Gesetzes. Nur selten deutet der Verfasser wenigstens eine Analogie zwischen der alten und der neuen Heilsordnung an (z. B. 9,22: keine Vergebung ohne Blut), und auch nur, um sofort die Andersartigkeit der neuen Heilsordnung, ja ihre totale Verschiedenheit zu betonen. Es gibt im Hebräerbrief natürlich keinen usus politicus des Gesetzes, auch keinen

usus elenchticus, schon gar keinen usus in renatis, sondern *nur die Feststellung, daß das Gesetz mit dem Heil nichts zu tun hat.*
Aber warum spricht der Verfasser überhaupt von ihm? Man wird sagen müssen: eben um dieser Andersartigkeit des Heils willen. Eben deshalb, um klarzumachen, daß Melchisedek nichts mit Levi, der Neue Bund nichts mit dem Alten, die himmlische Realität nichts mit ihren »heilsgeschichtlichen« Schatten zu tun hat. *Das Gesetz ist ein Teil der Folie, die der Verfasser benötigt, um die Absolutheit, die Unbedingtheit und die Unermeßlichkeit des Heils klarzumachen.* Daran hängt nicht nur die Heilsgewißheit seiner Gemeinde, sondern auch die Paränese, wie etwa an der indirekten Korrespondenz der Unmöglichkeit einer zweiten Buße und dem »Ein-für-alle-Mal« (7,27; 9,12; 10,10) des Opfers Christi deutlich wird. Aber die Paränese ist nicht der Höhepunkt und nicht das Zentrum des Briefes. Dieses liegt vielmehr in der Explikation des Heils selbst. Indem es der Verfasser in Begriffen beschreibt, die Realität dem Abbild opponieren, Himmlisches Irdischem gegenüberstellen und das Heil Israels von der himmlischen Wahrheit her abwerten, erweist er sich als Platoniker, der die dualistischen Tendenzen des Mittelplatonismus auf seine Weise vorwegnimmt. Das Gesetz bleibt in diesem Denken der schattenhaften, heillosen »Unwirklichkeit« des Alten Bundes zugeordnet.
Dabei muß allerdings noch einmal betont werden, daß die Abwertung des Gesetzes gerade nicht eine solche des Alten Testamentes im ganzen ist. Der Verfasser löst das Alte Testament vielmehr wenigstens teilweise vom Alten Bund und läßt es direkt Gottes oder Christi Wort sein. So bezeugt es gerade die Schwäche des Gesetzes (10,5–7; vgl. 7,17). Alttestamentliche Heilsgeschichte ist also nicht einfach einlinig negativ gesehen, sondern wird durchstoßen durch die Tiefendimension des Wortes Gottes, das genauso vaterlos und mutterlos in der alttestamentlichen Geschichte steht wie die Gestalt Melchisedeks (vgl. 7,3). Verstehbar wird es – als Wort Christi, des heiligen Geistes, Gottes selbst – erst von Christus her; von den alttestamentlichen Vätern gilt in einer merkwürdigen Formulierung, die zugleich ein Kompromiß zwischen zwei Denkansätzen ist[188], daß sie das Heil nur »von ferne« (11,3) gesehen hätten und es jedenfalls nicht ohne die christliche Gemeinde erlangen sollten (11,39). In der Konsequenz führt das zu einer Aufspaltung des Alten Testaments: Neben dem levitischen Gesetz wird in ihm die Stimme Melchisedeks, Christi hörbar. Der Verfasser systematisiert diese Ansätze nicht. Noch bleibt offen, wohin von ihm aus die

Entwicklung führt: Entweder zu einem gespaltenen Alten Testament, das die Stimme des Evangeliums neben der Stimme des Gesetzes enthält und in der Konsequenz bei vielen Gnostikern[189] mit den verschiedenen Stimmen innerhalb des Alten Testamentes auch den Gedanken einer verschiedenen Herkunft dieser Stimmen nahelegt? Oder zu einem einheitlichen Alten Testament, das den Juden konsequent entwunden wird, indem sein Zentrum das Gesetz, oder wenigstens das Zeremonialgesetz, in seiner wörtlichen Auslegung als Mißverständnis ausgegeben und in übertragener Bedeutung dem Evangelium angepaßt wird? Dies ist auf seine Weise sowohl die Lösung des Barnabasbriefes, als auch diejenige Justins, und überhaupt überwiegend der Alten Kirche gewesen.

3.4 Die markinischen Überlieferungen

Markus und Johannes sind den »gesetzeskritischen« Autoren des Neuen Testamentes zuzurechnen und gehören insofern mit Paulus und dem Hebräerbrief zusammen. Mit Matthäus aber verbindet sie, daß sie sich für ihre Gesetzeskritik auf den irdischen Jesus selbst berufen.

Das Markusevangelium überliefert keineswegs einen neutralen »Querschnitt« durch die Verkündigung Jesu. Vielmehr konzentriert es sich bei der Gesetzesfrage fast ausschließlich auf die gesetzeskritische Seite der Verkündigung Jesu. Jesusüberlieferungen wie die das Gesetz verschärfenden Antithesen und schon gar judenchristliche Sonderüberlieferungen, wie sie uns das Matthäusevangelium tradiert, fehlen. Die in den Markusstoffen vorherrschende Gattung ist die der *Streitgespräche*, die Jesus in der Auseinandersetzung mit seinen jüdischen Gegnern zeigen. Mindestens eine geschlossene Streitgesprächsammlung hat Markus aus der Gemeindetradition in sein Evangelium aufgenommen[189]. Auffällig ist dabei, daß mehr als einmal das Verhalten nicht Jesu, sondern *der Jünger* zur Debatte steht oder *sie* von den Gegnern angesprochen werden (Mk 2,16.18.23ff.). Es gibt gute Gründe für die Vermutung, daß es in diesen Streitgesprächen auch um Fragen der Lebenspraxis *der Gemeinde* ging, die zwischen ihr und den Juden, wahrscheinlich aber auch zwischen ihr und judenchristlichen Gesetzesfrommen, strittig waren.

Eine solche Frage ist z.B. die Tischgemeinschaft mit Sündern (wozu wohl auch Heiden zu zählen sind). Die von der Gemeinde – in Erinnerung an das Leben des irdischen Jesus – erzählte Episode vom Zöllnergastmahl spricht bewußt nicht nur von Zöllnern, sondern von Sündern ganz allgemein (Mk 2,15f.). Die Streitfrage wird durch ein Wort des irdischen Jesus entschieden: »Ich bin nicht gekommen, Gerechte zu berufen, sondern Sünder« (Mk 2,17b). Zu den Streitfragen gehört wohl auch das Fasten, wo sich die Gemeinde, die wohl jeden Freitag fastet (vgl. Mk 2,20), vom Judentum unterscheidet. Zu den Streitfragen gehört schließlich das Halten des Sabbatgebots. Das Gegenüber von Mt 24,20 und 1 Kor 16,2 zeigt, daß es in der frühen Zeit wohl Gemeinden gab, die den Sabbat hielten, während andere den ersten Wochentag als Auferstehungstag feierten. Die markinischen Gemeinden berufen sich nicht nur auf den irdischen Jesus, der mit jüdischen Vätern den Sabbat als zum Wohl des Menschen gegeben ansah und von da her grundsätzlich das Sabbatgebot dem Liebesgebot unterordnete (Mk 2,27, vgl. Mk 3,4), sondern vergrundsätzlichen:

»Deshalb (d.h. wie die vorangehende Geschichte Mk 2,23−27 zeigt) ist der Menschensohn Herr *auch* über den Sabbat« (Mk 2,28, nicht nur über die Sündenvergebung, die Tischgemeinschaft und das Fasten, vgl. Mk 2,1−22).

Die Freiheit vom Gesetz ruht also in der Vollmacht des Menschensohns.

Eine weitere wichtige Frage ist die nach der Freiheit vom Reinheitsgebot. Sie wird in dem Streitgespräch über das Händewaschen Mk 7,1−23 verhandelt. Die Länge und der komplizierte Aufbau dieses Textes zeigen, wie wichtig der Gemeinde dieser Text war und wie sehr sie daran gearbeitet hat. Wichtig ist, daß die Gemeinde oder Markus selbst ein ursprüngliches Streitgespräch, das das unwichtige, aus der Überlieferung stammende Gebot des Händewaschens dem grundlegenden Dekaloggebot der Elternehrung gegenüberstellte (7,1f.5.9−13), durch die Zufügung des Jesuswortes von rein und unrein (Mk 7,15) erweiterte: Jetzt, und erst jetzt, geht es um die Gültigkeit des Reinheitsgebotes im ganzen. Matthäus hat später die grundsätzliche Bedeutung dieses Textes mit Recht wieder eingeschränkt (Mt 15,20).

Dieser Text ist in verschiedener Hinsicht interessant. Die Gemeinde − oder Markus − fügt dem jesuanischen Reinheitsspruch 7,15 eine geheime Jüngerbelehrung an:

»Begreift ihr nicht, daß alles, was von außen in den Menschen hineinkommt, ihn nicht verunreinigen kann, weil es nicht in das Herz hineinkommt, sondern in den Bauch, und in den Abtritt hinausgeht?« (So erklärte er alle Speisen für rein.) Er sagte aber: »Das was aus dem Menschen herauskommt, das verunreinigt den Menschen. Von innen nämlich, aus dem Herzen der Menschen, kommen die schlechten Gedanken,

Hurereien, Diebstähle, Morde, Ehebrüche, Habgierigkeiten, Bosheiten, List, Schwelgerei, böses Auge, Lästerung, Überheblichkeit, Unverstand. All dies Böse kommt von innen heraus und verunreinigt den Menschen« (Mk 7,18—23).
Die zweifache Wiederholung von Mk 7,15 in unsern Versen zeigt, wie wichtig für die Gemeinden dieser Spruch ist. Der Lasterkatalog am Schluß hat seine engsten Parallelen im hellenistischen Diasporajudentum, ebenso die Vorliebe für den Dekalog, dessen zweite Tafel in negativer Form an seinem Anfang steht. Die kleine Glosse (»so erklärte er alle Speisen für rein«) macht deutlich, daß es jetzt um eine prinzipielle Abrogation des Ritualgebotes geht, die Jesus wohl noch nicht kennt. Neu gegenüber Jesus ist auch der rationalisierende Unterton des Textes: Von Speisen verursachte Unreinheit ist doch Unsinn, wo diese doch nur den Weg in den Bauch und auf den Abtritt nehmen!
Die Aufhebung des Reinheitsgebotes ist in gemischten Gemeinden, in denen Juden- und Heidenchristen zusammenleben und Tischgemeinschaft halten, von besonderer Bedeutung. Das bezeugt uns die (wohl traditionelle) Petrusvision über die reinen und unreinen Tiere Apg 10,10ff. und auf ihre Weise auch die Auseinandersetzung zwischen den Starken und den Schwachen (die wohl Judenchristen sind!) in Rom (Röm 14/15).
Es ist von daher kaum zufällig, daß ausgerechnet in der Umgebung unseres Streitgesprächs sich eine Reihe von Wundertexten befinden, die deutlich die von Jesus inaugurierte Heidenmission im Blick haben, nämlich die Heilung des besessenen Geraseners (Mk 5,1—20), die Heilung der Tochter der Syrophönizierin (7,24—30), die Heilung des Taubstummen am Dekapolisufer des Sees Gennezaret (7,31—37), die Speisung der Viertausend ebendort (8,1—10) und schließlich das Petrusbekenntnis im heidnischen Gebiet von Cäsarea Philippi (8,27). Die Konzentration von Texten, die auf die Heidenmission weisen, gerade in diesem Mittelteil des Evangeliums macht deutlich, in welchem kirchengeschichtlichen Kontext die Berufung auf Jesus zur Legitimation der Freiheit vom Reinheitsgesetz in den markinischen Überlieferungen steht[190].
Wieviel dabei im einzelnen auf die Gemeinde, wieviel auf den Evangelisten Markus zurückgeht, ist schwer zu entscheiden. Schon die Existenz der Streitgespräche, respektive der Streitgesprächsammlung, die ja von der Gemeinde erzählt, bzw. komponiert wurde, macht deutlich, daß der Evangelist Markus an diesem Punkte höchstens Tendenzen seiner Gemeinden akzentuiert und verstärkt. Seine eigene Hand ist nur an wenigen Punkten, z. B. in der Komposition von 7,14—23, deutlich erkennbar. Auf ihn ist

wohl auch die Meinung zurückzuführen, daß Jesus wegen seiner Gesetzesfreiheit von den jüdischen Führern angefeindet und dann wohl letztlich gekreuzigt worden ist (3,6). Für ihn selber ist es entscheidend, die von seinen Gemeinden geübte Heidenmission als von Jesus geweissagt (13,10) und in seiner Geschichte bereits angelegt zu finden. Dies macht vor allem das Bekenntnis des heidnischen Hauptmanns unter dem Kreuz unmittelbar nach dem Zerreißen des Tempelvorhangs deutlich (15,38f.).
Uns ist dabei deutlich, daß Markus nur mit bedingtem Recht auf Jesus sich berufen konnte. An die Heidenmission hat Jesus sicher nicht, an grundsätzliche Abrogation des Reinheitsgesetzes wahrscheinlich nicht gedacht. Markus, vielleicht selbst Heidenchrist, selbst geprägt von der erst nachösterlich erfolgten Wende des Evangeliums zu den Heiden. Er beruft sich dafür auf den irdischen Jesus, der für ihn vollmächtiger Menschensohn und Gottessohn ist. Daß gerade bei der Frage der Heidenmission und der Gesetzesfreiheit ein Unterschied zwischen dem nachösterlichen Christus und dem irdischen Jesus besteht, kann er nicht sehen.
Mit den Mitteln heutiger Forschung aber können wir ihn sehen und haben ihn um so sorgfältiger zu bedenken, als gerade der markinische Entwurf geschichtsmächtig geworden ist, nämlich in der Unterscheidung zwischen abgeschafftem Zeremonial- und beibehaltenem Sittengesetz und in der Berufung auf den irdischen Jesus für die eigene Gemeindepraxis.

3.5 Das Johannesevangelium

Am Schluß des Johannesprologs hat der Evangelist ein Sätzchen in den traditionellen Text eingeschoben:
»Denn das Gesetz wurde durch Mose gegeben, die Gnade und die Wahrheit geschahen durch Jesus Christus« (1,17).
Das Sätzchen steht wie ein erratischer Block unvermittelt im Kontext. Es klingt paulinisch. Im Grunde genommen stecken in ihm alle Probleme der johanneischen Gesetzestheologie und mit seiner Deutung sind alle entschieden. Die Hauptfrage lautet: Ist der Parallelismus der beiden Satzhälften antithetisch oder synthetisch zu deuten? Aufschluß auf diese Frage gibt das Ganze des johanneischen Befundes[191].
Das Wort »Gesetz« kommt bei Johannes relativ oft vor. Inhaltlich meint es wie sonst im Frühjudentum und im Urchristentum sowohl das mosaische Gesetz, also den Pentateuch im engeren Sinn (z. B. 1,45; 7,19.23.51; 18,31; 19,7), als auch das Alte Testament im ganzen, wobei auch Psalmstellen zum »Gesetz« gehören können

(10,34; 12,34; 15,25). Dennoch unterscheidet aber Johannes »*Gesetz*« bewußt von dem inhaltlich von Hause aus deckungsgleichen Wort »*Schrift*«. »Gesetz« ist gleichsam eine jüdische Vokabel. Er kann von »eurem (der Juden) Gesetz« sprechen (8,17; 10,34; 18,31, vgl. 7,19; 15,25) oder das Wort jüdischen Kontrahenten Jesu in den Mund legen (7,51; 12,34; 19,7). Formgeschichtlich kommt der Ausdruck in den johanneischen Streitgesprächen Jesu mit den Juden besonders häufig vor. *Das Gesetz ist also, so müßte man sagen, das Alte Testament, insofern es für die ungläubigen Juden konstitutive Basis ihres Handelns, besonders ihres Angriffs auf Jesus ist.* Der johanneische Jesus seinerseits schickt sich an, den Juden ihr eigenes Gesetz zu entreißen. Umgekehrt ist das Wort »Schrift« immer im Munde Jesu oder des Evangelisten gebraucht und fast nie im Zusammenhang mit den Juden (nur 5,39). Nur von der Schrift, nicht vom Gesetz kann Johannes sagen, sie sei erfüllt[192]. Schrift ist das Alte Testament in seinem eigentlichen Sinn, nämlich als Hinweis und Zeugnis für Christus. Das Gesetz gehört also bei Johannes hinein in die große, den ganzen ersten Teil des Evangeliums dominierende, durch die Abschiedsreden (Kap. 13–17) nur unterbrochene, in der Passionsgeschichte gipfelnde Auseinandersetzung Jesu mit den Juden.

Der erste Aspekt dieses Problems ist der traditionelle, aber von Johannes zugespitzte: *Jesus kommt in Konflikt mit der jüdischen Gesetzespraxis und vordergründig mit dem Gesetz selbst.* Illustrativ sind die beiden Sabbatheilungen, die Heilung des Gelähmten am Teiche Bethesda in 5,1ff. und die Heilung des Blinden in 9,1ff. In beiden Fällen ist es vermutlich der Evangelist selbst gewesen, der die Heilungen nachträglich zu Sabbatheilungen gemacht hat (5,9b; 9,14). In der ersten Heilungsgeschichte richtet sich der Vorwurf der Juden zunächst an den Gelähmten: es ist nicht erlaubt, am Sabbat das Bett herumzutragen (5,10ff.). Sobald klar wird, wer dem Geheilten diese Sabbatverletzung befohlen hat, richtet sich aber ihr Zorn allein auf Jesus. Die Auseinandersetzung bewegt sich auf verschiedenen Ebenen. Jesus kann sich auf die Ebene rabbinischer Schuldiskussionen begeben: Die Juden, die am Sabbat einen Menschen beschneiden, verletzten das Sabbatgebot auch, um eines einzigen Gliedes willen. Um wieviel mehr hat Jesus dieses Recht, der den ganzen Menschen gesund macht (7,22–24)? Diese Argumentation benutzt mindestens formal jüdische Grundsätze[193]. Sie bewegt sich aber hier erst auf einer propädeutischen Ebene. Denn bei Johannes geht es letztlich nicht um das Wohl des Menschen, die Liebe, die beim synoptischen Jesus der eigentliche Inbegriff von Gottes Willen ist. Vielmehr geht es um Jesus selbst, sein Werk und seine Sendung. Jesus tut sein Werk, das im Werk seines Vaters gründet, der »bis heute wirkt« (5,17). Nicht durch das Gesetz wird Jesus legitimiert, sondern durch seinen Vater. Die Antwort der Juden auf diese Zumutung ist die Tötungsabsicht, »weil er nicht nur den Sabbat auflöste, sondern Gott seinen eigenen Vater nannte und sich dabei mit Gott gleich machte« (5,18). Auch in der zweiten Heilungsgeschichte in Kap. 9 geht es nur vordergründig um das Recht Jesu zur Gesetzesübertretung. Das eigentliche Thema des Kapitels ist das Gericht, das der Menschensohn (9,35) mit der Welt abhält. Die Folgen der Sünden, in denen der Blinde vermeintlich lebte (9,2f.)., werden zum Demonstrationsmittel der Werke Gottes (9,4). Die Juden, Jünger des Mose, erkennen nicht, daß die Macht der Sünde zerstört ist und halten in ihrer Blindheit gerade Jesus, an dem sie zerbricht, für einen Sünder (9,24ff.). Der befreite Sünder bekennt sich zum Glauben an den Menschensohn (9,38), während die Sünde derer, die sich sehend wähnen, bleibt (9,40f.). Die Farce ist vollkommen: *Während die Juden, das Gesetz in der Hand, Jesus zu richten meinen, richtet in Wahrheit der Menschensohn sie selbst, »damit die Nichtsehenden sehen und die Sehenden blind werden«* (9,39).

Die eigentliche Ebene der Auseinandersetzung ist also die christologische. *Das Problem der Gesetzesübertretungen Jesu wird zur Folie, mit deren Hilfe die Juden ihre verfehlte Grundentscheidung zu Jesus offenbaren.* Der eigentliche Vorwurf an Jesus – erhoben aufgrund des Gesetzes – ist der der Gotteslästerung. *10,23–39* ist eine Art vorweggenommene und spiritualisierte johanneische Version des synoptischen Verhörs Jesu vor dem Hohen Rat. Jesus soll von den Juden nach Lev 24,11ff. als Gotteslästerer gesteinigt werden. Grund dafür ist nicht ein Werk Jesu, sondern daß sich Jesus selbst zum Gott gemacht hat (10,33). In Jesu eigenem Anspruch liegt also der Grund des Konflikts: »Ich und der Vater sind eins« (10,30, vgl. 38). Das Gesetz der Juden zeugt hier für Jesus; Psalm 82,6 wird von Johannes in formaler Übereinstimmung mit der rabbinischen Auslegung dieses Verses aufgeführt[194].

Damit stoßen wir auf den zweiten Aspekt, den das Problem bei Johannes hat. *Das Gesetz der Juden selbst, die Schrift, zeugt für Jesus.* Deutlich wird das in dem großen Abschnitt über die »Zeugnisse« in *5,31–47*: Das Zeugnis des Johannes, auf das sich Jesus zunächst beruft, hat nur vorläufigen Charakter. Jesus hat es angenommen, obwohl es ein Zeugnis eines Menschen ist, »damit ihr gerettet werdet« (5,34). Das eigentliche Zeugnis für Jesus ist das des Vaters, der ihn gesandt hat. Es besteht nach johanneischer Meinung vermutlich in einem Doppelten, nämlich dem Zeugnis der Werke, die Jesus im Einklang mit dem Vater tut, und im Zeugnis des Alten Testaments. Sein Zeugnis für Jesus verstehen die Juden trotz ihres unablässigen Forschens in den Schriften nicht, denn sie nehmen nur den an, der in seinem eigenen Namen kommt. Sie können nicht glauben, weil sie »Herrlichkeit voneinander annehmen und die Herrlichkeit, die vom einzigen Gott stammt, nicht suchen« (5,44). Sünde gewinnt hier – ähnlich wie bei Paulus – eine Tiefendimension. Sie ist letztlich Unglaube (16,9) und äußert sich darin, daß die Juden die Herrlichkeit Gottes nicht annehmen. Wir stehen hier ganz nahe bei den paulinischen Gedanken über den Selbstruhm als Ausdruck eigener Sünde.

Instrument des Unglaubens der Juden ist dabei das Gesetz: seiner bedienen sie sich, um Jesus als Gotteslästerer zu entlarven und zu töten. Aber ihre Waffe wird sich gegen sie kehren: Mose selbst, dessen Jünger sie sind (9,28) und dessen Fürbitte sie gewiß sind[195], ist ihr Ankläger (5,45): »Wenn ihr nämlich Mose geglaubt hättet, so hättet ihr mir geglaubt; über mich hat jener geschrieben. Wenn ihr aber seinen Buchstaben nicht glaubt, wie könnt ihr meinen Worten glauben?« (5,46f.)[196]. Der eigentliche Inhalt des Zeugnisses des Alten Testamentes ist also Christus. Das erkennen die Juden mindestens so weit, als Johannes sie ihren eigentlichen Angriff auf ihn, den Gottessohn, machen läßt; der Streit um die Gesetzesübertretungen ist nur ein vorläufiger Schritt dazu. Die Auseinandersetzung gipfelt in der Passionsgeschichte, wo die Juden zu Pilatus, der keine Schuld an Jesus finden kann, sagen:

»Wir haben ein Gesetz; und nach dem Gesetz muß er sterben, weil er sich zum Sohn Gottes gemacht hat« (19,7).

Für Johannes erschließt sich also von Christus her und in Christus der alleinige und ganze Sinn des Gesetzes und der Schrift. Christus bestimmt den Sinn des Alten Testaments völlig und ausschließlich. Es wird zum sprachlichen Material für die johanneische Christologie. Deutlich ist die Überzeugung ausgesprochen, daß sich die Schrift erst von der Verherrlichung Christi her, d.h. von Ostern her verstehen läßt (2,22; 12,16; 20,9, vgl. Lk 24,27.45). Die Schrift erschließt sich nur als norma normata[197], durch Christus als ihre Norm. Beweisen will Johannes das allerdings nicht; die Zahl seiner Schriftzitate bleibt spärlich. Manchmal sind sie bewußt hintergründig. So stammt von Johannes wohl der Hinweis, daß Jesus das alttestamentliche Gebot von den zwei in einem Prozeß nötigen Zeugen erfüllt. Die Erfüllung besteht in dem Selbstzeugnis Jesu und dem Zeugnis des Vaters für den Sohn (8,17f.), eine Art der Gesetzeserfüllung, die für einen Juden schlicht eine Ungeheuerlichkeit war und vermutlich doch von Johannes als solche beabsichtigt. Johannes kann wohl sagen, daß »die Schrift nicht aufgehoben werden kann« (10,35), aber nur, wer glaubt, daß Christus die Mitte ist, an der die Schrift gemessen sein will, kann diesen Satz nachvollziehen. Als Instanz, die christlich-jüdischer Kontroverse zur Entscheidung verhilft, eignet sich die so verstandene Schrift nicht. Beweisen kann man die Gottessohnschaft Jesu auch mit Hilfe der Schrift nicht. Das von den Juden vorgebrachte Schriftargument, daß der Messias aus Bethlehem und nicht aus Nazareth stammen müsse, widerlegt Johannes nie (7,41f.52)[198]. Dennoch ist Jesus, der Sohn Josephs aus Nazareth, derjenige, von dem Gesetz und Propheten gesprochen haben. Gegenüber dem Skeptiker gibt es nur die Aufforderung an Nathanael: »Komm und sieh!« (1,46). Weil Nathanael sich darauf einläßt, bezeichnet ihn Jesus »wahrhaftig« als »Israeliten«, der von seinem Feigenbaum – vielleicht dem Ort, wo der rabbinische Gesetzeslehrer das Gesetz studiert[199] – sich aufmacht und zu Jesus kommt. *Jesus ist also der Inhalt der Schrift, aber Johannes macht kaum Anstrengungen, das exegetisch zu zeigen. Denn von außen, also auch durch Exegese, läßt sich das nicht verstehen.*

Von außen her gibt es nur gleichsam einen »negativen Hinweis«, den Johannes nun allerdings literarisch meisterlich entwirft: Indem die Juden Jesus verfehlen, verfehlen sie nicht nur Jesus, sondern ihr eigenes Israel-sein, ihr eigenes Gesetz. Der Ehrentitel »Israelit« bleibt im 4. Evangelium Nathanael vorbehalten; die ungläubigen Juden, nicht nur die Führer, sondern auch das Volk, entlarven dagegen sich selbst als in einem innern Widerspruch zu ihrem eigenen Glauben lebend. Die literarischen Mittel, dies anzudeuten, sind nuanciert: Schon 7,19ff. mißt Jesus die Juden an ihrem eigenen Maßstab, dem Gesetz: Einer der Ihren, Nikodemus ist es, der sie darauf aufmerksam macht, daß ihr eigenes Gesetz vorschreibe, einen Angeklagten anzuhören (7,50ff.). 11,45ff. macht deutlich, daß es den Juden eigentlich um politische Rücksicht, um die Bewahrung von Tempel und Volk geht. Darum muß Jesus für das Volk sterben. Der Leser weiß um die abgründige Wahrheit dieser Überlegungen: Jesus ist für das »Volk«, das hier schon ganz bewußt mit dem paganen, heidnischen Ausdruck für Volk und nicht mit dem religiösen Ausdruck für »Gottesvolk« bezeichnet wird, gestorben – Tempel und Unabhängigkeit gingen verloren. Der jüdische Selbstwiderspruch wird in der Passionsgeschichte am deutlichsten: Die Juden, die nicht ins römische Prätorium gehen, um sich nicht zu beflecken, können sich doch Jesu nicht ohne Hilfe der Römer entledigen. Pilatus, offenbar ahnend, daß Jesu Anspruch, König Israels zu sein, weder politisch noch nach dem

Gesetz ein Verbrechen ist, zwingt die Juden, sich von ihrer eigenen Messiaserwartung und damit von ihrer eigenen Identität loszusagen: »Wir haben keinen andern König außer dem Caesar« (19,15). Der innere Selbstwiderspruch, in den die Juden ihr Widerspruch zu Jesus führt, ist der einzige »Ausweis« für die Wahrheit des alttestamentlichen Zeugnisses für Jesus. Aber Johannes meint es ernst: Wenn Mose zum Ankläger der Juden wird, dann tut er das nach dem Maßstab des Gesetzes.

Wenn in dieser Weise Jesus zum Inbegriff und Maßstab des Gesetzes wird, so wundert es auch nicht, daß *auch im Bereich der Ethik Jesus der einzige Maßstab des Verhaltens der Gemeinde ist.* Im Unterschied zu Paulus hat bei Johannes *das alttestamentliche Gesetz auch keine indirekte Bedeutung für die christliche Ethik.* Noch ferner steht Johannes dem matthäischen Gedanken, daß die Gemeinde das ganze alttestamentliche Gesetz halten solle. Er erwähnt nur das Liebesgebot, dieses aber nicht als Inbegriff und Summe des alttestamentlichen Gesetzes, sondern als »neues« Gebot:

»Ich gebe euch ein neues Gebot, daß ihr einander liebt, wie ich euch geliebt habe, damit auch ihr einander liebt« (13,34).

Worin besteht die Neuheit dieses Gebots? Neu ist die christologische Begründung der Bruderliebe; sie entspricht der Liebe Jesu, der sein Leben für seine Freunde gegeben hat (15,13f.). Die Gemeindeglieder sind Schoße am Weinstock Christus selber und bringen von diesem her ihre Frucht (15,5). So ist die Bruderliebe – etwas überspitzt gesprochen – eine Folge Christi selbst. Das Wort »neu« bezieht sich aber sicher auf das »alte« Gebot der Schrift zurück: es ist kaum denkbar, daß Johannes nicht das ja auch im frühen Christentum überall bekannte Gebot der Nächstenliebe aus Lev 19,18 – im Auge gehabt hat, wenn er sein Liebesgebot als »neu« kennzeichnet. Das heißt dann aber: *Ebenso wie Christus den Sinn des Alten Testamentes völlig bestimmt, so bestimmt er auch völlig die Ethik. Eine direkte ethische Kontinuität zwischen dem alttestamentlichen Gesetz und der christlichen Ethik gibt es nicht mehr,* auch nicht eine indirekte, durch Christus vermittelte. Das einzige, was ethisch überhaupt wesentlich ist, ist die Beziehung der Gemeindemitglieder zum Erlöser selbst, der Glaube, und die irdische Fortsetzung der Einheit des Erlösers mit dem Vater, die Bruderliebe der Erwählten (17,20ff.). Es ist von da her konsequent, daß der Hauptimpetus der Paränese des Johannesevangeliums sich eigentlich auf den Glauben richtet (6,29.40).

Dringlicher als bei allen andern theologischen Entwürfen des Neuen Testaments stellt sich bei Johannes die Frage, ob Gesetz und

Altes Testament nicht letztlich entbehrliche, nur zeitgeschichtlich, in der damaligen Situation nötige theologische Requisiten sind. Gewinnt in der Paränese das »neue« Gebot seine Gestalt durch Christus, wozu bedarf es dann des alten? Wird Christus als Inhalt des Alten Testamentes zwar postuliert, aber das Postulat kaum durch Exegese gefüllt, wozu bedarf es dann seiner? Wird das Zeugnis des Mose für Christus zwar beschworen, aber nicht wirklich in Anspruch genommen, wozu die Beschwörung? Wird das Alte Testament gerade bei Johannes in erstaunlichem Maße unbeschadet seines Inhalts zum rhetorischen Mittel, um die Hoheit Christi darzutun, könnte es dann nicht durch andere rhetorische Mittel ersetzt werden? Solchen Fragen kommt eine immer stärker werdende Tendenz in der Johannesforschung entgegen, die Johannes als Judenchristen, der sich mit Juden auseinandersetzt (oder wenigstens auf solche Auseinandersetzungen zurückblickt) und für Judenchristen schreibt, verstehen möchte[200]. Dann wäre aus der Situation, der Leserschaft und dem Hintergrund des Johannesevangeliums verständlich, warum Gesetz und Altes Testament als Thema vorkommen und Argumentationsmittel sind. Über die sachliche Notwendigkeit, von ihnen zu reden, wäre dann aber noch nichts gesagt.
So sind zunächst einige Bemerkungen zur Situation des Johannesevangeliums nötig. Daß es aus judenchristlichen Gemeinden stammt, scheint mir sicher zu sein. Die Kenntnis rabbinischer Auslegungen und Traditionen, die es so oft verrät, zeigt dies ebenso wie die eigene Andeutung seines Standortes, von dem her gesehen die Heidenchristen die »andern Schafe ... nicht aus diesem Hof« sind (10,16, vgl. 11,52; 17,20). Auf der andern Seite nimmt der Evangelist seinen Standort deutlich außerhalb des Judentums: Seine Argumentation mit dem Alten Testament setzt eine neue Gruppe voraus, die sich vom Judentum völlig gelöst hat. Das jüdische Gesetz wird von außen betrachtet (2,6), die Feste sind solche »der Juden« (5,1; 6,4; 7,2; 11,55). Ja, es wird sogar das Verhältnis der Juden zu den Samaritanern den Lesern erklärt (4,9). Die häufigen Hinweise auf den Ausschluß aus der Synagoge (9,22; 12,42; 16,2) zeigen wohl, daß die Gemeinde auf diesen zurückblickt. Vor allem aber zeigt die johanneische Verwendung des Mißverständnismotivs, daß Johannes von wirklichen Diskussionen mit den Juden weit entfernt ist, vielmehr diese geradezu zu Demonstrationsobjekten für das Nichtverstehen des Unglaubens macht. Texte, wie etwa der Hinweis Jesu auf die Freude Abrahams, Jesu Tag zu sehen und der Einwand der Juden, daß doch Jesus, der noch nicht fünfzig Jahre alt sei, Abraham nicht gesehen haben könne (8,56ff.), sind so

grotesk, daß hier wirklich *die Juden zum bloßen Gegenüber werden, an dem sich die Gemeinde erbaut, indem sie sich bewußt wird, daß sie selbst den Schlüssel zum Verstehen, den Glauben, besitzt, d. h. in diesem Fall um die Präexistenz Jesu weiß.* Die Auseinandersetzung dient der Selbstbestätigung der Gemeinde. Von einer wirklichen Auseinandersetzung sind wir hier weit entfernt. Vielmehr blickt die Gemeinde wohl auf ihre Auseinandersetzungen mit dem Judentum zurück und stellt deshalb an solchen Auseinandersetzungen das Wesen des Offenbarers Jesus dar. Die Juden werden also zu stilisierten Gegenspielern des Offenbarers. »Die Kollision von Tora und Christus« ist »ein Stilelement«, an dem das Wesen des Offenbarers sich erweist, »ein Paradigma für die Offenbarung als Krisis«[201]. Wir neigen also zu einer typisierenden, generalisierenden Deutung der Auseinandersetzung Jesu mit Judentum und Tora im vierten Evangelium, nicht obwohl, sondern gerade weil es judenchristlichen Kreisen entstammt. *Es geht letztlich nicht um das Problem des Judentums, nicht um die Tora, sondern um das Wesen des Offenbarers.*

Was aber ist dann die bleibende theologische Bedeutung, die Judentum, Gesetz und Altes Testament bei Johannes hat? Einen möglichen Hinweis hat hier Bultmann gegeben: »Am *Beispiel* der jüdischen Religion macht Johannes klar, wie der allgemeinmenschliche Sicherungswille das Wissen um Gott verdreht, wie er aus Gottes Forderung und Verheißung einen Besitz macht und sich so gegen Gott verschließt. Dabei knüpft Johannes nicht (wie Paulus) an das jüdische Streben nach Gerechtigkeit an, sondern an den in jeder Religion wirkenden Lebenswillen«[202]. Johannes gibt also nach Bultmann eine, inhaltlich und formal andersartige, Sachparallele zur paulinischen Rechtfertigungslehre. Daran ist richtig, daß auch Paulus an der Auseinandersetzung mit der jüdischen Gesetzesgerechtigkeit ein grundsätzliches allgemein-menschliches Phänomen beschrieb, nämlich, johanneisch gesprochen, den Gegensatz zwischen eigener Herrlichkeit, die sich bei den johanneischen Juden besonders im eigenen dogmatischen Bescheidwissen über die »Schriften« äußert, und der Herrlichkeit des einzigen Gottes. Dennoch aber ist es mir fraglich, ob diese Erhebung in allgemeinmenschliche Dimensionen der johanneischen Intention ganz entspricht. »Die Juden« – das bedeutete ja für die johanneische Gemeinde: nicht sie selbst, die sich ja gegenüber dem Judentum unter Schmerzen als eigene Größe konstituiert hatte. Das bisweilen groteske Mißverstehen der Juden im Johannesevangelium vermittelte der Gemeinde eine gegenteilige Erfahrung: *sie* selbst *versteht* den Offenbarer und die Schrift, zu der dieser ihr den Zugang eröffnet hatte. In der paulinischen Rechtfertigungslehre steckte deutlich ein polemisches Moment: nicht nur gegen die Juden, sondern auch gegen die Christen, ja, wie an der analogen Kreuzestheologie deutlich wird, auch gegen Paulus selbst, sein eigenes Rühmen und sein eigenes Stark-sein-Wollen richtete sie ihre Spitze. *Die johanneische Gesetzesauseinandersetzung dagegen hat für die vom Judentum gelöste Gemeinde, die ihren Erzfeind am eigenen Gesetz scheitern sieht, doch wohl primär selbstbestätigende, stabilisierende Funktion.* Die Gemeinde gehört ja zu denen, die »es annahmen, (denen) er Macht gab, Kinder Gottes zu werden, die an seinen Namen glauben, die nicht aus Blut, nicht aus Fleischeswillen und nicht aus Menschenwillen, sondern aus Gott gezeugt wurden« (1,12f.).

Doch das ist noch nicht die ganze Antwort. Auch wenn es richtig ist, daß die Auseinandersetzung mit den Juden, in der das »Gesetz« bei Johannes vor allem seinen Sitz hat, wesentlich der Selbstbestätigung der Gemeinde dient, so ist dadurch noch nicht ausgeschlossen, daß *die Beanspruchung des Alten Testamentes als Zeugnis für Christus von grundsätzlicher Bedeutung ist.* Und dies scheint mir in der Tat der Fall zu sein. Die religionsgeschichtliche Arbeit am Johannesevangelium hat in den letzten Jahren stärker erkannt, wie sehr Johannes direkt oder indirekt in alttestamentlichem Denken wurzelt. Von dieser Erkenntnis her wird man auch der prinzipiellen Beanspruchung des Alten Testaments, des Abraham, des Mose etc. als Zeugen für den Offenbarer größere Beachtung schenken. Das Alte Testament ist für Johannes sicher nicht einfach ein christliches Traditionsrelikt und Sprachmaterial. Im Gegenteil: Johannes versieht das Wort des Alten Testaments mit dem ganzen Gewicht des gültigen Zeugnisses des Vaters für den Sohn. Es erschließt dem Glauben nicht nur die Unausweisbarkeit, sondern – vom Vater her – auch die Wahrheit des Anspruchs des Offenbarers. Aber dennoch wird man auch hier eine kritische Feststellung nicht unterdrücken können. Der johanneische Christomonismus hat eine Qualität erreicht, die das Wort des Alten Testamentes als *eigenes* Zeugnis zu vereinnahmen droht. Die alttestamentliche Geschichte ist vom präexistenten Logos umschlossen. Abraham tritt in seinen Dienst, Mose bezeugt ihn. Das Gesetz verliert jede Eigenbedeutung und wird zum Hinweis auf die es weit in den Schatten stellende Souveränität des Gottessohns. Der Kult – in Jerusalem wie anderswo – wird durch die Anbetung in Geist und Wahrheit aufgehoben (4,20–23). Ja, am Beispiel des alttestamentlichen Manna wird alttestamentlichem Heilshandeln Gottes seine Heilskraft geradezu abgesprochen (6,32). Das heißt: Wohl kommt das Heil von den Juden (4,22), wohl hat es seinen unveränderbaren Platz im Rahmen der vom Alten Testament herkommenden Heilsgeschichte, wohl ist der Logos auch im geschichtlichen Sinne konkret Fleisch geworden. Aber zugleich setzt der Offenbarer in so radikaler Weise alle Werte neu, daß diese alttestamentliche Geschichte verblaßt. Er bestimmt und erschließt den Sinn des Alten Testaments und des Gesetzes völlig neu, beruft sich zwar in einzigartiger Weise auf es, aber er vereinnahmt es so vollständig, daß es einen Bezug auf seine eigene Geschichte verliert und ganz von johanneischem Sinn erfüllt wird. *Er beruft sich auf das Alte Testament, aber dieses wird zum bloßen Sprachmodus seines eigenen Wortes.* An diesem Punkt stehen das Johannesevangelium und der Hebräerbrief in ähnlicher Gefahr.

4. Die Zeit nach der Auseinandersetzung mit dem Judentum

4.1 Allgemeines

Schon Johannes und der Hebräerbrief lassen erkennen, daß das Problem der Geltung des mosaischen Gesetzes ein Problem nur der allerersten Christen gewesen ist. Seit der zweiten Hälfte des ersten Jahrhunderts beginnt es mehr und mehr zurückzutreten: Es wird, wie schon bei Johannes und im Hebräerbrief mehr und mehr auf literarischer Ebene zu einem sprachlichen Ausdrucksmittel für bestimmte theologische Aussagen. Dieses Ausdrucksmittel wird aus historischen und traditionsgeschichtlichen Gründen gewählt, vor allem, weil es vom Alten Testament her vorgegeben ist, aber nicht mehr, weil das Problem der Geltung des Gesetzes in den Gemeinden wirklich umkämpft und umstritten gewesen wäre. Andernorts verschwindet die Vokabel »Gesetz« aus dem theologischen Vokabular. Ein deutliches Zeichen dafür, daß das Problem der Gesetzesfreiheit erledigt ist, ist, daß *das Wort »Gesetz«* – nun nicht mehr durch die obsolet gewordene jüdische Mosetora besetzt – *»frei« wird und neu verwendet werden kann: Die christliche Botschaft wird ihrerseits zum »Gesetz«, das aber nicht mehr mit dem mosaischen identisch ist.* Die Frage nach der Geltung der mosaischen Tora wird jedenfalls mehr und mehr zum Randproblem.

Die *Judenchristen* sind in der Mitte des zweiten Jahrhunderts zu einer Randgruppe in der Kirche geworden: Es gibt sie nur noch in Syrien und Palästina, also in geschlossenen jüdischen Siedlungsgebieten. Die Heidenchristen streiten sich, ob man wenigstens diejenigen unter den Judenchristen, die Gesetzesgehorsam nicht als Heilsbedingung für *alle* Christen verlangen, als Brüder anerkennen soll[203]. Die Fronten haben sich umgekehrt: die Heidenchristen disputieren über die Existenzberechtigung der – am Rande des Reiches lebenden – gesetzestreuen Judenchristen.

Daß es soweit kam, hat wohl vor allem kirchengeschichtliche, nicht so sehr theologische Gründe: Die Heidenmission war erfolgreich; sie stieß im Unterschied zur Judenmission in den hellenisierten Städten des Reichs in ein gewisses religiöses Vakuum, während die Judenmission mehr und mehr zum Erliegen kam: Nach dem ersten jüdischen Krieg zieht auch die Synagoge mit der sogenannten »Verfluchung der Häretiker«[204], einem auch gegen die Christen wirksamen Zusatz in ihr Achtzehnbittengebet, einen Trennungsstrich zwischen sich und den Christen. Die jüdische Heidenmission kommt mit dem Beschneidungsverbot Hadrians zu einem vorläufigen Ende. Die christliche Heidenmission hatte vorher den von der jüdischen Mission bereiteten Boden erfolgreich benützt: im Kampf zwischen Christentum und Judentum um die Gunst der Heiden erwies sich das auf Gesetzeserfüllung verzichtende Christentum gegenüber einem Judentum, das den Heiden, wenn sie sich nicht beschneiden wollten, nur den Status von »zugewandten« Gottesfürchtigen geben konnte, als überlegen. Noch wichtiger war m. E. etwas anderes: Das Problem christlicher Identität stellte sich von der zweiten christlichen Generation an anders. Kinder von Judenchristen, die in gemischten Gemeinden aufwuchsen und die den Kampf um das Gesetz nicht mehr aktiv durchlitten hatten, gingen von einer neuen Identität aus, in der das Gesetz von vornherein eine Angelegenheit von sekundärer Bedeutung war. Schriften, wie etwa die Pastoralbriefe, der aus der römischen Gemeinde stammende Hirt des Hermas oder der ebendort anzusiedelnde 1. Clemensbrief zeigen, wie judenchristliche Traditionen in einen neuen – heidenchristlich-gesetzesfreien – Lebenskontext bruchlos eingebracht werden können. Gerade diese Schriften sind Zeugnisse dafür, wie sich die *Gesetzesfrage im Laufe der Zeit weithin von selbst erledigte*. Das gesonderte Juden-Christentum in der Diaspora – und damit das Gesetzesproblem – verschwand mit dem Generationenwechsel von selbst. Es blieben der Hintergrund jüdischer Traditionen und das Alte Testament.

Die Frage nach der Gegenwartsbedeutung der Gesetzesfrage wird dadurch für uns Heutige schwieriger: der Verdacht legt sich nahe, daß es sich beim Problem »Gesetz« um eine spezifische Frage der christlichen Anfangszeit handeln könnte, die für uns nicht mehr aktuell ist.

4.2 Die nachpaulinischen Briefe

Die deuteropaulinischen Briefe bezeugen eindrücklich, wie die Gesetzesfrage in der nachapostolischen Zeit zurücktritt. In keinem von ihnen spielt die Gesetzesthematik eine wesentliche, in manchen gar keine Rolle[205]. Im *Kolosserbrief* fehlt das Stichwort »Gesetz«. Nicht mit dem jüdischen Gesetz, sondern mit den »Vorschriften« der kolossischen Philosophie, die wohl nur noch teilweise jüdischen Ursprungs sind, hat sich der Verfasser zu beschäftigen (2,16f.21 vgl. 14). Seine Argumentationsweise steht dabei derjenigen des Hebräerbriefs näher als der paulinischen Rechtfertigungslehre: Es geht nicht um den Gegensatz von eigener Gerechtigkeit und Gnade, sondern um denjenigen von wahrer Realität, die der kosmische Christus ist, und »Schatten«, Menschengeboten (2,22). In anderer Weise verliert im *Epheserbrief* die paulinische Gesetzeslehre an Konturen: Zwar kann der Verfasser, Röm 7,4 oder 10,4 nicht unähnlich, davon sprechen, daß Christus »in seinem Fleisch das Gesetz der Gebote mit seinen Satzungen vernichtete« (Eph 2,14f.). Das Gesetz wird aber nur in seiner Funktion als »Scheidewand« zwischen Juden und Heiden, die in Christus zur Einheit gekommen sind, reflektiert. Die Möglichkeit eines gesetzlichen Heilswegs neben dem Weg der Gnade scheint der Verfasser für seine Gegenwart nicht zu kennen, auch nicht in Gestalt der kolossischen Philosophie. Anders wäre undenkbar, wieso der Verfasser so ungebrochen von den »guten Werken« sprechen könnte, wie er dies 2,10 tut. Die Vernichtung des Gesetzes bedeutet für ihn wesentlich die Aufhebung des Unterschieds zwischen Juden und Heiden, ihr Zusammenkommen in der Einheit Christi und damit natürlich auch die Möglichkeit des Heils für die Heiden, die bisher angesichts der Verheißung »Fremde« waren. Sie bedeutet einen fundamentalen, unaufgebbaren Schritt für die Aufrichtung der neuen Heilswirklichkeit des einen Christus. Dieser Schritt ist geschehen; man blickt dankbar auf ihn zurück.

Am weitesten von Paulus entfernt haben sich die *Pastoralbriefe*: Gegen die Häretiker, die als »Gesetzeslehrer« (1 Tim 1,7) sich in irgend einer Weise auf das Alte Testament berufen haben werden, konzediert der Verfasser zwar mit einem paulinischen Satz, »daß das Gesetz gut ist« (1 Tim 1,8, vgl. Röm 7,12.16). Seine Güte erweist es, indem es einen Wall gegen die Ungerechten und Frevler bildet, also erstmals im Sinne des späteren *usus politicus legis.* »Für einen Gerechten ist das Gesetz nicht da« (1 Tim 1,9). Für die Christen gilt vielmehr der Maßstab der »gesunden Lehre«, der ihr Verhalten regelt (1 Tim 1,10). Der Verfasser übernimmt eine

paulinische These völlig bar jeden paulinischen Sinns und dokumentiert zugleich, wie weit sich sein Gesetzesverständnis vom jüdischen Wurzelboden, wo das Gesetz gerade für die Gerechten da ist, entfernt hat.
Fazit: Nehmen wir das Bild des nachpaulinischen Schrifttums, wie es vom Gesetz schweigt oder redet, als Ganzes, so ist das Resultat verblüffend: *Ein zentrales Thema paulinischer Theologie hat überhaupt keine Wirkungsgeschichte gehabt, ja, es wurde kaum verstanden.* Das Problem des Gesetzes war in der nachpaulinischen Zeit erledigt; nur der Epheserbrief scheint überhaupt noch zu wissen, worin es bestand und warum es erledigt ist.

4.3 Das lukanische Schrifttum

Lukas zeigt, wie es durch Gottes Führung dazu kam, daß sich die Gesetzesfrage erledigte. Das Lukasevangelium beginnt mit den Eltern Jesu, die als fromme, gesetzestreue Juden geschildert werden, treu das Gesetz Mose halten, ihr Kind beschneiden und im Tempel auslösen (Lk 2,22.27.39). Jesus wird bewußt als Erlöser Israels gezeichnet, der sein heiliges Volk sammelt und seine Wirksamkeit in der heiligen Stadt Jerusalem im Tempel beginnt (Lk 2,41ff.; 4,9ff.) und wieder dort endet. Daß Jesus das Gesetz übertreten oder außer Kraft gesetzt hat, läßt Lukas zurücktreten. Von Bedeutung wird die Gesetzesfrage erst in der Apostelgeschichte. Die Urgemeinde ist gesetzestreu. Sie versammelt sich im Tempel. Der Schritt in die Gesetzesfreiheit geschieht mit der Heidenmission, die Gott selbst befiehlt. Petrus, der gesetzestreue Apostel, läßt sich nur durch Gottes eigenen, ausdrücklichen und dreimaligen Befehl dazu bewegen, den Heiden Cornelius aufzusuchen (Apg 10,13−16.28) und tauft ihn erst, nachdem der heilige Geist ihm zuvorgekommen ist. Die paulinische Mission muß offenbar besonders abgesichert werden: Darum läßt Lukas Paulus erst in den Fußstapfen des Petrus, zusammen mit Barnabas und ausdrücklich durch die antiochenische Gemeinde ausgesandt, Heidenmission betreiben. Am Apostelkonzil in Jerusalem ist es Petrus, der die gesetzesfreie Heidenmission theologisch begründet (15,7−11) und Jakobus, der sie durch alttestamentliche Schriftbeweise absichert (15,13−21). Paulus wird zwar m.E. nicht seiner Apostelwürde beraubt und nicht juristisch den Jerusalemer Aposteln unterstellt, wohl aber ausdrücklich in die Ökumene der geistgeleiteten Gesamtkirche eingegliedert. Offensichtlich ist die Gestalt des Paulus auch nach 70 nicht unumstritten gewesen und bedurfte der Absicherung.

Die paulinische Missionstätigkeit ist es denn vor allem, die die Ablösung der Kirche von Israel verkörpert. In jeder einzelnen Stadt, wo Paulus verkündigt, passiert dasselbe: Die Verkündigung beginnt in der Synagoge und vermag auch einige Juden in den Bann zu ziehen. Die Mehrzahl der Juden aber verschließt sich ihr, so daß Paulus den Heiden zu verkündigen beginnt. Dieser Prozeß entspricht dem Gesamtaufbau der Apostelgeschichte, die mit der Verkündigung der Urgemeinde im Tempel beginnt und damit endet, daß Paulus den römischen Juden sagt:

> »So sei euch kund, daß den Heiden dieses Heil Gottes gesandt worden ist; sie werden ihm Gehör schenken« (28,28).

Das letzte alttestamentliche Zitat der Apostelgeschichte ist das bekannte, in Lk 8,10 stark gekürzte Verstockungszitat aus Jes 6,9f. Die Apostelgeschichte schildert also nicht nur, wie das Evangelium von Jerusalem bis ans Ende der Welt gelangt, sondern auch, wie aus der Urgemeinde im Tempel durch Gottes Willen die Heidenkirche wird.

Die Heidenmission ist für Lukas gesetzesfreie Heidenmission[206]. Die Heiden sollen nach den Worten des Petrus auf dieselbe Weise gerettet werden, wie die Juden, nämlich durch Glauben an die Gnade des Herrn Jesus (15,11). Dennoch behält das Gesetz eine wichtige positive Rolle: Gesetz und Propheten rücken zusammen und werden als Weissagung interpretiert:

> »»Mußte nicht der Christus dies leiden und in seine Herrlichkeit eingehen?« Und er begann bei Mose und bei allen Propheten und legte ihnen in allen Schriften aus, was über ihn handelte« (Lk 24,26f.).

Gesetz und Propheten bezeugen, daß Jesus der Christus sei. So sieht Lukas den christlichen Glauben in Übereinstimmung mit der in Gesetz und Propheten bezeugten Hoffnung Israels. Er kann Paulus zu Agrippa sagen lassen:

> »Ich stehe da und lege Zeugnis ab vor klein und groß, und sage dabei nichts anderes als das, wovon sowohl die Propheten als auch Mose geredet haben, daß es geschehen werde: ob der Christus dem Leiden unterworfen sei, ob er als erster aus der Auferstehung der Toten sowohl dem Volk als auch den Heiden Licht verkündigen werde« (26,22f.).

Paulus steht wegen der Hoffnung Israels vor dem Tribunal. Das Tribunal aber ist ein von den Juden inszeniertes Tribunal, die im Prozeß gegen Paulus ihre eigene Hoffnung bekämpfen. Auch hier schwingt vermutlich wieder ein aktuell-polemisches, judenchristlicher Polemik gegen Paulus entgegentretendes Motiv mit: die gegen Paulus vorgebrachten Vorwürfe, ein Verräter seines Volkes zu sein, sind haltlos. In Wirklichkeit ist es die Kirche, die legitimerweise die Verheißungen Israels erbt.

Dabei legt Lukas Wert darauf, den Judenchristen Paulus als gesetzestreu zu zeichnen. Er nimmt das Nasiräat auf sich und hat von Jugend auf der strengen Richtung der Pharisäer angehört (21,26f.; 26,5). Gerade in der Betonung der persönlichen Gesetzestreue des Paulus verzeichnet Lukas – vermutlich absichtlich – das Bild, das Paulus in seinen Briefen von sich selbst entwirft: Ich bin den Juden ein Jude geworden ... obwohl ich selbst nicht unter dem Gesetz stehe (1 Kor 9,20). Es geht Lukas bei diesem Paulusbild dabei im allgemeinen darum, die Verwurzelung des christlichen Glaubens in Israel zu dokumentieren, dessen Erbe die Kirche beansprucht. Es geht ihm im besonderen darum, Paulus von (judenchristlichen?) Vorwürfen zu entlasten und ihn zusammen mit dem gesetzestreuen, die Heidenmission mit Hilfe des Alten Testaments verteidigenden Jakobus als Repräsentanten der einen, einigen Kirche darzustellen. Die persönliche Gesetzestreue des Paulus ist dabei für die Kirche seiner Zeit wohl ebenso wenig maßgeblich wie diejenige des Jakobus und der Jerusalemer Judenchristen: Petrus, Paulus und Jakobus waren Judenchristen. Lukas aber gehört ins spätere Heidenchristentum, zu dessen Gesetzesfreiheit der heilige Geist durch seine Werkzeuge Petrus, Jakobus und Paulus den Weg geebnet hatte:

»Gott ... hat keinen Unterschied zwischen uns und ihnen gemacht ... Vielmehr durch die Gnade des Herrn Jesus glauben wir gerettet zu werden auf dieselbe Weise wie auch jene« (15,9.11).

Lukas konnte die Gesetzestreue der Judenchristen der ersten Generation um so eher respektieren, als ihre Zeit der Vergangenheit angehörte. Wichtig ist ihm die theologische Aussage: Die Kirche ist Erbin der Verheißungen von Gesetz und Propheten und beruft sich zu Recht auf sie. Wichtig ist ihm die Einheit der Kirche: Es gab keinen grundsätzlichen Dissens zwischen Juden- und Heidenchristentum, sondern Gott hat die einige Kirche gemeinsam den Weg aus dem Tempel zu den Heiden geführt. Für das Gesetz bedeutete dies ein Doppeltes: Es ist nicht Antipode des Evangeliums, sondern als Weissagung bleibend dem Evangelium zugeordnet. Hinsichtlich seiner Forderungen aber ist es als Vorstufe und Frühform des Willens Gottes mindestens teilweise überholt. Das Gesetz zeugt so zugleich von Kontinuität und Diskontinuität in der Heilsgeschichte. Die Gemeinde blickt auf ihre Befreiung von seinen Forderungen zurück und versteht dies als für sie entscheidenden, vergangenen Akt göttlicher Führung. Als Weissagung aber begleitet das Gesetz die Gemeinde und wird zum bleibenden Ausdruck göttlicher Wahrheit und Treue. Ein Problem stellt es nicht mehr dar.

4.4 Der Glaube als neues Gesetz

Seit der nachapostolischen Zeit geschieht es auch häufiger, daß der Glaube als ganzer unter den Oberbegriff »Gesetz« gestellt wird. Die Voraussetzungen dafür sind deutlich: Jüdisches Denken wirkt nach, zumal unter den Nachfahren der Judenchristen in der Diaspora. Zugleich tritt die Auseinandersetzung mit dem Judentum zurück: »Gesetz« hört mehr und mehr auf, eine vom Judentum »besetzte« Vokabel zu sein. Je weniger die programmatische Beanspruchung des Alten Testaments und jüdischer Überlieferung von seiten der Synagoge angefochten werden konnte, desto ungebrochener wurde die Aufnahme jüdischer Überlieferungen in den heidenchristlichen, bzw. nicht mehr judenchristlichen Gemeinden außerhalb Palästinas möglich. In diesen Zusammenhang gehört die Möglichkeit, den christlichen Glauben in Analogie zum jüdischen als Gesetz, bzw. in Überbietung des jüdischen als neues Gesetz zu verstehen. Anknüpfungsmöglichkeiten in der urchristlichen Überlieferung boten Jesu Liebesgebot, der neue Wille Gottes in den Antithesen, das paulinische Gesetz Christi und das johanneische neue Gebot.

Ein Musterbeispiel für diese Entwicklung bietet der *Jakobusbrief*. Für ihn ist der Inbegriff der christlichen Lehre das »vollkommene Gesetz der Freiheit« (1,25) oder, wie er 2,8 sagt, das »königliche Gesetz«. Beide Ausdrücke bedeuten vermutlich keine Antithese zum Judentum, keinen Nachhall paulinischen Freiheitsverständnisses, sondern sind jüdisch: Halten des Gesetzes bedeutet Freiheit[207]. In seinem Verständnis der christlichen Botschaft als Gesetz ist der Jakobusbrief mit dem Matthäusevangelium verwandt, mit dem er auch viele gemeinsame Überlieferungen teilt. Aber er unterscheidet sich darin von ihm, daß sein Gesetz nicht mehr das jüdische ist, das Jesus bestätigt und vertieft hat. Vielmehr hat sich sein Gesetz schon längst verchristlicht: Vom Zeremonialgesetz ist de facto nicht mehr die Rede, nur noch vom Liebesgebot (2,8) und von den Zehn Geboten (2,11). In dieser Konzentration steht er Paulus gar nicht so fern. Die Eigenart des Gesetzesverständnisses des Jakobusbriefes scheint darin zu bestehen, daß er eigentlich überhaupt kein Verhältnis zum jüdischen Gesetz hat, weder ein bejahendes, wie Matthäus, noch ein abwertendes, wie Johannes, der Hebräer- oder der Barnabasbrief. Vielmehr bekommt man den

Eindruck eines weisheitlich-jüdischen Traditionsgutes, das sich durch Erinnerungen an Jesu Verkündigung gleichsam unmerklich verchristlicht hat. Theologisch erreicht Jakobus darin weder die Tiefe des Paulus, der am Gesetz sein Verständnis von Sünde und Gnade darlegt, noch die des Matthäus, für den das Gesetz zum Prüfstein des unaufgebbaren Bezuges des christlichen Glaubens auf das Alte Testament wird.

Was der Jakobusbrief vermutlich erstmals in begrifflicher Klarheit darlegte, ist in andern frühchristlichen Dokumenten auch gemeint: Der *1. Clemensbrief* versteht unter Christsein das demütige, sanftmütige und unbeirrbare Tun der von Gott gegebenen Rechtsforderungen und Vorschriften (58,2). Die korinthische Gemeinde wandelte in ihren guten Tagen »in den Gesetzen Gottes« (1,3). Für den *Hirten des Hermas* ist Jesus der Überbringer des Gesetzes. Er hat es von seinem Vater empfangen und seinem Volke gegeben, das er von seinen Sünden gereinigt hat (sim 5,6,3). Das dem Christen aufgegebene Gesetz Gottes steht dem »Gesetz dieser Stadt«, nämlich der Welt entgegen. Im Gleichnis vom Weidenbaum wird der Baum nicht nur auf das Gesetz, sondern zugleich in unklarem Nebeneinander auf Christus ausgelegt (sim 8,3,2). Gerade das unklare Nebeneinander ist typisch: Bedeutete im frühen Diasporachristentum die Identifikation Jesu mit der präexistenten Weisheit meistens eine Antithese zur Tora[208], die seit Sirach im Judentum mit der Weisheit identisch war, so fehlt hier die Antithese zum Judentum: Die (vielleicht jüdisch vorgegebene) Auslegung des Weidenbaums auf das Gesetz und des Gärtners auf den Erzengel Michael kann hier nun ohne weiteres durch Christus erweitert werden: Christus ist das die Gemeinde tragende und bestimmende Gesetz. Noch deutlicher wird dieser Gedanke bei *Justin* durch die Aufnahme hellenistisch-jüdischen Gedankenguts: Der Anspruch, daß das Gesetz mit dem Logos, der Vernunft identisch ist und darum universale Gültigkeit hat, wirkt nach. Justin kann nicht nur Christus als neuen Gesetzgeber (dial 14,3), sondern zugleich als »ewiges und endgültiges Gesetz« (dial 11,2) bezeichnen, das der Erwartung der Menschen aus allen Völkern entspricht.

Natürlich beschäftigen sich die frühchristlichen Schriften auch mit der Frage, was denn nun neben dem Gesetz der Christen der Sinn des *alten* Gesetzes sei. Auch hier liefert das Gesetzesverständnis des Diasporajudentums Bausteine für die Reflexion: Am radikalsten denkt der *Barnabasbrief*. Er bedient sich der im alexandrinischen Judentum so beliebten allegorischen Auslegungsmethode des Alten Testaments, aber so, daß er sie gegenüber der wörtlichen Auslegung als allein richtige behauptet. Seine Position gleicht also derjenigen der von Philo bekämpften Allegoristen[209]. Christliche Verkündigung ist »das neue Gesetz unseres Herrn Jesus Christus« (2,6). Worin besteht es? Barnabas deutet nach hellenistisch-jüdischem Vorbild die Ritualgesetze geistlich:

> »Das Schwein nun hat er in folgender Meinung genannt: du sollst dich nicht anschließen ... an solche Menschen, die den Schweinen gleich sind« (10,3).

Damit verbindet er prophetische Kultkritik: Die Abschaffung von Opfern, der Beschneidung und des Tempelkults (2,6; 9,4f.; 16,2f.) ist schon durch die Propheten gefordert. Das neue Gesetz »ohne Zwangsjoch« (2,6) ist also eigentlich gar nicht neu, es ist vielmehr bereits das alttestamentliche, nun aber richtig verstandene. So gibt es für Barnabas nicht zwei Gesetze, nicht die neue Tora im Gegensatz zur alten, sondern nur den einen, immer gleichen, bereits durch die Propheten eindeutig erläuterten Gotteswillen. Barnabas braucht deshalb das Alte Testament nicht mit den Juden zu teilen; er kann dies auch gar nicht:

> »Laßt uns nun sehen, ob dieses Volk (sc. die christliche Gemeinde) erbt oder das erste, und ob das Testament auf uns geht oder auf jene« (13,1).

Barnabas konzediert, daß der Bund den Juden angeboten wurde:

> »Gegeben hat er ihn, aber sie waren nicht würdig, ihn in Empfang zu nehmen wegen ihrer Sünden« (14,1).

Bewiesen wird das mit Hilfe von Exodus 32: Moses zerbricht die Bundestafeln wegen des Götzendienstes des Volkes. Israel ist also nach Barnabas gar nie Bundesvolk gewesen. Für die christliche Gemeinde ist dagegen das eigentlich nicht neue, sondern immer schon gemeinte, von zeremonieller Mißdeutung befreite ewige Gesetz Christi verbindlich.

Bei aller Vielfalt im einzelnen gibt es einen Grundkonsens: *Gemeinsam vertreten fast alle christlichen Schriften des 2. Jahrhunderts die Meinung, daß das Wesen des christlichen Glaubens in den Geboten, bzw. im Gesetz Gottes oder Christi besteht. Gemeinsam ist ihnen auch die Auffassung, daß diese Gebote im Sittengesetz, insbesondere im Liebesgebot und in den Zehn Geboten, keinesfalls aber im Zeremonialgesetz und auch nicht im Judizialgebot des Alten Testamentes bestehen.* Mit diesen, für die christliche Gemeinde nicht mehr direkt gültigen Bestandteilen der Schrift ist man in der Regel nicht so fertig geworden, wie der Barnabasbrief, indem man sie einfach umdeutete und Israel absprach, jemals Gottesvolk gewesen zu sein. Verbreiteter war vielmehr, besonders beim Zeremonialgesetz, die typologische Auslegung:

> »Opfer, Beschneidung, Sabbat, Fasten, Passa, Ungesäuertes

und ähnliches ... sind Bilder und Symbole, und es wurde, als die Wahrheit erschien, umgesetzt. Nach dem Sichtbaren, nach der Erfüllung im Leiblichen, wurde es aufgehoben, nach dem Pneumatischen wurde es hinaufgehoben, die Namen blieben dieselben, aber die Sache wurde geändert« (Ptolemäus, Brief an Flora, 5,8f.).

Im Unterschied zur allegorischen Deutung des Barnabasbriefes läßt diese Art der symbolischen Deutung, die auch in der Großkirche verbreitet gewesen ist, dem Zeremonialgesetz seine Zeit: Bevor Christus kam, war es wörtlich gemeint; Christus dagegen hat seinen wahren Sinn herausgestellt und die Befolgung im Leiblichen aufgehoben. Der im Acker verborgene Schatz des Gesetzes wurde erst durch das Kreuz enthüllt; er ist nämlich Christus selbst, der durch alttestamentliche Vorbilder und Gleichnisse dargestellt wurde (Irenäus, haer 4,26,1). Vor Christus aber waren die alttestamentlichen Gebote ein Zuchtmittel zur Erziehung des noch gottlosen Volkes Israel:

> »Er unterrichtete das Volk, das so leicht zu den Götzen zurückkehrte ... Durch das Zweite rief er sie zum ersten, d. h. durch den Typus zur Wahrheit, durch das Zeitliche zum Ewigen, durch das Fleischliche zum Geistigen, durch das Irdische zum Himmlischen« (Irenäus, haer 4,14,3).

Die Gebote der Knechtschaft dienten zur Belehrung des Volkes Israel, das Gott ungehorsam war und die Gerechtigkeit des Urstandes verloren hatte.

5. Rückblick auf das Neue Testament

Blicken wir zurück auf das Neue Testament, so ergibt sich ein komplexer Befund. *Der Konsens, den die heidenchristliche Großkirche hinsichtlich des Gesetzes fand, liegt zwischen den beiden neutestamentlichen Grundpositionen des Matthäus und des Paulus.* Mit Matthäus betonen diese frühkatholischen Väter der Kirche, daß christlicher Glaube zentral Gottes Gebote und insofern zentral Gesetz sei. Mit Matthäus sehen sie die, oder mindestens eine wichtige differentia specifica, die Christen und Heiden unterscheidet, im Gehorsam gegenüber Gottes Willen, also im Handeln, insbesondere in der Liebe. Im Unterschied zu Matthäus aber wird nicht mehr behauptet, daß das jüdische Gesetz wenigstens *prinzipiell* noch gilt und gehalten werden muß. Das »Gesetz« ist ein anderes geworden. Man könnte sagen: *Christliche Botschaft wird*

nicht als alttestamentlich-jüdisches Gesetz, sondern analog dem alttestamentlich-jüdischen als Gesetz Christi verstanden.
Auf der anderen Seite scheinen wesentliche Elemente der bei Paulus, im Hebräerbrief oder im lukanischen Schrifttum vertretenen Ablehnung des Gesetzes aufgenommen: Allgemein anerkannt ist die grundsätzliche Gesetzesfreiheit der Heidenchristen und damit immer mehr der Christenheit überhaupt. Zum Allgemeinbesitz wird auch die Orientierung der Ethik am Liebesgebot und am Dekalog. Im ganzen ist dabei allerdings mehr die Grundüberzeugung des gesetzesfreien Juden- und Heidenchristentums der ersten Generation überhaupt, als etwa die paulinische Theologie im besonderen zum Zuge gekommen.

> Der Vergleich zwischen Paulus und dem stark paulinisch geprägten *Irenäus* vermag das deutlich zu machen. Die irenäische Unterscheidung zwischen dem ursprünglichen Naturgesetz, das mit dem Evangelium fast identisch ist, und dem Gesetz der Knechtschaft, das um der Besserung und Bewahrung Israels willen zwischen hinein gekommen ist, erinnert in vielem an Paulus (vgl. haer 4,13—15). Die Naturgesetze sind durch den Glauben vertieft und erweitert (z. B. der Dekalog), die Gebote der Knechtschaft sind teils dem Zustand Israels angepaßte Notmaßnahmen, die deshalb wegfielen, teils Zeichen, deren geistiger Sinn von Christus her durchsichtig wird. Irenäus argumentiert verbal paulinisch, steht aber faktisch nahe bei der Gesetzeslehre des Ptolemäus (Brief gegen Flora).

Die paulinische Antithese zwischen Christus und dem zur eigenen Gerechtigkeit führenden überholten Heilsweg des Gesetzes bleibt in der Folgezeit weithin unbekannt.

> *Marcion* ist hier die einzige Ausnahme. Er rezipiert die paulinische Gesetzeslehre bewußt und programmatisch: »Die Trennung von Gesetz und Evangelium ist das eigentliche und wichtigste Werk des Marcion« (Tertullian, adv Marc 1,19,4). Die Antithesen Marcions sind nach Harnacks Rekonstruktion weithin solche zwischen Gesetz und Evangelium. Das Gesetz des Demiurgen, das dessen Gerechtigkeit, aber auch dessen Primitivität und Blutdurst spiegelt, hat nichts mit dem Evangelium des gültigen Gottes zu tun. »Maledictio charakterisiert das Gesetz, benedictio den Glauben«[210]. Von diesem Grundansatz her stellt Marcion das Alte Testament des Demiurgen seinem eigenen neutestamentlichen Kanon gegenüber.
> Es ist keine Frage, daß Marcion die paulinische Dialektik von Gesetz und Glauben mißverstanden hat. *Der einzige altkirchliche Theologe, der konsequent das Alte Testament als dem Evangelium entgegenstehendes Gesetz deutet, hat Paulus grundlegend mißverstanden.* Ein wesentlicher Grund des Mißverständnisses liegt m. E. darin, daß Marcion das paulinische Nein zum Gesetz von der paulinischen Biographie getrennt und objektiviert hat: Für Paulus, den Juden, wurde das Gesetz, in dessen

Namen er Christus verfolgte, zum Stachel, der ihn – von Christus her gesehen – tiefer und tiefer in die Sünde trieb. Für Paulus war es das Gesetz *Gottes*, das die Tiefe *menschlicher* Sünde entlarvte. Für Marcion war das, was Paulus als Ausdruck der Erfahrung seiner eigenen Sünde verstand, Beschreibung der jüdischen Religion. Die negativen Qualifikationen, die nach Paulus der Sünde, dem Fleisch, der eigenen Gerechtigkeit gehören, übertrug Marcion (auch) auf den Gesetzgeber-Gott, den er deswegen vom Erlöser-Gott trennen und zum bloß gerechten Demiurgen machen mußte.

Das frühkatholische Verständnis des christlichen Glaubens als »Gesetz Christi« bzw. als »neues Gesetz« ist also ein Neuansatz, der als Ganzer vom Neuen Testament nicht direkt gedeckt ist. Die für ihn konstitutiven Faktoren sind die Gesetzesfreiheit der Heidenchristen, der positive Bezug Jesu auf das alttestamentliche Gesetz, das Zurücktreten der Auseinandersetzung mit jüdischem Gesetzesverständnis und damit zusammenhängend die Tatsache, daß sich das Problem des Gesetzes weithin als ein vom Text des Alten Testamentes aufgegebenes abstrakt-theologisches Problem stellte. Sie und damit auch das frühkatholische Gesetzesverständnis sind für den christlichen Glauben bis heute, auch jenseits der Reformation, konstitutiv geblieben.

Es wäre kurzschlüssig, solches Verständnis des christlichen Glaubens als »Rejudaisierung« oder als »unevangelische Werkgerechtigkeit« abzutun. Die Erkenntnis, daß Glaube entscheidend Handeln, Gehorsam gegenüber Gottes Willen ist, ist gemein-neutestamentlich, auch paulinisch. Versteht sich Glaube so als Gehorsam, Evangelium als Forderung, so ist das keineswegs Werkgerechtigkeit und auch nicht Rejudaisierung, es sei denn, im besten Sinne. *Das paulinische, am Problem des Gesetzes gewonnene Verständnis der Sünde als eigener Gerechtigkeit und Selbstverwirklichung des Menschen, steht m. E. keineswegs notwendig im Gegensatz zu solchem Verständnis des christlichen Glaubens, sondern ist geeignet, ihn zu vertiefen.* Die an die Texte, die vom Glauben als neuem Gesetz reden, zu stellende Frage ist die, ob sie um den Abgrund der Sünde und um die letzte Tiefe von Gottes Gnade, von der Paulus kündete, noch wissen. Aber diese Frage darf nicht schon dort, wo – in anderer Situation – der Glaube als »Gesetz« verstanden wird, negativ beantwortet werden.

Nachwort

Am Ende unserer Untersuchung versagen wir es uns, eine Zusammenfassung zu geben, die das komplizierte Material zu leicht auf einen Nenner bringen würde. Wir fürchten, daß wir schon in der voraufgegangenen Darstellung manchmal allzusehr vereinfacht haben. So bieten wir auch bewußt keine handlichen Formeln an, mit deren »Umsetzung« und dann auch »Umsatz« die gegenwärtige systematische Theologie keine Mühe zu haben brauchte. Gerade sie kann nur dringend eingeladen werden, die Unübersichtlichkeit und Sperrigkeit der biblischen Aussagen nicht zu überspielen; es könnte sein, daß sie gerade dadurch auch der Gegenwart nur oberflächlich gerecht würde.

Heute wird von verschiedenen Seiten und mit verschiedenen Gründen der Ruf nach einer »biblischen Theologie« laut, die Altes und Neues Testament umfassen soll. Was wir hier vorlegen, kann nicht beanspruchen, auch nur im Grundriß eine »biblische Theologie des Gesetzes« genannt zu werden; es ist eine gegliederte Darstellung des Befundes in beiden Testamenten nacheinander, wie es sie für viele Begriffe längst im »Theologischen Wörterbuch zum Neuen Testament« und an anderen Orten gibt. Trotzdem erlauben wir uns, an dieser Stelle einige Bemerkungen zur »biblischen Theologie des Gesetzes« zu machen.

Ihre Legitimität scheint uns außer Frage zu stehen, und zwar darum, weil für die Christen des Neuen Testaments axiomatisch der Gott des Alten Testaments ihr Gott und das Alte Testament ihre heilige Schrift war. Neben diesem für die »biblische Theologie« insgesamt geltenden Legitimationsgrund erscheinen uns alle weiteren Gründe als sekundär, wenn nicht fragwürdig.

Zwar ist das Gesetz, von dem das Neue Testament handelt, überwiegend die alttestamentliche Tora. Aber die Hauptlinie der alttestamentlichen Gesetzesfrömmigkeit und -theologie findet ihre Fortsetzung nicht im Neuen Testament, sondern im Judentum, dem sich von da her das Recht zur Berufung auf das Alte Testament nicht bestreiten läßt. Auch die Verheißung einer »eschatologischen Zionstora« (Gese, Stuhlmacher) ist eine wenig tragfähige Brücke vom Alten zum Neuen Testament. Den Ausgangspunkt für die theologische Einschätzung auch des Gesetzes bildet im gesamten Neuen Testament die Christologie mitsamt der aus ihr folgenden Soteriologie, die zwar mancherlei wichtige alttestamentliche Motive, besonders aus dem Bereich der Eschatologie und der Vorstel-

lungen von Sünde und Sühne, übernimmt, aber angefangen mit ihrer unlöslichen Bindung an die Person Jesu von Nazaret ein gegenüber Altem Testament und Judentum fundamental Neues darstellt. Eine biblische Theologie des Gesetzes, die dem Zeugnis des Neuen Testaments entsprechen will, hat darum bereits im Ansatz Christologie zu sein. Eine biblische Theologie des Gesetzes ist also nicht einfach eine Addition dessen, was dem Alten und dem Neuen Testament punkto Gesetz gemeinsam ist, auch nicht eine Darstellung von Entwicklungslinien, die vom Alten ins Neue Testament führen. Wir denken vielmehr, daß eine biblisch-christliche Theologie des Gesetzes immer nur eine Theologie des alttestamentlichen Gesetzes im Lichte des Neuen Testaments sein kann, genauer, im Lichte der Christologie. Die Frage nach der Bedeutung des alttestamentlichen Gesetzes für den christlichen Glauben ist also eine Frage zunächst für die neutestamentliche Theologie.
Wenn diese die Aussagen des Neuen Testaments nachzeichnet – bis hin zu der, daß das Gesetz nicht Heil war –, wird sie sich darüber im klaren sein, daß sie damit nicht notwendig den Zustand und das Selbstverständnis des vom Alten Testament bestimmten Judentum historisch richtig diagnostiziert. Sie wird mit Wellhausen[211] den Apostel Paulus den »großen Pathologen des Judentums« nennen dürfen, dabei aber bedenken müssen, daß des Paulus Position in dieser Sache eben auf seiner Christologie und Soteriologie beruht: Das Gesetz ist nicht Heil, weil Christus das Heil ist. Ob sich, wenn man von dieser Begründung absieht, die Formel vom heillosen Gesetz an den Texten des alten Israel und des Frühjudentums auf einigermaßen breiter Front verifizieren läßt, ist eine andere Frage. Wir meinen, sie mit aller Vorsicht verneinen zu müssen. Die neutestamentlichen Zeugen wollen nicht davon sprechen, was das Gesetz für das Volk Israel vor Christus bedeutet hat. Sie wollen davon sprechen, was das Gesetz jetzt, im Lichte der Gnade Christi bedeutet. Hier finden wir verschiedene Akzente. Wir finden das Ja zum Gesetz: Die Gnade Christi hebt den im Gesetz proklamierten Willen Gottes nicht auf, sondern vertieft ihn in seinem Zentrum. Wir finden aber auch ein Nein zum Gesetz: Als Weg zum Heil ist das Gesetz durch Christus überholt und überhöht. Die Stimme des Paulus, die dies von Christus her besonders betont, darf also nicht direkt gegen die Stimmen des Alten Testaments und des Frühjudentums, die in der Regel vom Gesetz als Gnade für das Volk Israel sprechen, ausgespielt werden. Paulus behauptet nicht, daß das Judentum an sich eine Religion der Gesetzlichkeit und des Ver-

dienstdenkens sei, sondern daß »in dieser Hinsicht das, was Herrlichkeit hatte, ohne Herrlichkeit ist, wegen der überragenden Herrlichkeit« Christi (2 Kor 3,10).

Eine »biblische Theologie«, die von der Christologie ausgeht, wird dies unbefangener würdigen können als eine solche, die, vom Alten Testament ausgehend, genötigt ist, die von dort ins Neue Testament führende Entwicklungslinie als die dominierende zu erweisen. Sie ist in der Lage, das Alte Testament sein zu lassen, was es ist – nicht zuletzt darum, weil ja das Neue Testament bleiben soll, was es ist. Das Alte Testament ist von Hause aus ein jüdisches und kein christliches Buch; es schweigt von Jesus Christus und soll in diesem Schweigen ernstgenommen werden. Erst wenn wir die Ferne der Testamente voneinander, die uns zwei Jahrhunderte kritischer Forschung vor Augen geführt haben, rückhaltlos anerkennen, dürfen wir auch von ihrer Nähe reden.

Diese Nähe dürfte, was das Gesetz angeht, abgesehen von der Anknüpfung des Neuen Testaments an das Hauptmotiv, vor allem als eine Art von Strukturanalogie zu beschreiben sein. Beide Male ist das heilvolle Handeln Gottes konstitutiv, beide Male ist aus ihm der Anspruch Gottes an den Menschen hergeleitet. Wie sich innerhalb dieser Generalregel der Indikativ und der Imperativ, der Zuspruch oder die Verheißung und das Gebot oder – um es mit den nicht auf beide Testamente gleichermaßen anwendbaren gewichtigsten Vokabeln zu sagen – das Evangelium und das Gesetz genauer zueinander verhalten, das variiert innerhalb beider Testamente und vollends zwischen ihnen.

Der Gedanke einer Strukturanalogie schließt es u. E. aus, einlinig das Alte Testament als Gesetz, das Neue als Evangelium zu sehen, wie es von Marcion und seinen Nachfolgern bis hin zu Emmanuel Hirsch[212] immer wieder geschehen ist. Wenn damit gesagt werden soll, daß das Alte Testament im Gegenüber zum Neuen Testament faktisch nur Gesetz, kein Evangelium enthalte, so werden u. E. beide Testamente verkürzt: der alttestamentliche Gotteswille ruht fast überall in der Zuwendung Gottes zu seinem Volk; im Neuen Testament ist überall – nicht nur bei Matthäus, sondern auch bei Paulus – Gottes Gnade auch Anspruch, Forderung. Auch Luther, der scheinbar der Gleichsetzung des Alten Testaments mit dem Gesetz nahe kommt, hat keineswegs so gedacht, wie sich über die schon oben[213] berichteten Einschränkungen hinaus schön zeigen läßt[214]. Umgekehrt erlaubt der Gedanke einer Strukturanalogie nicht, ungeschützt zu sagen, daß »das Gesetz ... nichts anderes als die notwendige Form des Evangeliums[215] sei. Wohl bedeutet Gnade im Neuen Testament immer auch Forderung und Anspruch. Aber

»Form« des Evangeliums (um diesen Ausdruck einmal aufzunehmen) ist nicht direkt das alttestamentliche, vor Christus dem Volk Israel geschenkte Gesetz, sondern der durch Christus als Liebe proklamierte, das alttestamentliche Gesetz in einer zentralen Aussage aufnehmende und vertiefende neue Gotteswille, paulinisch gesprochen: das »Gesetz« Christi.

Grundlegend ist also für uns der Gedanke der Strukturanalogie zwischen dem alt- und dem neutestamentlichen Gnaden- und Gesetzesverständnis. Welche Bedeutung hat es nun aber für den christlichen Glauben, wenn es vor ihm eine einzigartig enge Analogie zu seinem Verständnis von Gottes Gnade und Forderung gibt? Die wichtigste Antwort, die auf diese Frage aus neutestamentlicher Sicht zu geben ist, ist wohl der Hinweis auf die Treue Gottes zu sich selbst: Obwohl Christus *neues*, alles bisherige überbietendes und alle Schranken sprengendes Heil bedeutet, macht er dennoch nicht einfach Gottes bisheriges Wort obsolet. Auch für Gottes Willenskundgabe gilt, daß sein Wort nicht dahinfallen kann (vgl. Röm 9,6). Für den christlichen Glauben ist deshalb nicht nur diejenige Linie im Alten Testament wichtig, die vom Scheitern des Volkes an Gottes Forderung und von da her immer deutlicher von der Hoffnung auf ein neues Heil und einen neuen Menschen spricht. Solche Töne tauchen bei manchen Propheten und später in der Apokalyptik auf und weisen in besonderer Weise auf das Neue Testament voraus. Ebenso wichtig scheint uns vielmehr die andere – und doch wohl die zentrale – Linie im Alten Testament und im Frühjudentum, die das Mosegesetz als gnädige Zuwendung Gottes interpretiert, zu der sein Volk Israel immer wieder zurückkehren kann. Gerade in diesem Verhältnis von Gottes Wille und Gnade liegt eine Analogie zum Neuen Testament, nur daß es dort nicht mehr um das Mosegesetz, sondern um die Christusbotschaft und ihren Zuspruch und Anspruch, und nicht mehr um das Volk Israel, sondern um alle Völker geht. Die Analogie weist den Glaubenden auf die Treue Gottes zu sich selbst.

Die Gesetzestheologie des Paulus ist ein Sonderfall im Neuen Testament. Seine radikale Kritik am Gesetz als Heilsweg ist das tiefste und folgenreichste Stück biblischer Gesetzestheologie. Am alttestamentlich-jüdischen Gesetz, in dem für ihn der Wille Gottes niedergelegt war, erfuhr und explizierte er das Scheitern des Menschen, der sich vor Gott behaupten will, statt allein aus der – in Christus – unverdient geschenkten Gnade zu leben. Diese Erfahrung macht die übergroße Mehrzahl der Menschen nicht mehr am alttestamentlich-jüdischen Gesetz, das ja als solches auch schon für die Mehrzahl der Christen am Ende der neutestamentlichen Zeit keineswegs mehr rein den Willen Gottes wiedergab. Es gibt jenseits des Gesetzes vielerlei Medien, durch die wir unsere Selbstbehauptung vor Gott zu konstituieren versuchen – und sei es, besonders raffiniert und gleichzeitig nah beim biblischen Gesetz, unsere christliche Religion selbst. So entpuppt sich die Feststellung über mangelnden Gegenwartsbezug, mit der wir unser Vorwort begannen, als nur halb richtig. Daß die paulinische Gesetzestheologie ein Sonderfall im Neuen Testament sei, meint also gerade nicht, daß sie nur unter besonderen Umständen und für besondere Menschen gültig sei. Auch wenn unsere eigene Erfahrung in aller Regel, auf das Material gesehen, von der des Paulus weit entfernt ist, so könnte es doch sein, daß ihre Explikation an diesem Material nach wie vor gültig bleibt. Seine Gesetzestheologie denkt an dem ihm vorgegebenen Thema des alttestamentlich-jüdischen Gesetzes den Abgrund der menschlichen Sünde und die Unermeßlichkeit der göttlichen Gnade in einer Tiefe durch, wie das Neue Testament sonst nirgendwo. Sie deckt letztlich nichts weniger auf, als wer Gott, und wer der Mensch ist. Christliche Theologie wird jedenfalls immer wieder von ihr auszugehen und sich an ihr zu bewähren haben.

Anmerkungen

1 Belege bei E. Wolf, RGG³ II, 1523; G. Ebeling, Luther. Einführung in sein Denken, Tübingen 1964, 121f.
2 K. Barth, Evangelium und Gesetz, ²1956, bes. S. 13.
3 Vorrede auf das Alte Testament von 1523 (WADtB 8,12f., hier nach H. Bornkamm, Martin Luthers Vorreden zur Bibel, Hamburg 1967, 32).
4 Unsere Bibelübersetzungen haben nach dem Vorbild der alten griechischen Übersetzung des Alten Testaments, der Septuaginta, eine andere Dreiteilung und Reihenfolge (»geschichtliche«, »poetische«, »prophetische« Bücher).
5 A.a.O. 28f. (Bornkamm 43).
6 A.a.O. 20f. (Bornkamm 37).
7 Eine ausdrückliche und eingehende Auseinandersetzung mit der neueren exegetischen und theologischen Diskussion über das Gesetz im Alten Testament kann in dieser Skizze nicht die Aufgabe sein. Sozusagen der negative Ausgangspunkt dieser Diskussion war das von E. Hirsch eindrucksvoll entwickelte gesetzliche Gesamtverständnis des Alten Testaments (E. Hirsch, Das Alte Testament und die Predigt des Evangeliums, Tübingen 1936). Dagegen postulierte M. Noth die Verwurzelung der vorexilischen Gesetze im »Bund« (M. Noth, Die Gesetze im Pentateuch, SKG.G 17,2, Halle 1940; jetzt in: Gesammelte Studien zum Alten Testament I, ThB 6, München³ 1966, 9ff). An Noths These hat sich die seitherige Diskussion fast durchweg orientiert. Als besonders wichtige Beiträge seien genannt F. Hesse, »Gebot und Gesetz« im Alten Testament, ELKZ 13, 1959, 117ff.; A. Jepsen, Israel und das Gesetz, in: Der Herr ist Gott, Berlin 1978, 155ff; H.-P. Müller, Imperativ und Verheißung im Alten Testament, EvTheol 28, 1968, 557ff.; G. v.Rad, Theologie des Alten Testaments I/II, München 1957/1960 (und spätere Auflagen); E. Würthwein, Der Sinn des Gesetzes im Alten Testament, in: Wort und Existenz, Göttingen 1970, 39ff.; W. Zimmerli, Das Gesetz im Alten Testament, in: Gottes Offenbarung, ThB 19, München ²1969, 249ff. Eine sehr lesenswerte Übersicht über die Gesamtgeschichte des Problems und viele seiner Aspekte gibt W. Zimmerli, Das Gesetz und die Propheten, KVR 166 – 168, Göttingen 1963.
8 Die Diskussion über diese Frage ist von H. H. Schmid, Amos. Zur Frage nach der »geistigen Heimat« des Propheten (in: Altorientalische Welt in der alttestamentlichen Theologie, Zürich 1974, 121ff.) referiert und in einer bestimmten Richtung weitergeführt worden.
9 Vgl. besonders zu Hos 8,1 L. Perlitt, Bundestheologie im Alten Testament, WMANT 36, Neukirchen 1969, 147f.
10 Vgl. dazu zuletzt G. Liedke/C. Petersen, ThHWAT II, 1032ff.
11 Statt »noch so viel« vielleicht »zehntausendfach« (W. Rudolph, Hosea, KAT XIII 1, Gütersloh 1966, z. St.); der von der Septuaginta bezeugte Plural ergibt sich zwingend aus dem Plural des Verbums im folgenden Halbsatz.
12 W. Rudolph z.St.
13 Möglicherweise bedeutet das »Schreiben« in Hos 8,12 auch nicht einmal »Aufschreiben«, sondern »Vorschreiben« (vgl. W. Rudolph z.St.).

14 Prolegomena zur Geschichte Israels, Berlin ⁶1905, 398.
15 Vgl. die Zustimmung zu seinem ersten Satz, wenigstens was Amos angeht, bei H. W. Wolff, Amos' geistige Heimat, WMANT 18, Neukirchen 1964, 60.
16 Vgl. G. v. Rad, Theologie des Alten Testaments II, München ⁶1975, 422ff.
17 Vgl. v. Rad a.a.O.
18 Vgl. J. Wellhausen, Israelitische und jüdische Geschichte, Berlin ⁹1958, 109f.
19 Vgl. Ed. Reuß, Die Geschichte der Heiligen Schriften des Alten Testaments, Braunschweig ²1890, VII.
20 Die stilistischen Mittel, durch die das erreicht wird, beschreibt W. H. Schmidt, Überlieferungsgeschichtliche Erwägungen zur Komposition des Dekalogs, VT.S 22, 1972, 201ff.
21 So H. Gese, Der Dekalog als Ganzheit betrachtet, in: H. Gese, Vom Sinai zum Zion, BevTh 64, München 1974, 63ff.
22 Vgl. E. Gerstenberger, Wesen und Herkunft des »apodiktischen Rechts«, WMANT 20, Neukirchen 1965.
23 M. Noth, Das zweite Buch Mose, ATD 5, Göttingen 1959, z. St.
24 M. Buber in seiner Bibelübersetzung.
25 Vgl. W. Zimmerli, Das zweite Gebot, in: Gottes Offenbarung, ThB 19, München ²1969, 234ff.
26 Vgl. über sie B. Gemser, The Importance of the Motive Clause in Old Testament Law, VT.S 1, 1953, 50ff.
27 Vgl. hierzu und zum ganzen Zusammenhang Perlitt a.a.O. 77ff. 156ff.
28 Vgl. A. Alt, Kleine Schriften zur Geschichte des Volkes Israel I, München ⁴1968, 322; Schmidt a.a.O. 214.
29 Rekonstruktion unsicher; aber nach 34,28 müssen einmal zehn Sätze gezählt worden sein.
30 Grundlegend dazu noch immer W. Zimmerli, Ich bin Jahwe, in: Gottes Offenbarung 179ff.
31 Vgl. dazu H. Gese, Zur biblischen Theologie, BevTh 78, München 1977, 59ff.
32 Vgl. besonders E. Würthwein, Die Josianische Reform und das Deuteronomium, ZThK 73, 1976, 395ff.
33 So W. M. L. de Wette in seiner Jenaer Dissertation über das Deuteronomium von 1805.
34 Dazu kann auf das gut orientierende Buch von H. J. Boecker, Recht und Gesetz im Alten Testament und im Alten Orient, Neukirchen 1976, verwiesen werden. Einen Bericht über die Forschungssituation gibt W. Schottroff, Zum alttestamentlichen Recht, VuF 22, 1977, 3ff.
35 G. v. Rad, Theologie des Alten Testaments I, München ⁷1978, 234; vgl. auch G. Liedke/C. Petersen, ThHWAT II, 1032ff. (dort weitere Literatur).
36 v. Rad a.a.O. 235.
37 Vgl. E. Kutsch, ThHWAT I, 339ff.
38 Vgl. R. Smend, Die Bundesformel, ThSt (B) 68, Zürich 1963.
39 Unter diesem Gesichtspunkt hat L. Perlitt sie in seinem genannten Buch eingehend dargestellt.
40 Vgl. BHS. Zu den Problemen des Textes, darunter auch dem schwierigen Verbum am Anfang von v. 17 und v. 18, vgl. N. Lohfink, ZKTh 91, 1969, 517ff.
41 Perlitt a.a.O. 46.

42 So nach LXX, vgl. BHS.
43 F. Baumgärtel, Verheißung. Zur Frage des evangelischen Verständnisses des Alten Testaments, Gütersloh 1952, 66f.
44 G. v. Rad, Theologie des Alten Testaments I, 243.
45 Ein anderes Gesamtbild der deuteronomischen Gesetzestheologie, in dem es sogar als »sachliche Inkonsequenz« erscheint, wenn der göttliche Segen aufgrund der Erfüllung von Forderungen des Gesetzes in Aussicht gestellt wird (166[27]), zeichnet M. Noth in seinem Aufsatz »Die mit des Gesetzes Werken umgehen, die sind unter dem Fluch« (Gesammelte Studien zum Alten Testament I, ThB 6, München [3]1966, 155ff.).
46 Vgl. zum Folgenden R. Smend, Das Gesetz und die Völker, in: Probleme biblischer Theologie, G. v. Rad zum 70. Geburtstag, München 1971, 494ff.
47 Der hebräische Text bietet die spätere Fassung; die frühere hat sich in der Septuaginta erhalten.
48 Ähnliches sahen wir in Dtn 26,19.
49 J. Wellhausen, Israelitische und jüdische Geschichte, Berlin [9]1958, 175.
50 A.a.O. 175f. Vgl. im übrigen seine Prolegomena zur Geschichte Israels, Berlin [6]1905.
51 Sie stammt von W. Zimmerli, Sinaibund und Abrahambund, in: Gottes Offenbarung, ThB 19, München [2]1969, 205ff.
52 Vgl. Wellhausen, Israelitische und jüdische Geschichte 173f., Gese a.a.O. 67f.
53 Wellhausen a.a.O. 169.
54 N. Lohfink, Die Abänderung der Theologie des priesterlichen Geschichtswerks im Segen des Heiligkeitsgesetzes, in: Wort und Geschichte. Festschrift für Karl Elliger, AOAT 18, 1973, 130ff.
55 Vgl. R. Kittel, Die Psalmen, KAT XIII, Leipzig und Erlangen [3]1922, 72; H.-J. Kraus, Freude an Gottes Gesetz, Ev Theol 10, 1950/51, 337ff. Kraus hat die These des Aufsatzes später mit einigen Modifikationen erneuert: Zum Gesetzesverständnis der nachprophetischen Zeit, in: Biblisch-theologische Aufsätze, Neukirchen 1972, 179ff.
56 B. Duhm, Die Psalmen, KHC XIV, Tübingen [2]1922, 427.
57 A. Weiser, Die Psalmen, ATD 14/15, Göttingen [5]1959, 70.
58 Gegen M. Noth, Die Gesetze im Pentateuch (in: Gesammelte Studien zum Alten Testament I, ThB 6, München [3]1966, 9ff.) 112ff.
59 Vgl. besonders H. Gunkel, Die Psalmen, HK II,2, Göttingen 1926, 3.
60 Vgl. R. Smend, Die Mitte des Alten Testaments, ThSt (B) 101, Zürich 1970, 46ff.
61 Vgl. dazu M. Noth, a.a.O. 127ff. Die bei Noth dann folgenden Erörterungen über Lohn und Strafe gelten m.E. großenteils auch schon für das genuine deuteronomische Denken.
62 Vgl. G. Liedke/C. Petersen, ThHWAT II, 1034.
63 Vgl. Gese a.a.O. 69f.
64 Vgl. K. Galling, Die Bücher der Chronik, Esra, Nehemia, ATD 12, Göttingen 1954, 203.
65 Es sei darauf hingewiesen, daß die Verszählung der Lutherbibel eine andere ist.
66 Vgl. A. Bertholet, Biblische Theologie des Alten Testaments II, Tübingen 1911, 177.
67 Dazu aber auch 21,11−28.
68 Vgl. G.v.Rad, Weisheit in Israel, Neukirchen 1970, 312ff.
69 Zur Interpretation vgl. einerseits M. Hengel, Judentum und Hellenis-

mus, WUNT 10, Tübingen 1969, 252ff., bes. 288ff., andererseits J. Marböck, Gesetz und Weisheit, BZ NF 20, 1976, 1ff.
70 Gott und der Nächste im antiken Judentum, WUNT 15, Tübingen 1974, 42.
71 Zum Ganzen vgl. M. Küchler, Frühjüdische Weisheitstraditionen, OBOr 26, Göttingen 1979.
72 Vgl. oben S. 9 und E. Urbach, The Sages I, Jerusalem 1975, 286−290.
73 S. o. S. 11ff.
74 Vgl. dazu W. Dietrich, Prophetie und Geschichte, FRLANT 108, Göttingen 1972, 42ff.
75 S. o. S. 12.
76 Vgl. dazu O. H. Steck, Israel und das gewaltsame Geschick der Propheten, WMANT 23, Neukirchen 1967, 60ff.
77 S. o. S. 14.
78 S. o. S. 26.
79 Vgl. auch den spät-deuteronomistischen Satz Jos 24,19.
80 Argumente für die deuteronomistische Herkunft der meisten Motive bei S. Böhmer, Heimkehr und neuer Bund, GTA 5, Göttingen 1976, 74ff. Als neueste Bearbeitungen des Textes seien genannt M. Weinfeld, Jeremiah and the Spiritual Metamorphosis of Israel, ZAW 88, 1976, 17ff. (bes. 26ff.) und H. Weippert, Das Wort vom neuen Bund in Jeremia xxxi 31−34, VT 29, 1979, 336ff.
81 Die Bedeutung des letzten Verbs in v. 32 ist leider unsicher.
82 Vgl. H. Geses Unterscheidung einer eschatologischen Zionstora von der Sinaitora (a. a. O. 74ff.); zum Ganzen auch H. Gese, Psalm 50 und das alttestamentliche Gesetzesverständnis, in: Rechtfertigung, Festschrift für E. Käsemann, Tübingen 1976, 57ff.
83 Vgl. Th. C. Vriezen, Theologie des Alten Testaments in Grundzügen, Neukirchen 1957, 307.
84 H.-J. Kraus, Biblisch-theologische Aufsätze 188.
85 Bellum Judaicum 2, 119ff.; Antiquitates 18, 12ff.
86 Ahabath Olam = Billerb. IV 193f.
87 Pesiq 139b bei Billerb. IV 175f.
88 Vgl. unten S. 100.
89 Diesen Aspekt hebt besonders M. Limbeck, Die Ordnung des Heils, Untersuchungen zum Gesetzesverständnis des Frühjudentums, Düsseldorf 1971 hervor.
90 Vgl. z. B. H. J. Schoeps, Paulus, Tübingen 1959, 224ff.; Schalom ben Chorin, Paulus, München 1970, 60ff.
91 Die vermutlich älteste Belegstelle geht nach bSchab 31a auf Schammaj zurück. Zum Ganzen vgl. A. Nissen, Gott und der Nächste im antiken Judentum, WUNT 15, Tübingen 1974, 342ff.; E. Urbach, The Sages I, Jerusalem 1975, 290ff.; P. Schäfer, Das »Dogma« von der mündlichen Torah im rabbinischen Judentum, in: Studien zur Geschichte und Theologie des rabbinischen Judentums, AGJU 15, Leiden 1978, 153ff.
92 BSchab 30b: Prediger, Srüche; bSchab 13b: Ezechiel.
93 O. Eissfeldt, Einleitung in das Alte Testament, Tübingen ³1964, 209f.
94 Vgl. die ähnliche These bei S. Herrmann, Die konstruktive Restauration, in: Probleme biblischer Theologie, FS G. v. Rad, München 1971, 155ff.
95 Eine Zuspitzung dieser Grundüberzeugung ist die These, daß das

Halten aller Gebote heilsnotwendig ist, die sich etwa im rigoristischen Judentum Qumrans, aber durchaus nicht in allen jüdischen Schichten findet. Sie hat im N.T. ihren Niederschlag gefunden: Mt 5,19; Gal 3,10; 5,3.
96 Vgl. unten S. 96.
97 Vgl. P. Schäfer, Die Torah der messianischen Zeit, ZNW 65 (1974) 32−36.
98 Vgl. unten Nr. 8.
99 Beispiel: Sota 9,9f. (Abschaffung des Fluchwassers durch Johanan ben Zakkai, weil wegen des Überhandnehmens der Ehebrüche eine Durchführung nicht mehr möglich war).
100 Beispiele: Hillel führt den Prosbol unter Berufung auf die Tora (Dt 15,9!) ein (Scheb 10,3f.); die Erlaubnis, am Sabbat sich zu verteidigen, ist möglich, weil die Tora zum Leben gegeben ist. Deshalb bricht Lebensrettung jedes Verbot, mit Ausnahme von Götzendienst, Unzucht und Mord (bJoma 82a).
101 Nissen a.a.O. (Anm. 91) 348f.
102 Vgl oben S. 33.
103 W. D. Davies, Torah in the Messianic Age and/or the Age to come, SBL Mon 7, Philadelphia 1952; noch skeptischer Schäfer a.a.O. (Anm. 97).
104 Diese These wird vertreten von H. Gese, Das Gesetz, in: Zur biblischen Theologie, BEvTh 78, München 1977, 55ff.; P. Stuhlmacher, Das Gesetz als Thema biblischer Theologie, ZThK 75 (1978) 251ff. Dem gegenüber meinen wir, daß Jesu Verkündigung und die neutestamentliche Botschaft wohl im allgemeinen an die apokalyptische Erwartung einer neuen Heilssetzung anknüpft, nicht aber Jesu Proklamation des eschatologischen Gotteswillens oder die neutestamentliche Redeweise vom Gesetz Christi o. ä. an die (u. E. nicht in genügender Deutlichkeit nachzuweisende) Vorstellung einer eschatologischen »Zionstora«.
105 Gegen die These von D. Rössler, Gesetz und Geschichte, WMANT 3, Neukirchen 1960 hat sich A. Nissen, Tora und Geschichte im Spätjudentum, NT 9 (1967) 241ff. in einer ausführlichen Widerlegung gewandt.
106 M. Buber, Zwei Glaubensweisen, in: Werke Bd. I, 657.
107 D. Flusser, Jesus, Hamburg 1968, bes. 43ff.
108 E. Stauffer, Die Botschaft Jesu. Damals und Heute, Bern 1959, 16.29.
109 H. Braun, Jesus, TTh 1, Stuttgart 1969, 81.
110 Flusser a.a.O. (Anm. 107) 48.
111 MechEx 31,13 (= 109b); bJoma 85b. Die Formulierung stammt aus dem 2. nachchristlichen Jahrhundert; der Sache nach wurde der Grundsatz aber schon in der Makkabäerzeit auf die Errettung von Leben (nämlich bei der Frage, ob man am Sabbat im Falle eines Angriffs kämpfen dürfe) angewandt.
112 Für die Echtheit spricht die frühe paulinische Verwendung Röm 14,14 (gemeinsames Stichwort koino-), der aramäische Sprachcharakter und die dreimalige Aufnahme in der Gemeindebildung Mk 7,18−23. Zur Begründung im einzelnen vgl. W. Kümmel, Äußere und innere Reinheit des Menschen bei Jesus, in: Heilsgeschehen und Geschichte II, Marburg 1978, 117ff.
113 Vgl. unten S. 117f.
114 Mutmaßlicher Text der Logienquelle.
115 P. Lapide, Der Rabbi von Nazaret, Trier 1974, 58.

116 Monogamie: 11Q Tempelrolle 56,18f.; 57,17f.; Scheidungsverbot: in CDC 4,20−5,1 und 11Q Tempelrolle 57,18f. vielleicht impliziert; die Auslegung ist aber nicht sicher. 11Q Tempelrolle 54,4 setzt die Existenz von Geschiedenen voraus. Vgl. Zum ganzen oben S. 55.
117 Halaka wird hier im engen Sinn als rechtsverbindliche Entscheidung einer strittigen Frage aufgrund von Exegese oder Offenbarung verstanden; natürlich sind »Grundsätze« wie etwa das Scheidungsverbot in einem weitern Sinn auch Halakot.
118 R. Bultmann, Jesus, Tübingen 1951, 68f.79ff.; G. Bornkamm, Jesus von Nazareth, Stuttgart 1956, 95f. (»Soviel Zaunlatten, soviel Zaunlücken«).
119 J. Klausner, Jesus von Nazareth, Jerusalem ³1952, 516, vgl. 541−543.
120 Vgl. J. Blank, Jesus von Nazareth. Geschichte und Relevanz, Freiburg 1972, 143.
121 M. Hengel, Nachfolge und Charisma, BZNW 34, 1968, 80−82.
122 Diese These wird ausführlich entfaltet bei H. Merklein, Die Gottesherrschaft als Handlungsprinzip, FzB 34, Würzburg 1978.
123 Gemeint ist dann: »nicht so sehr die Gerechten, als vielmehr ganz besonders die Sünder«.
124 Zusammengestellt bei E. Lohse, »Ich aber sage euch«, in: Der Ruf Jesu und die Antwort der Gemeinde, FS J. Jeremias, Göttingen 1970, 189ff.
125 Zum jüdischen Verständnis der beiden Middot Gottes vgl. A. Nissen, Gott und der Nächste im antiken Judentum, WUNT 15, 1974, 101−154.
126 Vgl. den Titel von Schalom ben Chorins Buch: Bruder Jesus, München ²1969.
127 Die Fragestellung ist virulent seit W. Bauers berühmtem Aufsatz: Jesus der Galiläer, Festgabe A. Jülicher, Tübingen 1927, 16−34. Neuerdings fragen z. B. in diese Richtung G. Vermes, Jesus the Jew I, London 1973, 42−57 (mit bedingt positivem Resultat); A. Oppenheimer, The ʿAm Ha-ʾAretz, ALGHJ 8, 1977, 200−217 (mit negativem Resultat hinsichtlich der Besonderheiten in Galiläa).
128 G. Theissen, Die Tempelweissagung Jesu, ThZ 32 (1976), 146ff.
129 Hanina ben Dosa, eine eigenartige, charismatische Gestalt. Johanan ben Zakkai lebte vor dem Jahre 70 18 Jahre in Galiläa; als Fazit seines Wirkens überliefert jSchab 15d: »Galiläa, Galiläa, du hassest die Tora.« Jose der Galiläer (man beachte den ihn auszeichnenden Zunamen!) wirkte bereits nach der Zerstörung Jerusalems.
130 Ned 2,4. A. Büchler, Der galiläische ʿAm-Haʾ ares des zweiten Jahrhunderts, Wien 1906, 26ff. bringt Material, das belegt, daß Zehnten-, Reinheits- und Brachjahrgesetze in Galiläa im 2. Jh. nicht durchwegs gehalten wurden. Aber das besagt wenig, da dies wohl keine galiläische Besonderheit war. Auch Hag 3,4 zusammen mit der Auslegung bHag 15a zeigt, daß in einem einzelnen Fall in Judäa größere Konsequenz in rituellen Fragen vorausgesetzt wurde.
131 Wir haben nur wenige Einzelnachrichten. Von Johanan ben Zakkai wird überliefert, daß in den 18 Jahren seines Aufenthalts in Galiläa nur 2 halakische Fälle vor ihn gebracht wurden, jSchab 15d. Wichtiger ist, daß von Hanina ben Dosa m.W. keine Halakot überliefert sind, wohl aber, daß er Ziegen und Hühner gehalten habe, was ein Rabbi im heiligen Land sonst kaum tut (bTaʿ an 25a, vgl. BQ 7,7). Für Schlußfolgerungen reicht das nicht aus.
132 Der Ausdruck »Landvolk« (ʿam haʾ aräz) bezeichnete ursprünglich den jüdischen oder benachbarten Landadel, wird aber in der Zeit Jesu

als pharisäische Fremdbezeichnung für die nicht pharisäisch observanten Teile des Volkes Israel gebraucht. Eine soziale Konnotation hat der Ausdruck m.E. nicht. Zur Sache vgl. neben der immer noch wichtigen Arbeit von Büchler (o. Anm. 130) R. Meyer, Der ʽAm ha-ʼ Ares, Judaica 3 (1947) 169–199; Oppenheimer (a. a. O. Anm. 127).
133 Zum Traktat Demaj vgl. R. Meyer, Das angebliche Demaj-Gesetz Hyrkans I, ZNW 38 (1939) 124ff. Die Vorschriften über das Nachverzehnten werden von der Tradition auf Johannes Hyrkan zurückgeführt, stammen aber wohl aus dem 1. nachchristlichen Jahrhundert (W. Bauer, Traktat Dammai, Die Mischna 1,3, Gießen 1931, 7).
134 A. ben David, Talmudische Ökonomie I, Hildesheim 1974, 297ff. legt Berechnungen über das landwirtschaftliche Einkommen vor.
135 Oppenheimer a. a. O. (Anm. 127) 161f.
136 Oppenheimer a. a. O. 93–96.
137 Viel Material steht in bPes 49. Zusammenstellung bei Oppenheimer a. a. O. 172–188.
138 »Der Ungebildete, der keine Worte der Tora besitzt, strauchelt darin und stürzt« (ExR 27,20 (= 64a). Hor 3,8 zeigt die Umkehrung der alten theokratisch-priesterlichen Ständeordnung aus rabbinischer Sicht: Ein Bastard, der Gelehrtenschüler ist, steht vor einem Hohenpriester, der ʽam haʼ aräz ist.
139 GenR 42,1 zu Gen 14,1; Abot RNatan 6 = 15a.
140 So die Tendenz von Oppenheimer, obwohl m. E. das von ihm selbst vorgebrachte Material in seiner Gesamtheit eher gegen diese These spricht. Richtig ist lediglich, daß das »Landvolk« nicht das Gesetz ablehnte.
141 Nach G. Lohfink, Die Sammlung Israels, SANT 39, München 1975.
142 Vgl. K. G. Kuhn/H. Stegemann, Art. Proselyten, PW Suppl. 9, 1962, 1259f.
143 Negative Stimmen bei K. G. Kuhn, Art. prosēlytos, ThWbNT VI, 741, 31ff.; für die positive Bewertung ist vor allem die Kontroverse um die Beschneidung des Königs Izates von Adiabene bei Josephus, Antiquitates 20,41f. wichtig.
144 K. Berger, Almosen für Israel: Zum historischen Kontext der paulinischen Kollekte, NTSt 23 (1977) vermutet Almosen der Gottesfürchtigen für Israel als Brauch. Die Belege reichen allerdings nicht aus, um eine feste Institution zu postulieren.
145 Vgl. unten S. 98f.
146 Diese Hypothese wird im Anschluß an F. C. Baur und E. Käsemann neuerdings von G. Lüdemann, Zum Antipaulinismus im frühen Christentum, EvTh 40, 1980, 448ff.
147 U. Wilckens, Der Brief an die Römer, EKK VI/1, Neukirchen 1978, 43ff.
148 A.a.O. (Anm. 146) 447f.
149 Rekonstruktion des mutmaßlichen vormatthäischen Wortlautes.
150 Das griechische Wort »ethnos« meint nicht das »erwählte« Volk, sondern läßt die Assoziation an die Heiden (Griech. »ethnē«) aufkommen.
151 Vgl. U. Luz, Die Erfüllung des Gesetzes bei Matthäus, ZThK 75 (1978) 429f.
152 Mutmaßliche matthäische Redaktion kursiv.
153 Vgl. oben S. 67ff. zum Sinn der Antithesen bei Jesus.
154 Am profiliertesten G. Strecker, Der Weg der Gerechtigkeit, FRLANT 82, Göttingen 1962, 30ff.

155 Schon Röm 3,8; 6,1.15 sieht Paulus die Gefahr, daß aus seiner Theologie ein Freipaß für die Sünde wird. Ähnlich ist das Anliegen des Jakobusbriefs.
156 Im Matthäusevangelium hören wir, anders als bei den galatischen »Häretikern«, nichts davon, daß den Heiden die Beschneidung abverlangt werden sollte. Aber dennoch gehörte sie eigentlich zum »Jota und Häkchen« (5,18), d. h. zum ganzen Gesetz, das es zu halten gilt!
157 G. Strecker, Befreiung und Rechtfertigung, in: Rechtfertigung, FS E. Käsemann, Tübingen 1976, 481 ist der Meinung, daß für den Stephanuskreis wie für die Urgemeinde die Gesetzesfrage ein Adiaphoron war. Apg 6,14 fin mit seiner eigenartigen Formulierung ist aber gerade nicht lukanische Redaktion. Lukas ist an der Einheit der Urgemeinde interessiert und muß deshalb 6,13a von »Falschzeugen« sprechen. Außerdem: Wie kommt es denn zur Verfolgung der Stephanusleute?
158 Ich stimme also M. Hengel, Zwischen Jesus und Paulus, ZThK 72 (1975) 191f. und P. Stuhlmacher, Das Gesetz als Thema biblischer Theologie, ZThK 75 (1978) 269f. darin zu, daß sich das Gesetzesverständnis des Stephanuskreises grundsätzlich von dem der Urgemeine unterschieden hat, ohne daß Stephanus und sein Kreis das ganze Gesetz für aufgehoben erklärten (so W. Schmithals, Paulus und Jakobus, FRLANT 85, 1963, 17).
159 Vgl. auch die Verbindung von Apostolat und Heiden Röm 1,5; 11,13 und die eigenartige Wendung »Evangelium der Unbeschnittenheit« Gal 2,7. Nach G. Lüdemann, Paulus der Heidenapostel I, Göttingen 1979 ist Paulus schon wenige Jahre nach seiner Bekehrung nach Kleinasien und Griechenland gegangen.
160 11Q Tempelrolle 64,6ff., vgl. 4QpNah 3−4 I 6−8; Justin Dial 89,2; vgl. Hieronymus ad Gal 3,13f. (= PL 26,387f.); Tertullian adv Iud 10. Das rabbinische Judentum erwähnt die von den Christen usurpierte Stelle m.W. nicht mehr.
161 P. Stuhlmacher, Zur neueren Exegese von Röm 3,24−26, in: Jesus und Paulus, FS W. Kümmel, Göttingen 1975, 315ff.
162 Gegen Strecker (Anm. 157) 483−487.
163 Die Übersetzung »Ziel« wird durch P. von der Osten, Römer 8 als Beispiel paulinischer Soteriologie, FRLANT 112, 1975, 215f. eindringlich vertreten. Zu ihrem relativen Recht vgl. unten 104f.
164 Vgl. die Betonung von griech. »katergazesthai« in 7,15−20, bei U. Wilckens, Was heißt bei Paulus: »Aus Werken des Gesetzes wird kein Mensch gerecht?«, EKK Vorarb 1, Zürich 1969, 56. Das Richtige an seinem Ansatz soll hier weitergeführt werden.
165 Der Grundsatz Philos Decal 65, daß das erste Gebot des Dekalogs »das heiligste« und daß die »Quelle aller unrechten Taten die Gottlosigkeit« ist (ebd. 91), gilt im gesamten Judentum: »Dich kennen ist vollkommene Gerechtigkeit« (Sap 15,3); der Götzendienst ist der Anfang alles Übels (14,27); das Leugnen des Schöpfers ist die Wurzel aller Gebotsübertretungen (TScheb 3,6 = 449,33); wer sich zum Götzendienst bekennt, leugnet die Zehn Gebote (SNum 15,23 § 111); jeder der sich zum Götzendienst wendet, leugnet die ganze Tora und umgekehrt (Sif Dt 54 zu 11,28); die Frömmigkeit ist nicht eine Tugend unter andern, sondern die Tugenden sind Teile der Frömmigkeit (Jos Ap 2,170f.); die einzelnen, unverständlichen Gesetze dürfen deshalb nicht übertreten werden, weil das eine Verachtung der Autorität Gottes und Übertretung des 1. Gebots wäre (Joma 67b Bar).
166 Im Unterschied zum Gnostiker, der mit seiner vorgnostischen Exi-

stenz nichts mehr zu tun hat. Aber dann darf man Röm 7,7ff. nicht ausschließlich »transsubjektiv« deuten, so sehr richtig ist, daß subjektive Erfahrungen des vorchristlichen Ich vom Glauben her in Röm 7 werden.
167 So P. von der Osten. Das paulinische Verständnis des Gesetzes im Spannungsfeld von Eschatologie und Geschichte, EvTh 37 (1977) 564.
168 Vgl. die rabbinischen Diskussionen zwischen den »Maximalisten« Gamaliel II bzw. Ben Azzai und dem »Minimalisten« Akiba bSanh 81a; bMak 24a; Midr Teh 15 § 7 (60a); j Qid 1,10,61d, wobei Akibas These im vorletzten Text lautet: »Wer eines von ihnen (den Geboten) tut, ist, als ob er sie alle getan hätte.« E. P. Sanders, On the Question of Fulfilling the Law in Paul and Rabbinic Judaism, in: Donum Gentilicium, FS D. Daube, Oxford 1978 betont im Gegensatz zur üblichen Interpretation, daß kein echter Gegensatz vorliegt: Es gehe um Paränese, die die Wichtigkeit jeder einzelnen Gebotserfüllung bzw. -übertretung einschärfe. Zur Kraft der Umkehr vgl. die Belege bei A. Nissen, Gott und der Nächste im antiken Judentum, WUNT 15, Tübingen, 1974, 131ff.
169 Vgl. Schalom ben Chorin, Paulus, München 1970, 66f. »Wir kennen heute in Jerusalem diesen Typus des fanatischen Jeschiva-Schülers aus der Diaspora, wenn er freilich auch nicht mehr aus Tarsus kommt, sondern aus New York oder London . . . sie wollen sich in Jerusalem als hundertfünfzigprozentige Thora-Juden legitimieren.«
170 H. Hübner, Das Gesetz bei Paulus, 1978 versucht, eine Entwicklung des paulinischen Gesetzesverständnisses zwischen dem antinomistischeren Galaterbrief und dem ausgewogeneren Römerbrief zu konstruieren. M. E. ist das nicht möglich. Unausgeglichene Gedanken finden sich sowohl innerhalb des Galaterbriefs als auch innerhalb des Römerbriefs. Gewisse Spitzenaussagen im Galaterbrief hängen mit der polemischen Situation zusammen. Die »antinomistische« Spitzenaussage Röm 5,20 ist vom Galaterbrief unerreicht.
171 R. Bultmann, Theologie des Neuen Testaments, Tübingen ³1958, 268.
172 Der Ausdruck »in Christus Jesus« bezieht sich wahrscheinlich auf »Geist des Lebens«, weil er bei Paulus üblicherweise nachgestellt ist. Das ist ein zusätzliches Indiz dafür, daß »Gesetz« hier nicht die mosaische Tora meinen kann.
173 7,25b und 8,1 sind wahrscheinlich nachpaulinische Glossen. Die Näherbestimmung von »nomos« durch Attribute, insbesondere im Genetiv, ist ein untrüglicher Hinweis dafür, daß Paulus mit dem Begriff »spielt« und eben deswegen präzisieren muß. Dabei ist auch das »Gesetz der Sünde« in den Gliedern (7,23) nicht die von der Sünde pervertierte mosaische Tora, sondern das »Gesetz« von 7,21, daß ich, der ich das Gute tun will (= Gesetz meines Sinns, 7,23, vom »Gesetz Gottes« 7,22 semantisch unterschieden!), das Böse tun muß. Erst in 8,3 spricht Paulus wieder vom mosaischen Gesetz, nun ohne Attribut!
174 Paulus sagt es selbst deutlich genug: »Was dem (mosaischen!) Gesetz unmöglich war . . .!« (8,3).
175 Es ist also auch nicht das neue »Gesetz« im Sinne der eschatologischen Zionstora gemeint (so P. Stuhlmacher, Das Gesetz als Thema biblischer Theologie, ZThK 75, [1978] 274f. zu Röm 3,27 und 8,2), weil es eine von der Mosetora verschiedene, neue eschatologische Zionstora weder im Alten Testament, noch im Judentum, noch im Neuen Testament gibt.
176 Theologie des Neuen Testaments, Tübingen ³1958, 268.

177 Gegen J. Wellhausen, Prolegomena zur Geschichte Israels, Berlin 1905, der 361 Röm 5,20a zum Untertitel seines 3. Hauptteils macht.
178 Vgl. E. Käsemann, Geist und Buchstabe, in: Paulinische Perspektiven, Tübingen 1969, 266f.284.
179 E. Schweizer, Die »Mystik« des Sterbens und Auferstehens mit Christus bei Paulus, in: Beiträge zur Theologie des Neuen Testament, Zürich 1970, 202 Anm. 69.
180 H. Schürmann, Das Gesetz des Christus (Gal 6,2), in: Neues Testament und Kirche, FS R. Schnackenburg, hrsg. v. J. Gnilka, Freiburg 1974, 282ff.
181 Den Unterschied zwischen dem »Gesetz in allen seinen Forderungen« (griech. holos ho nomos, Gal 5,3), das der Jude halten muß, und dem »Gesetz in seiner Ganzheit« (griech. ho pas nomos, Gal 5,14), das im Liebesgebot erfüllt ist, hat H. Hübner (Anm. 170) 37ff. mit Recht herausgestellt.
182 Das meist nur pauschal abqualifizierte Buch von C. Haufe: Die sittliche Rechtfertigungslehre des Paulus, Halle 1957, bes. 20−30, sieht m.E. zu Recht, daß Paulus zwischen sittlichem und kultischem Gesetz einen prinzipiellen Unterschied macht. Dies zuzugeben heißt noch nicht, Haufes sittliche Rechtfertigungslehre für paulinisch zu halten.
183 Dies als Gegenthese zu P. von der Osten: Paulus und das Gesetz, in: Wegweisung, VIKJ 8, Berlin 1978, 59−66. Von der Osten hält den Juden Paulus für einen Fanatiker, den Christen Paulus ebenso. Ich bin der Meinung, daß das »Gesetz Christi« den Fanatismus des Paulus mindestens ansatzweise durchbrochen hat, was sich nicht nur in seinem − bemerkenswert kommunikativen − Umgang mit seinen Gemeinden, sondern gerade auch in seinem Verhältnis zu Israel zeigt (vgl. die Entwicklung von 1 Thess 2,14ff. zu Röm 11,25!).
184 F. Hahn, Das Gesetzesverständnis im Römer- und Galaterbrief, ZNW 67 (1976) 59f. sieht hier den entscheidenden Unterschied zwischen beiden Briefen.
185 Vgl. zur Komposition U. Luz, Der alte und der neue Bund bei Paulus und im Hebräerbrief, EvTh 27 (1967) 328.
186 E. Grässer, Der Hebräerbrief 1938−1963, ThR 30 (1964) 206f.
187 Kap 11! Im Unterschied zur Tradition (V. 33!) betont dabei der Vf. die Distanz der alttestamentlichen Vorbilder vom Heilsgut: sie erlangen die Verheißung nicht (V. 13.39).
188 Die Linien führen hier nicht nur zum berühmten Brief des Gnostikers Ptolemäus an die Christin Flora mit seiner differenzierten Stellungnahme zur Frage nach dem Ursprung des Gesetzes, sondern auch zu jenen zahlreichen gnostischen Systemen, die im Alten Testament die Stimme Gottes und des Demiurgen vernehmen und das AT − jüdisch gesprochen − teilweise gegen seine eigene Intention auslegen, z. B. im Sethianismus.
189 H. W. Kuhn, Ältere Sammlungen im Markusevangelium, SUNT 8, 1971, 53ff. rechnet nur 2,1−28 zur vormarkinischen Sammlung; 3,1−5 sei von Markus angefügt worden (a.a.O. 88). Mk 2,28 wäre dann zusammenfassender Abschluß. Das ist möglich; der enge Anschluß von 3,1−5 an die vorangehende Perikope fällt aber auf (Sabbat, keine Neueinführung der Gegner Jesu).
190 Auf die Bedeutung dieser Wundergeschichte weist mit Recht U. Müller, Zur Rezeption gesetzeskritischer Jesusüberlieferung im frühen Christentum, NTSt 27 (1980/81) 173−182 hin.

191 Der unmittelbare Kontext spricht trotz des fehlenden »aber« eher für die antithetische Deutung: 1. »Gnade« und vor allem »Wahrheit« sind bei Johannes exklusiv gedacht: Christus ist in dem Sinne die Wahrheit, daß alles, was nicht Christus ist, im Gegenüber zu Christus zur Lüge wird. 2. Das unvermittelte Auftauchen des »Gesetzes« könnte dadurch bedingt sein, daß das rabbinische Judentum die Grundaussagen des Prologs über den göttlichen Logos vom Gesetz machte, vgl. Billerb. II 353ff. Für einen Judenchristen klang somit der johanneische Prolog implizit antinomistisch.
192 13,18; 17,12; 29,24.36. Vgl. die umständliche Formulierung 15,25, die vermutlich eben gerade vermeiden will, direkt von der Erfüllung des Gesetzes zu reden.
193 Vgl. Billerb. II 488.
194 Billerb. II 543.
195 Vgl. AssMos 11,17; 12,6; W. A. Meeks: The Prophet-King, Suppl Nov Test 14, 1967. 117f.137.159ff.200ff.254f.
196 Die Formulierung erinnert an die paulinische Gegenüberstellung »Mose schreibt – die Glaubensgerechtigkeit spricht« (Röm 10,5f., vgl. V. 8).
197 Die Formulierung stammt aus einer Examensarbeit von E. Siemens, Hannover.
198 Die Überlieferung von der Geburt Jesu in Bethlehem scheint Joh nicht zu kennen.
199 Billerb. II 371.
200 S. Pancaro: The Relationship of the Church to Israel in the Gospel of John, NTS 21, 1974/75, 396ff.; ders., The Law in the Fourth Gospel, Suppl NT 42, Leiden 1975, 510ff. Pancaro schlägt 530 gar vor, daß das Joh.evg. aus einer judenschristlichen Gemeinde stammt, in der das Gesetz vollständig gehalten wurde. Gegen diese These spricht sozusagen alles.
201 E. Grässer, Die antijüdische Polemik im Johannesevangelium NTS 10 (1963/64) 82.89.
202 R. Bultmann, Theologie des Neuen Testaments, Tübingen ³1958, 380; Sperrung und Zusatz von mir.
203 Justin dial 47,2.
204 Diese (12.) Bitte des 18-Bittengebets stammt in ihrer heutigen Fassung aus der Zeit nach der Zerstörung Jerusalems; Text bei Billerb. IV 212f.
205 2 Thess; 1 Petr; Polykarp. Die Arbeit von A. Lindemann, Paulus im ältesten Christentum, BHTh 58, 1979 zeigt, daß gerade die Gesetzesproblematik in den nachpaulinischen Schriften fast gänzlich zurücktritt, obwohl die Nachwirkungen des Paulus im allgemeinen viel größer sind, als man üblicherweise dachte.
206 J. Jervell, The Law in Luke-Acts, in: Luke and the People of God, Minneapolis 1972, 133ff. vertritt die These, daß Lukas als Theologe Israels nicht von einer gesetzesfreien, sondern nur von einer beschneidungsfreien Heidenmission spreche und die Heidenkirche nicht an der Stelle Israels, sondern als Israel, nämlich als um einen neuen Kranz von Proselyten erweitertes Israel sehe. Die These scheitert m.E. nicht nur an Apg 15,5.9 – 11, sondern auch an Apg 15,20f. (das Apostedekret wird nicht als alttestamentliches Gebot verstanden, sondern als Rücksicht auf die überall vorhandenen Judenchristen) und vor allem am Schluß der Apg.
207 Vgl. PA 3,8; Philo leg all 3,241; ExR 31 (92c, ganz anders Pls Gal 5,13).
208 Vgl. oben S. 90f. Die einzige neutestamentliche Ausnahme ist Mt.

209 Vgl. oben S. 52.
210 A. Harnack, Marcion, Nachdruck Berlin 1960, 91.
211 J. Wellhausen, Prolegomena zur Geschichte Israels, Berlin ⁶1905, 423.
212 E. Hirsch, Das Alte Testament und die Predigt des Evangeliums, Tübingen 1936.
213 S. 10.
214 Vgl. bes. G. Heintze, Luthers Predigt von Gesetz und Evangelium, München 1958.
215 S. Anm. 2.